Die Zwangshypothek.

Forschungen zu ihrer Geschichte und Theorie.

Erstes Heft.

Die gerichtliche Hypothek des französischen Rechtes in ihrer geschichtlichen Entwicklung und Verbreitung.

Von

Heinrich Schanz

Dr. iur. et rer. pol. und Amtsrichter in München.

1910

MÜNCHEN und BERLIN.

J. Schweitzer Verlag (Arthur Sellier).

Die

Zwangshypothek.

Forschungen zu ihrer Geschichte und Theorie.

Erstes Heft.

Die gerichtliche Hypothek des französischen Rechtes in ihrer geschichtlichen Entwicklung und Verbreitung.

Von

Heinrich Schanz

Dr. iur. et rer. pol. und Amtsrichter in München.

1910

MÜNCHEN und BERLIN.

J. Schweitzer Verlag (Arthur Sellier).

Von demselben Verfasser sind erschienen:

Die Baugenehmigung in Bayern. München 1900.

Die vorläufige Vormundschaft nach Reichsrecht und den Landesgesetzen. München 1901.

Rechtsfälle aus dem Grundbuchrechte. München 1909.

Druck von Dr. Fr. P. Datterer & Cie., G. m. b. H., Freising-München.

Meinem lieben Onkel

Dr. Georg von Schanz

Professor der National-Ökonomie in Würzburg
und lebenslänglichem Reichsrat der Krone Bayern

zugeeignet.

Inhaltsübersicht.

Seite

Einleitung 1

Erster Abschnitt.

Die Entwicklung in Frankreich.

1. Kapitel.

Das alte Recht.

§ 1. Die Entwicklung der Hypothek im Gebiete des gemeinen französischen Rechtes 9
§ 2. Die Sonderentwicklung in den sog. Pays de nantissement . 15
§ 3. Das Eingreifen des Ordonnanzrechts und die Entstehung der gerichtlichen Hypothek 19
§ 4. Die Schicksale der gerichtlichen Hypothek bis zum Ausbruche der französischen Revolution 25

2. Kapitel.

Die Gesetzgebung der Revolutionsära.

§ 1. Das Gesetz vom 9. Messidor des Jahres III 30
§ 2. Das Gesetz vom 11. Brumaire des Jahres VII 32

3. Kapitel.

Die Napoleonische Kodifikation.

§ 1. Der ursprüngliche Entwurf eines französischen Zivilgesetzbuchs 35
§ 2. Die späteren Entwürfe und das Gesetz vom 28. Ventôse des Jahres XII über Privilegien und Hypotheken 43
§ 3. Der Code civil des Français und seine Bestimmungen über die gerichtliche Hypothek 47
§ 4. Das ergänzende Gesetz vom 3. September 1807 51

4. Kapitel.

Die Reformbewegung um die Mitte des neunzehnten Jahrhunderts.

§ 1. Die literarischen Vorschläge zur Verbesserung des Hypothekenwesens und die Preisstiftung Casimir Périer's . . . 52

Seite

§ 2. Das Rundschreiben des Justizministers Martin du Nord . . 59
§ 3. Die Entwürfe zu einem neuen Hypothekengesetz und ihr Schicksal in der Nationalversammlung 63
§ 4. Das Transskriptionsgesetz vom 23. März 1855 69

5. Kapitel.

Die Reformversuche der neuesten Zeit.

§ 1. Die neuere Literatur über die Reform des Hypothekenwesens und die gerichtliche Hypothek 71
§ 2. Die Reformvorschläge der außerparlamentarischen Katasterkommission 74
§ 3. Der Gesetzentwurf Darlan 79

Zweiter Abschnitt.

Die Entwicklung außerhalb Frankreichs.

1. Kapitel.

Die außerdeutschen Gebiete.

§ 1. Holland 88
§ 2. Belgien 96
§ 3. Luxemburg 102
§ 4. Die Schweiz 106
a) Bern 108
b) Genf 111
c) Neuenburg 115
d) Tessin 119
§ 5. Italien 121
a) Die italienischen Partikularstaaten 123
b) Das Königreich Italien 125
c) Monaco und San Marino 128
§ 6. Russisch-Polen 130
§ 7. Die außereuropäischen Territorien 132
a) Mauritius 132
b) Ägypten 133
c) Canada 134
d) Louisiana 136
e) Mexiko 138

2. Kapitel.

Die deutschen Länder des französischen Rechtsgebiets.

§ 1. Die Entwicklung bis zum Erlasse der deutschen Zivilprozeßordnung vom 30. Januar 1877 140

Seite
a) Rheinpreußen 141
b) Die bayerische Rheinpfalz 150
c) Rheinhessen 160
d) Baden 167
§ 2. Die Entwicklung nach dem Erlasse der deutschen Zivilprozeßordnung vom 30. Januar 1877 bis zur Ausarbeitung eines Bürgerlichen Gesetzbuchs für das Deutsche Reich 173
a) Elsaß-Lothringen 176
b) Die bayerische Rheinpfalz 177
c) Baden 178
§ 3. Die letzte Entwicklungsphase der gerichtlichen Hypothek in den deutschen Ländern des französischen Rechtsgebiets 182
a) Rheinpreußen 183
b) Elsaß-Lothringen 188
c) Die bayerische Rheinpfalz 191
d) Baden 192
e) Rheinhessen 193

Schlußbetrachtung 196

Anhang.

Die wichtigeren, auf die gerichtliche Hypothek bezüglichen Aktenstücke der neuesten Hypothekarreform Frankreichs.

I. Aus dem für den Kassationshof vom Rat Cotelle erstatteten Kommissionsbericht. 29. Dezember 1898 203
II. Aus dem Gutachten des Hausbesitzerkongresses. 1. Juni 1897 205
III. Aus dem vom Senator L. Thézard erstatteten Bericht der Senatskommission. 29. März 1904 207
IV. Aus dem vom Senator Th. Girard erstatteten Ergänzungsbericht der Senatskommission. 13. Juni 1907 219
V. Aus dem vom Deputierten M. Viollette verfaßten Bericht der Kommission der Deputiertenkammer. 19. Januar 1909 . 222
VI. Aus dem vom Deputierten M. Viollette verfaßten Ergänzungsbericht der Kommission der Deputiertenkammer. 21. Dezember 1909 228

Vorwort.

Ziel und Aufgabe dieser Forschungen ist die Darstellung der Zwangshypothek in ihren geschichtlichen Grundlagen und ihrem dogmatischen Aufbau.

Der Gedanke, gerade diese Institution, die durch die Novelle vom 17. Mai 1898 in die deutsche Zivilprozeßordnung eingeführt wurde, zum Gegenstand einer monographischen Bearbeitung zu machen, bedarf wohl keiner besonderen Rechtfertigung. Keine von den in dieser Novelle geregelten Materien hat schon alsbald nach deren Inkrafttreten eine solche Fülle der verschiedenartigsten Streitfragen gezeitigt als gerade die Zwangshypothek, deren Bestimmungen als das Ergebnis eines Kompromisses zwischen den Anhängern und Gegnern des hinsichtlich seiner Existenzberechtigung wie auch seiner Zweckmäßigkeit so heftig umstrittenen Instituts erscheinen.

Den Plan zu dieser Arbeit faßte ich bereits im Jahre 1901 in Nancy, woselbst ich mich zwecks eingehenden Studiums des französischen Zivilrechts längere Zeit aufhielt. Die Ausführung des Planes mußte aber zunächst verschoben werden, da ich damals meine Monographie „Die vorläufige Vormundschaft nach Reichsrecht und den Landesgesetzen, München 1901“ zu Ende führen wollte. Nach Ablegung des juristischen Staatsexamens trat ich mit ganzer Hingabe an die geplante Arbeit heran und begann zunächst damit, das weit zerstreute Material zu sammeln. Infolge meines Eintritts in den Staatsdienst wurde das Werk aufs neue in den Hintergrund gedrängt. Als Hilfsarbeiter im bayerischen Staatsministerium der Justiz, als Staatsanwalt und als Amtsrichter in München mußte ich selbstverständlich den amtlichen Obliegenheiten meine volle

Arbeitskraft widmen, so daß mir für die Fortführung meiner Untersuchungen nur die Nachtstunden übrig blieben. Uebrigens wurden diese noch in Anspruch genommen für die Ausarbeitung einer Reihe von Aufsätzen über verschiedene Gebiete der Rechtspflege sowie einer Sammlung von „Rechtsfällen aus dem Grundbuchrechte, München 1909“, welche ich als offizieller Leiter eines Rechtspraktikantenkurses zur Belebung des von mir mit großer Freude gepflegten Unterrichts zusammenstellte. So kam ich mit der Arbeit nur sehr langsam vorwärts und bin erst jetzt in der Lage, den ersten in sich abgeschlossenen Teil, der die gerichtliche Hypothek des französischen Rechtes in ihrer geschichtlichen Entwicklung und Verbreitung behandelt, der Öffentlichkeit zu übergeben.

Die Arbeit selbst bot nicht wenige Schwierigkeiten. Das Material war nicht ohne große Mühe zu gewinnen. Für die in Frage kommenden gewöhnlichen literarischen Hilfsmittel reichten die Landesbibliotheken, unter denen die des bayerischen Staatsministeriums der Justiz meinen Bestrebungen besonders dienlich war, im großen und ganzen aus. Seltenere Bücher, und deren waren nicht wenige, mußten aus verschiedenen auswärtigen Bibliotheken bezogen werden; ich hielt es für zweckmäßig, in den Noten zuweilen anzugeben, wo ein solch singuläres Werk zu finden ist. Aktenstücke, wie Gutachten, Gesetzesvorschläge, Verhandlungen der gesetzgebenden Körperschaften, Kommissionsberichte u. dgl. mußten von den betreffenden Ländern selbst bezogen werden, was nicht immer leicht war; konnten doch selbst Landesangehörige das eine oder andere Dokument nur schwer erhalten. Das preußische Justizministerium hat in liberalster Weise die Benützung mehrerer Aktenbände, die das rheinische Hypothekenrecht betreffen, durch Vermittlung des unterfränkischen Kreisarchivs zur Verfügung gestellt, was ich mit besonderem Danke hier anerkenne. Zu Dank verpflichten mich auch viele ausländische Gelehrte, von denen ich die Professoren C. O. Segers in Groningen, E. Binet in Nancy und F. Langelier in Quebec ganz besonders erwähnen möchte.

Auch die Erfassung des Stoffes selbst war durchaus nicht einfach. Die gerichtliche Hypothek ist nur ein Glied des ganzen Rechtssystems und, um sie vollständig zu begreifen, mußte auch dieses jeweils dem Studium unterworfen werden. Insbesondere war das gesamte Hypothekenwesen wie auch das gesamte Vollstreckungsrecht der betreffenden Länder eingehendst zu verfolgen. So lehrreich und befruchtend dieses Studium war, so mühsam war es.

Bei der Bearbeitung der Materie habe ich eine möglichst konzise Darstellung angestrebt. In wenige Sätze ist oftmals zusammengedrängt, was in einem ganzen Volumen ausgebreitet lag. Daß hier eine gewisse Entsagung notwendig war, liegt auf der Hand.

Die noch weiter in Aussicht genommenen Hefte sollen die geschichtliche Entwicklung und Verbreitung der Zwangshypothek des deutschen Rechtes sowie ihre materielle und formelle Regelung im geltenden Rechte behandeln.

Die Arbeit wurde Weihnachten 1909 abgeschlossen. Mit ihrem Drucke wurde zugewartet, da die Verhandlungen über die Hypothekenreform in Frankreich und Luxemburg noch in Schwebe waren. In Luxemburg wurden diese zu Ende geführt; in Frankreich war dies leider nicht der Fall, da die Deputiertenkammer vor ihrer Auflösung die Beratung im Plenum nicht mehr vornahm.

München, den 1. Mai 1910.

H. Schanz.

Einleitung.

Das römische Recht kannte ein richterliches Pfandrecht in zwei Formen verschiedenen historischen Ursprungs. Das sog. Einweisungspfandrecht oder pignus praetorium knüpfte an die Besitzeinweisung (missio in possessionem) an, die der Prätor in gewissen Fällen dem Gläubiger zur Sicherung der Erfüllung eines Anspruchs gewährte. Mit der Besitznahme, die dem Eingewiesenen Detention und Obhut neben dem Sachbesitzer verschaffte, verband sich des weiteren ein prätorisches Pfandrecht, das von besonderer Eigenart war. Das Pfändungspfandrecht, pignus in causa judicati captum oder pignus judiciale, entstand aus der Pfändung, welche der Prätor zum Zwecke der Exekution eines Urteils vornahm. Beide Pfandrechtsarten haben gemeinsam, daß sich ihre Begründung unter richterlicher Autorität vollzog.[1])

An das richterliche Pfandrecht der Römer, das infolge der Rezeption in das gemeine Recht übergegangen war,

[1]) Dernburg, Pandekten, 6. Aufl., Berlin 1900, Bd. I Abt. 2 §§ 270, 271 (S. 270 ff.); Windscheid-Kipp, Lehrbuch des Pandektenrechts, 9. Aufl., Frankfurt a. M. 1906, Bd. I § 233 (S. 1166 ff.); Czyhlarz, Lehrbuch der Institutionen des römischen Rechts, 9. und 10. Aufl., Wien-Leipzig 1908 § 70 Nr. 3 lit. b (S. 137); Puchta, Cursus der Institutionen, 9. Aufl., Leipzig 1881, Bd. II S. 248 f.; Keller, Der römische Zivilprozeß und die Aktionen, 6. Aufl., Leipzig 1883 S. 432 f., S. 438 ff.

Der von der herrschenden Lehre dem römischen pignus in causa judicati captum zuerkannte Pfandrechtscharakter ist in der neueren Pandektenliteratur angezweifelt worden. Insbesondere haben sich Dernburg und Windscheid gegen die Auffassung des römischen pignus judiciale als eines voll durchgebildeten Pfandrechts erklärt. Vgl. hierüber Dernburg a. a. O. Bd. I Abt. 2 S. 273 Anm. 3 und die dort angeführte Literatur.

lehnten sich mehrere Pfand- und Hypothekengesetze an, die im Verlaufe des vorigen Jahrhunderts in einzelnen deutschen Gebietsteilen erlassen worden waren.

So erinnerte das bayerische Hypothekengesetz vom 1. Juni 1822 unverkennbar an das pignus praetorium des römischen Rechtes, wenn es in § 12 Nr. 12 „zur Erwerbung einer Hypothek kraft des Gesetzes und ohne daß dazu eine ausdrückliche Erklärung des Schuldners notwendig wäre“ für berechtigt erklärte „alle Gläubiger ohne Unterschied wegen jener rechtskräftig entschiedenen Forderungen, zu deren Vollzug dem Gläubiger die Immission in die Güter des Schuldners zuerkannt wurde“.[1]) Mit den Vorschriften des bayerischen Rechtes stimmten wesentlich überein die Gesetze des Herzogtums Sachsen-Meiningen über die Anlegung von Grund- und Hypothekenbüchern vom 15. Juli 1862 (Art. 16) und über die Bestellung von Hilfspfandrechten an Immobilien vom 2. Mai 1865 (§ 1). Auch hier wurde das Recht auf Eintragung einer Hypothek durch Immission in das unbewegliche Vermögen des Schuldners erworben; die Grundstücke, auf welche die Eintragung zu erfolgen hatte, bestimmte der Richter.[2])

---

[1]) Der § 12 Nr. 12 des HypG. ist durch das Gesetz, Änderungen der Bestimmungen über die Zwangsvollstreckung in das unbewegliche Vermögen betr., vom 29. Mai 1886 (GVBl. S. 239 ff.) aufgehoben (Art. 45 Abs. 2) und durch die Vollstreckungs-, bzw. Arresthypothek ersetzt worden. Die Anschauung von Graf (Nachträge und Register zu N. Th. v. Goenners Kommentar über das Hypothekengesetz für das Königreich Bayern rechts des Rheines, der 1. und 2. Auflage des Kommentars dritter Band, München 1868 S. 23), daß § 12 Nr. 12 des HypG. durch die bayerische Prozeßordnung von 1869 beseitigt worden sei, ist schon von Regelsberger (Das bayerische Hypothekenrecht, Leipzig 1874, 1. Abt. § 50 lit. A Ziff. 7 S. 224) als unzutreffend zurückgewiesen worden. Vgl. auch Gütl-von Henle, Das Hypothekengesetz für das Königreich Bayern vom 1. Juni 1822 in seiner dermaligen Geltung, 5. Aufl., München 1904 S. 12.

[2]) Der Art. 16 des Gesetzes vom 15. Juli 1862 (VOSammI. Bd. XV Nr. 20; Landesherrliche Verordnungen des Herzogtums S.-Meiningen, Zusammenstellung der noch in Anwendung kommenden Gesetze und

Das Pfandgesetz für das Großherzogtum Hessen vom 15. September 1858 schwächte im Grunde genommen nur das pignus in causa judicati captum zu einem Hypothektitel ab; es legte nämlich in Art. 24 dem Gläubiger, wegen dessen vollstreckbarer Forderung die Zwangsveräußerung eines Grundstücks des Schuldners gerichtlich angeordnet war, die Befugnis bei, auf dieses Grundstück die Forderung in das Hypothekenbuch eintragen zu lassen.[1])

Eine gleichfalls hierher zu rechnende Einrichtung bot das Pfandgesetz für das Königreich Württemberg vom 15. April 1825 in seinem Art. 46, der dem Gläubiger einen gesetzlichen Pfandrechtstitel bezüglich der Immobilien seines Schuldners einräumte, soferne er vermöge richterlicher Ver-

---

Verordnungen der Jahrgänge 1829 bis 1890, I. Abt., Meiningen 1900 S. 450 ff.) lautete:

„Jeder Gläubiger, welcher wegen einer ausgeklagten Forderung durch gerichtliches Dekret in bestimmte Immobilien seines Schuldners eingewiesen ist, kann die Eintragung einer Hypothek an diesen Immobilien fordern."

Ungefähr das Nämliche besagte der § 1 des Gesetzes vom 2. Mai 1865 (VOSamml. Nr. 9) mit den Worten:

„Die wegen einer ausgeklagten Forderung durch gerichtliches Dekret erfolgte Einweisung des Gläubigers in bestimmte Immobilien des Schuldners gibt ersterem nur das Recht, die Bestellung einer Hypothek an diesen Immobilien zu fordern. Die Bestellung geschieht durch Eintragung der Hypothek in das Hypothekenbuch."

[1]) Der Art. 24 des hessischen Pfandgesetzes vom 15. September 1858 bestimmte:

„Einen gesetzlichen Hypothektitel hat auch jeder Gläubiger wegen der ihm zustehenden Forderung auf diejenigen verhypothecierbaren Vermögensgegenstände seines Schuldners, deren Zwangsveräußerung zum Zweck seiner Befriedigung durch das zuständige Gericht verfügt worden ist.

Der Gläubiger kann die Einschreibung dieses Hypothektitels verlangen, sobald der Richter die Verfügung, wodurch die Zwangsveräußerung angeordnet wird, erlassen hat."

Vgl. insbesondere Müller, Das Pfandrecht nach dem großherzoglich-hessischen Gesetze vom 15. September 1858, Darmstadt 1871 S. 97 ff. (§ 41 lit. d).

fügung Sicherheit durch Unterpfänder zu fordern berechtigt war.[1])

Alle die Formen eines richterlichen Pfandrechts, denen wir in den angeführten, vom gemeinen Rechte beherrschten Partikularrechten begegnen, unterscheiden sich im Wesen der Sache nicht viel von ihrem römischen Vorbilde. Überall bildet den Rechtsgrund der Eintragung die amtliche Vollstreckungsmaßregel. Nicht das Urteil, nicht der Vollstreckungstitel ruft die Hypothek ins Dasein, sondern die Verfügung des Richters.

Auf einer anderen Grundlage fußt das Institut der Zwangshypothek, das durch die Zivilprozeßnovelle vom 17. Mai 1898 in das deutsche Reichsrecht neu eingeführt wurde.[2]) Nach den Bestimmungen dieses Gesetzes kann der Gläubiger einer jeden den Betrag von 300 *M* übersteigenden Geldforderung auf Grund seines Vollstreckungstitels eine Sicherungshypothek an den Grundstücken seines Schuldners eintragen lassen, ohne daß es irgend einer richterlichen Handlung oder etwa einer Zuerkennung der Hypothek durch Richterspruch bedürfte. Einzig und allein der Vollstreckungstitel schafft die Grundlage für die Hypothek, die mit der auf einseitigen Antrag des Gläubigers bewirkten Eintragung in das Grundbuch zur Entstehung gelangt.

---

[1]) Der Art. 46 des württembergischen Pfandgesetzes vom 15. April 1825 (RegBl. 1825 Nr. 17 S. 193 ff.; Dann, Neue Handausgabe der Gesetze über das Pfandwesen für das Königreich Württemberg, Stuttgart 1868, S. 1 ff.) lautete wörtlich:

„Ist eine Partei vermöge richterlicher Verfügung Sicherheit durch Unterpfänder zu fordern berechtigt; so erlangt sie dadurch einen gesetzlichen Pfand-Rechts-Titel auf die Immobilien ihres Schuldners.“

Vgl. auch Art. 27 Nr. 7 des Pfandgesetzes und § 80 der sog. „Hauptinstruktion“ vom 14. Dezember 1825 (RGBl. 1825 Nr. 49 S. 755 ff.; Dann a. a. O. S. 111 ff.), ferner Roemer, Das Württembergische Unterpfandsrecht, Leipzig 1876 S. 154.

[2]) RGBl. 1898 S. 256 ff. In Betracht kommen hier die neu eingefügten §§ 757 b, 757 c und 757 d, die bei der späterhin durch den Reichskanzler am 20. Mai 1898 bekanntgemachten Neuparagraphierung der Zivilprozeßordnung (RGBl. 1898 S. 342, 369 ff. 410 ff.) die Bezeichnung §§ 866—868 erhielten.

Die neue Form, die das richterliche Grundpfand des deutschen Reichsrechts kennzeichnet, hat ihr Vorbild in der französischen Gesetzgebung.[1])

Nach den Bestimmungen des Code civil begründen alle, auch nicht rechtskräftige Urteile und außerdem noch gewisse gerichtliche Akte ohne weiteres an sämtlichen gegenwärtigen und zukünftigen Grundstücken des Schuldners eine Hypothek, die lediglich zur Wahrung des Ranges einer Einschreibung in die Register des Hypothekenbewahrers bedarf. Die hypothèque judiciaire, wie das französische Zivilgesetzbuch diese Hypothekform nennt, ist nur durch den Erlaß des Urteils oder gerichtlichen Aktes bedingt. Anders als im gemeinen Rechte ist auch hier nicht eine amtliche Vollstreckungsmaßregel Entstehungsquelle der Hypothek; vielmehr wird die Hypothek ausschließlich begründet durch das Urteil, bzw. den gerichtlichen Akt, mit denen das Gesetz die Entstehung der Hypothek als selbstverständliche Folge verbindet.[2])

Der Gedanke, auf dem die gerichtliche Hypothek des französischen Rechtes beruht, wurde im Verlaufe des vorigen Jahrhunderts allmählich auch von einer Reihe deutscher Partikularstaaten verwertet, die dem Einflusse des französischen wie auch des gemeinen Rechtes im allgemeinen ferner standen.[3]) Dabei fand der Satz des französischen Rechtes, nach welchem das Urteil eine Generalhypothek an den Liegenschaften des verurteilten Schuldners begründet, hier eine Ausgestaltung, die dem höher entwickelten, von den Grundsätzen der Publizität und der Spezialität beherrschten Hypothekensysteme Deutschlands entsprach. Das deutsche Hypothekenrecht anerkannte nämlich insbesondere als Entstehungsquelle der Hypothek nur die Eintragung im Hypotheken-, bzw. Grundbuche. Demgemäß konnte in diesen Staaten, an deren

---

[1]) Motive zu dem Entwurfe eines Bürgerlichen Gesetzbuchs für das Deutsche Reich Bd. III S. 621 ff.; Seuffert, Kommentar zur Zivilprozeßordnung, 10. Aufl., München 1908, § 867 Note 1 (Bd. II S. 592).

[2]) Code civil Art. 2117, 2123, 2134, 2148.

[3]) Motive zu dem Entwurfe eines Bürgerlichen Gesetzbuchs für das Deutsche Reich Bd. III S. 622.

Spitze sich das Königreich Preußen befand, dem Urteile, bzw. Vollstreckungstitel eine die Hypothek unmittelbar begründende Wirkung nicht zugestanden werden. So wurde das Urteil, das nach den Grundsätzen des französischen Rechtes die Hypothek direkt erzeugte, zum bloßen Hypothektitel, während die Eintragung in das Hypothekenbuch, die nach dem französischen Rechte dem Gläubiger nur den Rang sichert, die Hypothek erst begründete.[1])

Der Standpunkt der deutschen Partikulargesetzgebungen, die in Abweichung vom französischen Rechte dem Vollstreckungstitel lediglich die Bedeutung eines Hypothektitels beimaßen, bildete die Grundlage für die reichsrechtliche Regelung des Instituts der Zwangshypothek.[2]) Die Zwangshypothek des deutschen Reichsrechts beruht, so sehr sie in ihren Einzelheiten oftmals von den Bestimmungen der Partikulargesetze abweicht, gleichfalls auf dem in Fortbildung des französischen Rechtes gewonnenen Grundgedanken, daß das Urteil, bzw. der Vollstreckungstitel nur den Titel für die Hypothek abgibt, die ihrerseits erst mit der Eintragung in das Grundbuch zur Entstehung gelangt.

Die gerichtliche Hypothek des französischen Rechtes, die sonach den geschichtlichen Ausgangspunkt auch für die Entwicklung der deutschen Zwangshypothek darstellt, ist ein der Gesetzgebung Frankreichs durch-

---

[1]) Vgl. insbesondere: Die preußische Verordnung über die Exekution in Zivilsachen vom 4. März 1834 (GesSamml. 1834 S. 31 ff.) §§ 22, 23; das preußische Gesetz vom 13. Juli 1883 betr. die Zwangsvollstreckung in das unbewegliche Vermögen (GesSamml. 1883 S. 131 ff.) §§ 1, 6—12; das bayerische Gesetz, Änderungen der Bestimmungen über die Zwangsvollstreckung in das unbewegliche Vermögen betr., vom 29. Mai 1886 (GVBl. S. 239 ff.) Art. 40 ff.; das Bürgerliche Gesetzbuch für das Königreich Sachsen vom 2. Januar 1863 § 394 und das sächsische Gesetz, einige mit der Zivilprozessordnung vom 30. Januar 1877 zusammenhängende Bestimmungen enthaltend, vom 4. März 1879 (GVBl. 1879 S. 69 ff.) §§ 10 und 11.

[2]) Motive zu dem Entwurfe eines Bürgerlichen Gesetzbuchs für das Deutsche Reich Bd. III S. 623.

aus eigentümliches Institut. Sie ist aus den alten Statutarrechten, den sog. Coutumes, hervorgegangen und hat ihre weitere Ausbildung durch das Ordonnanzrecht der französischen Zentralgewalt erfahren. In der früheren Jurisprudenz haben sich allerdings Stimmen gefunden, die den Ursprung der gerichtlichen Hypothek in das römische Recht verlegen wollten und einen Zusammenhang mit dem richterlichen Pfandrechte der Römer entdecken zu können glaubten;[1]) allein diese Ansicht, die offensichtlich nur einer der älteren Zeitrichtung geläufigen Sucht, einheimische Institute mit römischen Rechtsgebilden zu identifizieren, entsprang, entbehrt jeglicher Grundlage und ist von der Rechtswissenschaft längst aufgegeben worden.[2]) Auch eine andere, von Puchelt[3]) geäußerte Meinung, die in der gerichtlichen Hypothek ein Überbleibsel des in einigen germanischen Volksrechten bestehenden Instituts der Privatpfändung erblicken möchte, kann nicht als zutreffend erachtet werden; sie ist, wie auch ihr Vertreter selbst einräumt, lediglich eine ganz unmaßgebliche Vermutung, für deren Rechtfertigung irgendwelche Anhaltspunkte nicht beigebracht sind.

Die Entstehung der gerichtlichen Hypothek Frankreichs näher zu beleuchten und ihre weiteren Schicksale zu ver-

---

[1]) Grenier, Traité des hypothèques, Clermont 1822, Bd. I Nr. 192; Bonjean, Traité des actions ou exposition historique de l'organisation judiciaire et de la procédure civile chez les Romains, Paris 1845, Bd. II S. 177.

[2]) Pont, Traité théorique et pratique des priviléges et hypothèques, Paris 1859, Bd. I S. 568; Aubry-Rau, Cours de droit civil français, Paris 1900 Bd. III S. 420 Nr. 2; Baudry-Lacantinerie, Du nantissement, des priviléges et hypothèques, Paris 1896, Bd. II Nr. 1218, 1219; G. de Labroüe de Vareilles-Sommières, L'hypothèque judiciaire, son passé, son présent, son avenir, Paris 1871 S. 8, S. 13; Challamel, L'hypothèque judiciaire, Paris 1881 S. 24; Zachariae-Crome, Handbuch des französischen Zivilrechts, 8. Aufl., Freiburg i. Br. 1894, Bd. II S. 56 (Note 1 zu § 235); Puchelt, Das Rheinisch-französische Privilegien- und Hypothekenrecht, Leipzig 1876, I. Abteilung S. 114; Mittermaier im ArchZivPrax. Bd. 39 (alte Folge) S. 134; Meibom im ArchZivPrax. Bd. 2 (neue Folge) S. 303.

[3]) Puchelt, a. a. O. S. 114.

folgen, ist Zweck und Inhalt gegenwärtiger Abhandlung. Dabei soll zunächst die Geschichte der Institution in Frankreich selbst dargestellt werden, daran anschließend ihre Entwicklung außerhalb Frankreichs, insbesondere in den deutschen Ländern des französischen Rechtsgebiets.[1])

[1]) Für die geschichtliche Entwicklung der ersten Jahrzehnte des vorigen Jahrhunderts geben wertvolle Fingerzeige die von Mittermaier im ArchZivPrax. (alte Folge) veröffentlichten Abhandlungen: „Fortschritte der Gesetzgebung über Hypotheken, Forderungen an die Gesetzgebung in dieser Beziehung“ (Bd. 18 S. 149 ff., S. 431 ff.; Bd 19 S. 126 ff.), „Über den gegenwärtigen Zustand der Hypothekengesetzgebung und der Gesetzgebung über Sicherung des Grundeigentums“ (Bd 28 S. 422 ff., Bd. 29 S. 290 ff.), „Über die neueste Gesetzgebung in bezug auf Übergang des Grundeigentums und Hypothekensystem“ (Bd. 33 S. 435 ff, Bd. 34 S. 245 ff., S. 412 ff; Bd. 35 S. 323 ff.; Bd. 36 S. 289 ff., S. 409 ff.; Bd. 37 S. 470 ff., Bd. 38 S. 108 ff.), und „Das richterliche Pfandrecht in der neuesten Gesetzgebung“ (Bd. 39 S. 133 ff.).

ERSTER ABSCHNITT.

Die Entwicklung in Frankreich.

1. Kapitel.

Das alte Recht.

§ 1.

Die Entwicklung der Hypothek im Gebiete des gemeinen französischen Rechtes.

Im altfranzösischen Rechte war der Gedanke einer Verwertung des Liegenschaftsvermögens für die Zwecke des Kredits nur unvollkommen entwickelt. Wie in den meisten alten Rechten trat auch hier die Verpfändung des Grundbesitzes ursprünglich einzig und allein in einer wirtschaftlich dem Wiederkaufe gleichkommenden Form zutage. Der älteren Satzung des Deutschen Rechtes entsprach in Frankreich das Rechtsgebilde des engagement, gekennzeichnet durch die Einweisung des Gläubigers in den Besitz und in die Nutzung der Liegenschaften.[1]) Das engagement selbst kam wieder in einer zweifachen Gestalt vor.

---

[1]) Vgl. insbesondere das klassische Werk von Esmein, Etudes sur les contrats dans le très-ancien droit français, Paris 1883 S. 163 und die ausführlichen, durch zahlreiche Quellenstellen belegten, jedoch nicht immer scharf präzisierten Erörterungen bei Franken, Das französische Pfandrecht im Mittelalter, Berlin 1879 S. 98 ff.; ferner Warnkoenig und Stein, Französische Staats- und Rechtsgeschichte, Basel Bd. II (1848) S. 592 ff.; Kohler, Pfandrechtliche Forschungen, Jena 1882 S. 89 ff., 134 ff.; Beaune, Introduction à l'étude historique du droit coutumier français jusqu'à la rédaction officielle des coutumes, Lyon-Paris 1880 S. 538 ff.; Viollet, Précis de l'histoire du droit français accompagné de notions de droit canonique et d'indications bibliographiques, Paris 1886 S. 628 ff.

Mit dem engagement des französischen Rechtes, das, wie bemerkt, durch die Einweisung des Gläubigers in den Besitz und in die Nutzung der Liegenschaften gekennzeichnet ist, deckt sich

Bei dem sog. mortgage überließ der kreditsuchende Schuldner dem Gläubiger als Entgelt für die gewährte Geldsumme einen Teil seines Grundbesitzes unter dem Vorbehalte der Rückgabe nach Tilgung der Schuld. Der Gläubiger war hierdurch für den Fall der Uneinbringlichkeit seiner Forderung sichergestellt; er bezog aber auch noch gewissermaßen eine Rente für das hingegebene Kapital, insofern als ihm das freie Nutznießungsrecht an den Grundstücken des Schuldners zustand.

Diese zweite Form des engagement war das Institut des vifgage, im altdeutschen Rechte unter dem Namen Todsatzung („todsate") bekannt.[1] Die Eigentümlichkeit

---

weder die römische fiducia noch die griechische πρᾶσις ἐπὶ λύσει, die beide darin übereinkommen, daß der Geldbedürftige dem Geldgeber eine Sache zu Eigentum übertragen muß und deren Rückgabe verlangen kann, wenn er vor Verfall zurückzahlt. Unter sich sind auch diese beiden Institute wieder verschieden. Die römische mancipatio fiduciae causa ist ein Scheinkauf nummo uno; sie tritt neben die persönliche Forderung, deren Sicherstellung sie bedeutet, dergestalt, daß, falls die Sicherstellung entfällt, die persönliche Forderung als ungesicherte bestehen bleibt. Die griechische πρᾶσις ἐπὶ λύσει dagegen ist ein wahrer Kauf, bei dem die persönliche Forderung in dem Kaufgeschäft aufgeht; der Gläubiger hat keine Forderung gegen den Schuldner und nur der Schuldner hat die Möglichkeit, gegen Zahlung zu lösen. Die fiducia ist Sicherstellung, die πρᾶσις ἐπὶ λύσει provisorische Ersatzleistung. Vgl. hierüber insbesondere Hitzig, Das griechische Pfandrecht, ein Beitrag zur Geschichte des griechischen Rechts, München 1895 S. 3, S. 73 ff.; ferner Weiß, Pfandrechtliche Untersuchungen, I. Abteilung, Beiträge zum römischen und hellenischen Pfandrecht enthaltend, Weimar 1909 S. 9 f. und Frese, Aus dem gräco-ägyptischen Rechtsleben, eine papyrologische Studie, Halle a. S., 1909 S. 16.

[1]) Die sich direkt widersprechende Bezeichnungsweise hat in einer verschiedenartigen Auffassung ihren Grund. Das deutsche Recht geht von dem Kapital aus, das seiner Vernichtung entgegensieht, das französische Recht von dem Pfande, das durch die Aufhebung der Pfandschuld seine Lebenskraft betätigt. Vgl. Meibom, Das deutsche Pfandrecht, Marburg 1867 S. 399; Stobbe, Handbuch des deutschen Privatrechts, 2. Aufl., Berlin, Bd. II (1883) S. 302 Note 24; Weber, Deutsches Hypothekenrecht mit besonderer Rücksicht auf dessen Reform im Reichs-Zivil-Gesetzbuche, 1. Abt. Geschichtliche Entwicklung des deutschen Grundbuchs- und Hypothekenrechts, Nördlingen 1887 S. 78 Note 95; Kohler a. a. O. S. 100.

dieser durch das kanonische Verbot der Zinsberedung begünstigten Rechtseinrichtung bestand darin, daß der Nutzgenuß nicht zur Verzinsung, sondern zur Abtragung des dem Schuldner gegebenen Kapitals bestimmt war. Der Gläubiger mußte sich also die gezogenen Nutzungen auf seine Forderung anrechnen lassen und war zur Rückgabe der Grundstücke verpflichtet, wenn der Wert der Nutzungen die Höhe des Kapitals erreicht hatte.

Die beiden Formen des engagement erhielten sich auch noch im späteren französischen Rechte;[1]) doch fand eine Weiterentwicklung, wenn man vielleicht von dem hier nicht weiter interessierenden Gebilde der rente constituée absieht,[2]) nicht statt. In England führte das mortgage bekanntlich zur Hypothek;[3]) in Frankreich hingegen nahm die Hypothek einen völlig verschiedenen Entwicklungsgang.

Die französische Hypothek nahm ihren Ausgangspunkt vom Exekutionsrechte.[4])

Das altfranzösische Recht war einerseits von einer erhöhten Wertschätzung des Grund und Bodens, andererseits von einer etwas übertriebenen Hochhaltung des Eigentumsrechts beherrscht. Diese Anschauungsweise fand ihren Niederschlag in dem Satze, daß ein Gläubiger die Grundstücke seines Schuldners nicht ohne dessen Einwilligung veräußern könne. Eine Zwangsvollstreckung in das unbewegliche Vermögen war sonach nur dann möglich, wenn der Gäubiger sich in irgend welcher Weise der Zustimmung seines Schuldners versichert hatte.[5])

---

[1]) Sie sind sogar unter veränderten Namen, nämlich „vente à réméré“ für mortgage und „antichrèse“ für vifgage in den Code civil übergegangen. Vgl. C. civ. Art. 1659—1673 und 2085, 2087; ferner Viollet, a. a. O. S. 630 Note 4 und 5; Kohler a. a. O. S. 250 f.

[2]) Viollet a. a. O. S. 630, S. 581 ff.

[3]) Viollet a. a. O. S. 630 Note 1; Franken a. a. O. 148 ff.

[4]) Esmein a. a. O. S. 177 ff.; Viollet a. a. O. S. 630 ff.; Egger, Vermögenshaftung und Hypothek nach fränkischem Recht (Heft 69 der Untersuchungen zur deutschen Staats- und Rechtsgeschichte, hrsg. von Prof. Gierke), Breslau 1903, S. 134 ff., 173 ff.

[5]) Esmein a. a. O. S. 177; Violett a. a. O. S. 631. Dieselbe Anschauungsweise findet sich auch im alten deutschen Rechte; zur Zeit

Dies führte im Laufe des 13. Jahrhunderts zu dem eigentümlichen Vertragsgebilde der obligatio omnium bonorum, das in den Quellen auch unter der technischen Bezeichnung obligatio generalis erwähnt wird. Es bildete sich die Gepflogenheit, daß der Schuldner im Anschluß an den Schuldkontrakt vermittels besonderer Verabredung dem Gläubiger seine gesamte Habe obligierte und damit das Recht des Zugriffs auf seine Liegenschaften eröffnete. In dieser Gewährung einer Zugriffsmöglichkeit hinsichtlich des Grundbesitzes des Schuldners erschöpfte sich die Bedeutung der Generalobligation. Irgend welche weitergehende Wirkungen kamen ihr nicht zu. Die Generalobligation schränkte also in keiner Weise den Schuldner in der freien Verfügung über sein Vermögen ein, auch gab sie dem Gläubiger kein Recht, die ihm obligierten Grundstücke nach ihrem Austritt aus dem Vermögen des Schuldners zu verfolgen.[1])

Die Realisierung des durch die obligatio generalis geschaffenen Zugriffsrechts bildete die Grundlage der weiteren Entwicklung. Das altfranzösische Vollstreckungsverfahren wurde damit eingeleitet, daß über eine oder mehrere näher bezeichnete Liegenschaften des Schuldners auf Antrag des Gläubigers durch richterliches Dekret eine provisorische Bannlegung, die sog. Fronung, verhängt wurde. Die Fronung enthielt ein Verbot an den Schuldner, die dem Banne unterworfenen Grundstücke dem weiteren Verfahren zu entziehen, und sicherte gleichzeitig dem Gläubiger das Vorzugsrecht an den gefronten Liegenschaften gegenüber allen nachkommenden Konkurrenten zu. Dieser Güterarrest, der also nach Einleitung der Exekution durch den Richter ausgesprochen wurde, ward im Laufe der Zeit der Beredung der Parteien zugänglich gemacht. Der Gläubiger begnügte sich allmählich beim Vertragsschlusse nicht mehr mit der bloßen Einräumung einer Generalobligation, sondern er verlangte, daß der Schuldner sich verpflichtete, eines oder mehrere Grundstücke

der Volksrechte hatte der Gläubiger keinen Zugriff auf das Grundvermögen des Schuldners. Vgl. Meibom S. 56.

[1]) Esmein a. a. O. S. 182; Viollet a. a. O. S. 631; Egger a. a. O. S. 155.

nicht zum Nachteile des Gläubigers zu veräußern. So entstand die jüngere Satzung, die obligatio specialis, die unter Belassung des Besitzes und der Nutzungen beim Schuldner den gesetzlich erst nach Beginn der Zwangsvollstreckung eintretenden Güterarrest vertragsmäßig bereits mit dem Zeitpunkte des Kontraktabschlusses festlegte.[1])

Mit der Schaffung der Spezialobligation war die Lage des Gläubigers wesentlich verbessert. Der Schuldner war jetzt vertragsmäßig gehalten, schon vor Fälligkeit der Schuld in Ansehung bestimmter Liegenschaften alle dem Gläubiger nachteiligen Handlungen zu unterlassen. Immerhin aber handelte es sich vorerst noch um eine persönliche Verpflichtung des Schuldners; verkaufte dieser ein Haftungsobjekt unter Mißachtung der ihm auferlegten Beschränkung seiner Verfügungsbefugnisse, so war der Gläubiger auf den Weg der Reszissionsklage verwiesen. Doch der persönliche Charakter der Spezialobligation wurde bald abgestoßen. Die Entwicklung drängte zu einer sachlichen Radizierung des Veräußerungsverbots. Immer mehr brach sich die Anschauung Bahn, daß der Verkauf, der bisher als ungültig angesehen wurde, dem Gläubiger nicht schaden könne, und so entstand schließlich der Satz, daß ein Gläubiger in die veräußerten Liegenschaften vollstrecken könne, gleich als befänden sie sich noch im Vermögen des Schuldners. Mit der Aufnahme dieses Satzes aber war die unmittelbare Wirkung der Spezialobligation gegen Dritte anerkannt. An die Stelle der bisherigen obligatorischen Beschränkung der Verfügungsfreiheit des Schuldners war die dingliche Gebundenheit getreten. Die Hypothek hatte in

---

[1]) Esmein a. a. O. S. 185 ff.; Viollet a. a. O. S. 632; Egger a. a. O. S. 136, 139.

Analoge Verhältnisse finden sich übrigens bereits im gräco-ägyptischen Rechte. Die gräco-ägyptische Hypothek ist ihrer Natur nach nichts anderes als eine Verpfändung zu Exekutionsrecht und insoferne mit der deutschen sog. jüngeren Satzung und der dieser Institution entsprechenden obligatio specialis des französischen Rechtes vergleichbar. Vgl. Frese a. a. O. S. 19 Note 56a und Hitzig a. a. O. S. 8 Note 2.

der Form der Spezialhypothek ihren Einzug in das französische Recht gehalten.[1])

Die weitere Entwicklung der Hypothek vollzog sich in der Weise, daß der dingliche Charakter, den die Spezialobligation angenommen hatte, auch auf die Generalobligation übertragen wurde. Aus einer einfachen Gestattung des Zugriffsrechts auf die gesamte unbewegliche Habe des Schuldners wurde ein mit unmittelbarer Wirksamkeit gegen Dritte ausgestattetes, alle Liegenschaften umfassendes Veräußerungsverbot. Die Generalobligation gewann geradezu die Bedeutung einer quasi generellen Verpfändung des ganzen Immobiliarvermögens. Die Sicherung des Gläubigers hatte ihren Höhepunkt erreicht. Die gesamte unbewegliche Habe des Schuldners war dinglich dem Gläubiger verhaftet. Für die Spezialobligation war jetzt begreiflicherweise kein Raum mehr; sie trat immer mehr zurück und geriet schließlich ganz in Vergessenheit. Die Spezialhypothek wurde durch die Generalhypothek verdrängt.[2])

Die Umgestaltung in der haftungsrechtlichen Bedeutung der Obligation kam auch in der äußeren Form ihrer Begründung zum Ausdrucke. Solange die Obligation eine bloße Zugriffsmöglichkeit eröffnete, war die Art und Weise der Errichtung völlig freigegeben. Dies änderte sich in dem Augenblick, in dem die Obligation den Charakter einer Verfügungsbeschränkung annahm und damit ein Vorzugsrecht des Gläubigers vor seinen Konkurrenten begründete. Nunmehr hatte der Gläubiger naturgemäß das größte Interesse daran, sich den Beweis hinsichtlich der Existenz und des Zeitpunkts der Stipulierung der Obligation zu sichern. Es wurde zunächst in der Mehrzahl der Fälle zur Schriftlichkeit geschritten; als aber dann infolge der großen Umwälzungen auf dem Gebiete des Beweisverfahrens um die Wende des 15. Jahrhunderts Siegelbriefe und Handschreiben ihre Beweiskraft verloren, wurde die notarielle Verlautbarung die gebräuchliche Form der Vereinbarung einer Obligation. Diese Verkehrs-

---

[1]) Esmein a. a. O. S. 186 ff.; Egger a. a. O. S. 167, 200 ff.

[2]) Esmein a. a. O. S. 193 ff.; Egger a. a. O. S. 168, 204.

übung prägte sich schließlich in dem bemerkenswerten Satze aus: Eine Konventionalhypothek kann nur durch notariellen Akt begründet werden.[1])

Gleichzeitig vollzog sich noch eine andere Entwicklung. Nachdem der dingliche Charakter der Generalobligation ausgeprägt war, bildete die Vereinbarung der Verpfändung des gesamten liegenschaftlichen Vermögens einen regelmäßig wiederkehrenden Bestandteil der Schuldverträge. Die Zusage der obligatio omnium bonorum erlangte die Bedeutung einer stereotypen Klausel. Das Volksbewußtsein verband allmählich mit dem Abschluß eines Schuldvertrags unwillkürlich die Vorstellung einer Generalverpfändung des gesamten Immobiliarvermögens. Es wurde sogar die stillschweigende Vereinbarung vermutet, wenn in einem Schuldvertrage die ausdrückliche Aufnahme der Klausel übersehen war. Mit Entstehung dieser praesumtio juris et de jure war die Obligationsklausel zu einer leeren Förmlichkeit geworden. Zu dem Satze, daß eine vertragsmäßige Bestellung der Hypothek nur durch materielle Verlautbarung erfolgen könne, trat die weitere nicht minder bedeutsame Bestimmung: Jeder notarielle Akt, der einen Schuldvertrag enthält, belastet die Liegenschaften des Schuldners mit einem Generalpfandrechte.[2])

§ 2.
Die Sonderentwicklung in den sog. Pays de nantissement.

Die bisherige Darstellung hatte ausschließlich das große Gebiet des gemeinen französischen Rechtes zur Grundlage. Eine eigenartige abweichende Entwicklung vollzog sich in einem verhältnismäßig kleinen Teil des nördlichen und nordöstlichen Frankreich.[3]) In diesem Länderstriche, der die meisten Orte der Picardie, des Artois und des Vermandois

---

[1]) Esmein a. a. O. S. 207 ff.; Viollet a. a. O. S. 635; Egger a. a. O. S. 206 f.

[2]) Esmein a. a. O. S. 202 ff.; Viollet a. a. O. S. 635; Egger a. a. O. S. 207 f.

[3]) Esmein a. a. O. S. 190 ff.; Viollet a. a. O. S. 632; Egger a. a. O. S. 315 ff.; Franken a. a. O. 170; Warnkoenig u. Stein a. a. O. Bd. II S. 598, 601 f.

sowie einzelne Nachbardistrikte umfaßte und in der Rechtsgeschichte die technische Bezeichnung: „Pays de nantissement“ führt,[1]) stand der Ausbau des Hypothekenwesens in einem besonders innigen Zusammenhange mit dem altgermanischen Rechte.

Aus der fränkischen Gesetzgebung hatte sich hier die Investitur, die Form des Eigentumsüberganges, unverändert erhalten und war auch dem Pfandgeschäfte dienstbar gemacht worden. Das engagement, die ältere Satzung, vollzog sich ähnlich der Eigentumsübertragung in äußeren Handlungen, die den Übergang des Besitzes vom Schuldner auf den Gläubiger sinnenfällig zur Anschauung brachten. Der Grundherr nahm das Grundstück aus der Hand des Schuldners, der sich der Gewere entledigte, zurück und wies den Gläubiger durch Übergabe eines vom Schuldner überreichten Stabes in die Liegenschaft ein.[2])

Die alten Investiturformen bestanden auch im Exekutionsverfahren bei der Fronung. Hier fand sich gleichfalls die Besitzentziehung gegenüber dem Schuldner und die Besitzeinweisung gegenüber dem Gläubiger versinnbildlicht vor, obschon es sich bei dem Exekutionsakte der Fronung in Wahrheit gar nicht um eine Depossedierung des Schuldners, sondern vielmehr um ein Veräußerungsverbot handelte. Der Beschlagnahmeakt wurde durch die main assise eingeleitet. Der Fronbote begab sich auf Grund richterlicher Ermächtigung in Begleitung von zwei Zeugen auf das Grundstück und fronte es, indem er es in die Hand des Königs legte. Daran schloß sich die mise de fait, die gleichfalls vor Zeugen vorgenommene Einweisung des anwesenden Gläubigers in die gefronte Liegenschaft. Das beschlagnahmte Grundstück wurde durch Zettelanschlag oder durch Aufpflanzen eines Strohwisches oder Banners oder durch Aushebung eines Rasenstücks kenntlich gemacht.[3]) Die erfolgte Fronung wurde dem Grundherrn angezeigt, damit dieser fernerhin keine

---

[1]) Esmein a. a. O. S. 190; Beaune a. a. O. S. 540 Note 1; Franken a. a. O. S. 170.

[2]) Egger a. a. O. S. 315, 316.

[3]) Egger a. a. O. S. 319 ff.

Investitur, sei es zu Eigentum, sei es zu Pfandrecht, außer in Wahrung des in der Fronung geltend gemachten Gläubigerrechts vornahm. Dergestalt ergab sich naturgemäß das Vorzugsrecht der ersten Besatzung.[1])

Die Fronung mit ihrem Formalapparate, wie er sich in dem Exekutionsverfahren vorfand, wurde in der Folge dem Vertragsrechte der Parteien unterstellt.[2]) Der Gläubiger, dem auch hier die Generalobligation zunächst nur ein wegen der vollen Verfügungsfreiheit des Schuldners problematisches allgemeines Zugriffsrecht auf die Habe des Schuldners eröffnete, bedingte sich von seinem Schuldner das Recht aus, zur Sicherung seiner Forderung bereits vor deren Fälligkeit auf einen Teil der Liegenschaften die Hände des Gerichts legen zu lassen. Diese Verabredung wirkte wie ein Antrag auf Einleitung der exekutorischen Fronung, naturgemäß mit dem Unterschiede, daß die Vornahme des Verwertungsverfahrens wenigstens vorerst ausgeschlossen war. Die Spezialobligation führte zur main assise und mise de fait und die Erfüllung dieser Formalitäten begründete dann ein dinglich wirkendes Veräußerungsverbot für den Schuldner und zugleich ein Vorzugsrecht für den Gläubiger. Also nicht die Vertragsberedung selbst erzeugte die dingliche Gebundenheit, sondern erst die Erfüllung der Fronungsförmlichkeiten, deren Vornahme durch die Vertragsberedung ermöglicht wurde. So entstand in den Ländern des nantissement ein Satz, der sich vom gemeinen Rechte wesentlich unterschied und kurz dahin zusammenfassen läßt: *Die Spezialobligation hat lediglich die Bedeutung eines Pfandrechtstitels, der durch die Vornahme der Fronungsformalitäten, des sog. nantissement, seine Realisierung findet.*

Die Einräumung des speziellen Zugriffsrechts mußte ursprünglich durchweg in öffentlicher Urkunde zum Ausdrucke kommen, und die Gläubiger säumten auch nicht, sich die Zustimmung zur Vornahme der main assise geben zu lassen. Die Notare mußten sie immer wieder in ihre Formularien

---

[1]) Egger a. a. O. S. 326.

[2]) Egger a. a. O. S. 341 ff.

aufnehmen, bis sie zur selbstverständlichen Klausel verblaßte und fehlendenfalls vom Gericht ergänzt wurde. Damit war aber schließlich die Begründung der Hypothek von der Zustimmung des Schuldners unabhängig geworden. Sie ergab sich auch hier als unmittelbare Folge der allgemeinen Sachhaftung, jedoch mit dem wichtigen Unterschiede gegenüber dem gemeinen Rechte, daß die Generalobligation nur den Titel zur wirksamen Sachhaftung in der Gestalt der Spezialhypothek abgab, die ihrerseits zur Realisierung des nantissement bedurfte.[1])

Die Umprägung der Generalobligation in einen bloßen Hypothektitel war nicht die einzige eigentümliche Folge der Beibehaltung des überkommenen Formalismus. Vielmehr führte das Erfordernis der Formerfüllung in Verbindung mit der Eigenart der Formen auch noch zur Anerkennung der bedeutsamsten pfandrechtlichen Grundsätze, die dem gemeinen Rechte völlig fremd waren.[2]) Die Vorschrift, daß das Gericht Hand auf das Grundstück legen und der Fronbote selbst zum Zwecke der Fronung auf die Liegenschaft gehen mußte, erforderte eine genaue Beschreibung des Immobile und bedingte dadurch die Ausbildung des Grundsatzes der Spezialität. Die Anordnung aber, daß die Eigenschaft des gefronten Grundstücks durch äußere Kennzeichen ersichtlich zu machen war, stellte eine Erscheinungsform des Prinzips der Publizität dar. Beide Grundprinzipien waren nicht absichtlich angestrebt; ungesucht und ungewollt ergaben sie sich als zufällige Wirkungen von Formen, die ursprünglich jedenfalls mit dem Zwecke der Förderung des Realkredits nicht das mindeste zu tun hatten. Anfänglich wenig beachtet, rückten sie vermöge ihrer zutage tretenden Vorzüglichkeit immer mehr in den Vordergrund, bis sie schließlich geradezu den Mittelpunkt des gesamten Formalapparats bildeten.

Die wachsende Beachtung, die den neuen Prinzipien nunmehr zuteil wurde, brach sich in der Erkenntnis Bahn, daß die seitherige Form der Publizität unvollkommen war.

---

[1]) Egger a. a. O. S. 345 ff.
[2]) Egger a. a. O. S. 361 ff.

Sie gründete sich streng genommen nur auf einen in beschränkter Öffentlichkeit vor sich gehenden Akt und gab lediglich Gewißheit über das belastete Objekt. Hier mußte Wandel geschaffen werden, und das konnte nur geschehen durch Beseitigung der bisherigen symbolischen Formen und durch Schaffung neuer Formen, die eine zweckentsprechendere Verwirklichung des Öffentlichkeitsprinzips ermöglichten. Zunächst wurde die alte Investiturformel durch die Aufnahme einer Verpfändungsurkunde vor Gericht oder Rat ersetzt. Diese Institution trug den Forderungen des Publizitätsprinzips sicherlich in weitgehendem Umfange Rechnung; denn sie gab nicht nur über das Haftungsobjekt, sondern auch über die zu sichernde Forderung genauen Aufschluß. Allein eine in vollem Umfange befriedigende Regelung war damit auch nicht erzielt. Das Interesse des Realkredits erheischte die Kenntnis der älteren auf dem Grundbesitze des Schuldners lastenden Pfandrechte, und hier versagten die Urkunden in den meisten Fällen. Es mußte also zu einer Einrichtung gegriffen werden, die ein klares Bild über den gesamten Schuldenstand zu bieten vermochte. Dies führte zur Schaffung eines Registers, in das sämtliche dingliche Lasten Aufnahme fanden. Von der alten Symbolform der Investitur war man zu jener Form des Publizitätssystems gelangt, deren sich noch der moderne Hypothekenverkehr bedient.

§ 3.

Das Eingreifen des Ordonnanzrechts und die Entstehung der gerichtlichen Hypothek.

Zu Beginn des 16. Jahrhunderts bahnte sich auf dem Gebiete des Hypothekenwesens eine neue Entwicklung an. Ihre Keime lagen noch in den Rechten der Coutumes, der Ausbau und Abschluß aber vollzog sich im Wege der zentralen königlichen Gesetzgebungsgewalt, die ihren Ausdruck in den Ordonnanzen fand.[1])

[1]) Vgl. zum Folgenden: Esmein a. a. O. S. 212 ff.; Beaune a. a. O. S. 640; Viollet a. a. O. S. 636 f.; Egger a. a. O. S. 209 f.; Warnkoenig u. Stein a. a. O. Bd. II S. 600.

Die neuen Ideen knüpften an die privatschriftlichen Verträge an. Diese besaßen nach den damals herrschenden Beweisgrundsätzen keinerlei Beweiskraft, konnten eine Generalhypothek nicht begründen und standen somit den Notariatsurkunden bei weitem nach. Nun waren aber die Handscheine wegen der leichteren und billigeren Art ihrer Errichtung nicht selten, und es war begreiflich, daß die Chirographargläubiger nach Gleichstellung mit den Inhabern notariell verbriefter Forderungen trachteten. Dies ließ sich nur erreichen, wenn es gelang, den Privatschuldurkunden den Charakter der Authentizität, der das wesentliche Merkmal der Notariatsakte ausmachte, zu verschaffen. Die Praxis wußte einen Ausweg zu finden. Es wurde auf die Vermittlung der Gerichte gegriffen. Der Schuldner erschien vor dem Richter und erkannte vor diesem die Echtheit des Handscheins an. Mit der gerichtlichen Anerkennung war der Grund für eine verschiedene Behandlung der notariellen und der privatschriftlichen Urkunden in Wegfall gekommen. Es konnte den einfachen Schuldscheinen im Falle ihrer Anerkennung vor Gericht nicht länger die Wirkung der Erzeugung eines Generalpfandrechts versagt werden. Der Schritt zur Gleichstellung der Privatschuldscheine mit den notariellen Urkunden kam vornehmlich in der alten Pariser Coutume vom Jahre 1510[1]) zum Ausdrucke, die in Art. 78 die bemerkenswerte Bestimmung enthielt:

„Une cedulle privée qui porte promesse de payer emporte hypotheque du jour de la confession d'icelle faicte en jugement.“

Die Erhebung der gerichtlichen Anerkennung des Handscheins zu einem Hypothek begründenden Akte hatte die Stellung der Chirographargläubiger entschieden gebessert. Immerhin war ihre Lage noch eine sehr prekäre, da die

---

[1]) Les coutumes générales de la prevosté et vicomté de Paris, accordées en l'assemblée des gens des trois estats des dictes ville, prevosté et vicomté, le vingt-septième jour de mars l'an 1510, avant Pasques, abgedr. in der vier Folianten umfassenden Coutumes-Sammlung: „Nouveau coutumier général de France“, Paris 1724, Bd. III S. 1 ff.

Anerkennung einzig und allein auf der freien Entschließung des Schuldners beruhte. Irgend welcher Zwang stand dem Gläubiger nicht zur Seite. Hatte ein Gläubiger sich mit der Aufnahme eines Handscheins begnügt im Vertrauen auf das Versprechen des Schuldners, ihn vor Gericht anzuerkennen, so entbehrte er jeder hypothekarischen Sicherung, wenn der Schuldner hinterher sein Versprechen nicht einlöste. Auch in dieser Richtung wurde bald Wandel geschaffen und zwar durch die Ordonnanz von Villers-Cotterets, betitelt „Ordonnance sur le fait de la justice", die König Franz I. im August des Jahres 1539 erließ.[1]) Dieses Gesetz sah ein eigenes Verfahren für die Anerkennung von Handscheinen vor. Jeder Chirographargläubiger konnte seinen Schuldner vor das Gericht des Bezirkes, in dem sich dieser gerade aufhielt, laden lassen. Leistete der Schuldner der an ihn ergangenen Ladung weder persönlich noch durch Entsendung eines Spezialbevollmächtigten Folge, so war dies so anzusehen, als ob der Schuldner den Handschein anerkannt habe. Das gerichtliche Erkenntnis, das die gesetzliche Wirkung der Säumnis aussprach, war durch Art. 92 der Ordonnanz[2]) dem freiwilligen Anerkenntnisse des Schuldners vor Gericht in jeder Beziehung gleichgestellt. Es erzeugte wie dieses eine Generalhypothek an der gesamten unbeweglichen Habe des Schuldners. Zu diesem Versäumnisurteile gesellte sich noch ein weiterer Hypothektitel. Bestritt der im Termin erschienene Schuldner die Echtheit des vom Gläubiger produzierten Dokumentes, so lag es an dem Gläubiger, die Behauptungen des Schuldners durch Beweise zu entkräften. Gelangte der Richter auf Grund

[1]) Die Ordonnanz ist abgedruckt in dem Werke: Isambert, Decrusy etc., Recueil général des anciennes lois françaises depuis 420 jusqu'à 1789. Bd. XII Nr. 288 S. 600 ff.

[2]) Dieser Artikel lautet: „Que toutes parties qui seront ajournées en leurs personnes, en connoissance de cédule, seront tenues icelle reconnoître ou nier en personne ou par procureur spécialement fondé, pardevant le juge séculier en la jurisdiction duquel seront trouvées sans pouvoir alléguer aucune incompétence, et ce, avant que partir du lieu où lesdites parties seront trouvées, autrement lesdites cédules seront tenues pour confessées par un seul défaut et emporteront hypothèque du jour de la sentence, comme si elles avoient été confessées."

des Beweisergebnisses zu der Anschauung, daß die Urkunde tatsächlich echt und sohin das Bestreiten des Schuldners zu Unrecht erfolgt sei, so hatte er durch Urteil die Echtheit der Urkunde auszusprechen. Diesem Verifikationsurteile legte die Ordonnanz in Art. 93[1]) die nämlichen Wirkungen wie der freiwilligen Anerkennung vor Gericht bei. Auch das Verifikationsurteil hatte fernerhin die Belastung der unbeweglichen Habe des Schuldners mit einem Generalpfandrechte zur notwendigen Folge.

Durch die Bestimmungen der Ordonnanz von Villers-Cotterets war die Stellung der Chirographargläubiger derjenigen der Inhaber notariell verbriefter Forderungen ebenbürtig geworden. Das Hypothekenrecht war um einen neuen wichtigen Rechtssatz bereichert worden. Jedes Erkenntnis, das entweder auf Säumnis des Schuldners eine Privaturkunde für anerkannt erklärte oder auf Bestreiten die Echtheit aussprach, begründete fortan eine Generalhypothek an den Liegenschaften des Schuldners.[2]) Mit diesem Satze war zugleich die Grundlage für die weitere Entwicklung gegeben. Auf dem Umwege der freiwilligen Anerkennung privater Schuldscheine vor Gericht war das Urteil zum Hypothek begründenden Akte geworden. Wie früher einzig und allein an die Aufnahme notarieller Urkunden, so schloß sich nunmehr auch an den Erlaß gewisser Urteile ohne weiteres die Entstehung einer Generalhypothek an. Dem notariellen Grund-

---

[1]) Der Wortlaut dieser Gesetzesstelle ist: „Si aucun est ajourné en connoissance de cédule, compare ou conteste déniant sa cédule; et si par après est prouvée par le créancier, l'hypothèque courra et aura lieu du jour de ladite négation et contestation."

[2]) Die Ergebnisse dieser Entwicklung kamen auch in der Neuredaktion der Pariser Coutume vom Jahre 1580 (Nouveau coutumier Bd. III S. 29 ff.) zum Ausdrucke. Der Art. 107, der dem früheren Art. 78 entspricht, lautet nunmehr: „Cedule privée qui porte promesse de payer emporte hypotheque du jour de la confession ou recognoissance d'icelle faicte en jugement ou pardevant notaires: ou que par jugement elle soit reconnue pour confessée, ou du jour de la denegation, en cas que par après elle soit verifiée."

pfandrechte trat eine gerichtliche, eine urteilsmäßige Hypothek gleichberechtigt an die Seite.

Der Wirkungskreis der neuen Hypothekform war sichtlich zunächst recht bescheiden. Ihre Existenz war notwendig dadurch bedingt, daß das Urteil die Echtheit eines Privatschuldscheins zum Gegenstande hatte. Eine derartige Beschränkung, wie sie der Gang der historischen Entwicklung mit sich gebracht hatte, konnte auf die Dauer nicht bestehen. Das wesentliche Merkmal, das den Notariatsurkunden ihre bevorzugte Stellung auf dem Gebiete des Hypothekenwesens gegeben hatte, fand sich in gleichem Maße bei den Urteilen vor. Auch sie waren mit authentischem Charakter ausgestattet und ermöglichten eine sichere Feststellung des Zeitpunkts der Entstehung der Hypothek wie der Rangfolge der Gläubiger. Dieser Gesichtspunkt in Verbindung mit der damals um sich greifenden Auffassung, die in dem Urteil einen Kontrakt oder einen Quasikontrakt zwischen den Parteien erblickte, mußte schließlich dazu führen, daß alle Urteile, die eine Verpflichtung des Schuldners zur Erfüllung einer Schuld statuierten, mit einem stillschweigenden, sich ohne weiteres an den Erlaß des Erkenntnisses anschließenden Generalpfandrecht ausgestattet wurden. Die gesetzliche Anerkennung dieser Entwicklung erfolgte durch die berühmte Ordonnanz von Moulins,[1] die Karl IX. im Februar des Jahres 1566 unter dem Titel: „Ordonnance sur la réforme de la justice“ zur Besserung des Justizwesens proklamierte. Diese Ordonnanz ist die eigentliche Wiege der gerichtlichen Hypothek. Sie enthielt in Art. 53 den bedeutsamen Satz:

> „Deslors et en l'instant de la condamnation donnée en dernier ressort, et du jour de la prononciation, sera acquis à la partie droit d'hypothèque sur les biens du condamné, pour l'effet et exécution du jugement ou arrest par lui obtenu“,

der die volle Gleichstellung der Urteile mit den Notariatsurkunden brachte.

Mißlich an der Bestimmung des Art. 53 war, daß die Generalhypothek erst mit dem Tage der Verkündung des

---

[1]) Isambert a. a. O. Bd. XIV Nr. 110 S. 189 ff.

Urteils letzter Instanz ins Leben trat. Dadurch war einem unlauteren Vorgehen des Schuldners in jeder Weise Vorschub geleistet. Der Schuldner hatte es in der Hand, durch Einlegung unbegründeter Rechtsmittel den Zeitpunkt der Entstehung der gerichtlichen Hypothek hinauszuschieben, und konnte die so geschaffene Zwischenzeit benützen, um zur Schikane des Gläubigers Konventionalhypotheken zu bestellen, die der späteren Urteilshypothek im Range vorgingen. Abhilfe hiergegen schuf die auf Vorstellungen des Pariser Parlamentes ergangene königliche Deklaration vom 10. Juli 1566,[1]) die den Art. 53 der Ordonnanz von Moulins dahin interpretierte, daß der Hypothek eine rückwirkende Kraft zukomme. Nach Art. 11 der Deklaration[2]) sollte nunmehr jede gerichtliche Hypothek schon mit dem Zeitpunkte der Verkündung des ersten in der Sache ergangenen Urteils ihre Entstehung nehmen, wenn das Urteil entweder durch Entscheidung des Obergerichts bestätigt wurde oder überhaupt mit einem Rechtsmittel nicht anfechtbar war.

So hatte als das natürliche Ergebnis einer steten folgerichtigen Entwicklung die gerichtliche Hypothek in der Form eines heimlichen Generalpfandes ihren Einzug in die französische Gesetzgebung gehalten. Ihr Anwendungskreis war jedoch im wesentlichen auf das große Gebiet des gemeinen Rechtes beschränkt; denn die Pays de nantissement verhielten sich den königlichen Ordonnanzen gegenüber möglichst abweisend.[3]) In den erst später mit Frankreich vereinigten nördlichen Teilen dieses Länderstrichs, in denen die Ordonnanzen von 1539 und 1566 keine Geltung erlangt hatten, war die gerichtliche Hypothek überhaupt nicht anerkannt, ja sogar, wie in den Coutumes von Artois, zum Überflusse noch durch besondere Bestimmung ausge-

[1]) Isambert a. a. O. Bd. XIV Nr. 113 S. 213 ff.

[2]) Der Art. 11 lautet: „En ajoutant pareillement, suivant la remontrance de ladite cour aux articles 53 et 55, ordonnons sur le 53 que l'hypothèque sur les biens du condamné, aura lieu et effet du jour de la sentence, si elle est confirmée par arrest, ou que d'icelle il n'y ait appel."

[3]) Egger a. a. O. S. 365 ff.

schlossen.[1]) In den südlichen Rechten, die nur weniger heftig und erfolgreich Widerstand leisten konnten, fand die gerichtliche Hypothek teilweise vollständige Annahme, teilweise wurde aber auch, wie namentlich in den Coutumes von Rheims und Vermandois, die Ordonnanz von Moulins dahin ausgelegt, daß der im Prozeß obsiegende Gläubiger mit dem Urteile nur einen Pfandrechtstitel erhielt, die Hypothek aber erst mit dem Beginne der Exekution erwarb.[2])

§ 4.

Die Schicksale der gerichtlichen Hypothek bis zum Ausbruche der französischen Revolution.

Mit dem Erlasse der Ordonnanz von Moulins trat in der Entwicklungsgeschichte des Hypothekenwesens eine längere Ruhepause ein. Die Verordnungen der Könige, soweit sie

---

[1]) Die aus dem Jahre 1509 stammende „Premiere publication des coustumes generales du comté d'Artois" (Nouveau coutumier Bd. I S. 243 ff.) bestimmte in Art.. 48: „Sentences, promesses, testamens et generalement toutes obligations personnelles, n'engendrent saisine. hypothecque ou realisation sur les heritages du condamné, promettant, testateur ou obligé." Ebenso ordnete die neue Ausgabe der Coutumes vom Jahre 1544, betitelt: „Coutumes generales du pays et comté d'Artois" (Nouveau coutumier Bd. I S. 255 ff.) in Art. 74 an: „Sentences, promesses, testamens et generalement toutes obligations personnelles, ne engendrent saisine, hypotheque, ou réalisation, sur les Heritaiges du condempné, promecteur, testateur, ou oblégie."

[2]) In Art. 125 der „Coutumes du bailliage de Vermandois en la cité, ville, banlieue et prevosté foraine de Laon" aus dem Jahre 1556 (Nouveau coutumier Bd. II S. 455 ff.) heißt es: „Sentence de Juge emporte hypothecque du jour de l'execution d'icelle. Et ou il y auroit appel, ladite hypothecque aura lieu du jour que celuy qui aura obtenu ladite sentence se sera mis en devoir de la faire executer, si puis après ladite sentence est confirmée. Et ce doit entendre ladite hypothecque pour valoir contre ceux qui auroient contracté avec le condamné depuis ladite execution et pour leur regard seulement." Ähnlich bestimmt der Art. 180 der „Coutumes de la cité et ville de Rheims, villes et villages regis selon icelles" (Nouveau coutumier Bd. II S. 493 ff): „Sentence de Juge n'emporte hypothecque, sinon du jour qu'elle sera nantie ou executée par le Juge, auquel cas l'hypothecque est créee, du jour du nantissement ou execution d'icelle, s'il n'y a appel; ou y ayant appel, si elle est confirmée."

hier überhaupt interessieren, beschränkten sich in der Hauptsache darauf, die dinglichen Verträge einer Einregistrierung zu unterwerfen. Diese Maßnahmen trugen aber einen ausgeprägt fiskalischen Charakter an sich und waren lediglich dazu bestimmt, den Eingang der staatlichen Abgaben zu sichern.[1])

Der Stillstand in der Gesetzgebung wurde unterbrochen, als Ludwig XIV. den Königsthron bestiegen hatte. Dieser Herrscher schenkte in dem im März des Jahres 1673 publizierten Edikte von Versailles[2]) dem Lande eine der bedeutsamsten Schöpfungen, welche die Geschichte des altfranzösischen Rechtes auf dem Gebiete des Hypothekenwesens aufzuweisen hat. Das Edikt, ein Werk des bekannten Staatsmanns und Finanzministers Colbert, führte aus dem Norden Frankreichs die beiden Prinzipien der Publizität und Spezialität in das gemeine Recht ein und gab ihnen eine Ausgestaltung, wie sie selbst in den Coutumes der Pays de nantissement bisher nicht anzutreffen war. Das Prinzip der Publizität war in der Weise ausgebaut, daß künftighin zur Wahrung des Ranges der Hypothek die Eintragung in das Register der eigens zu diesem Zwecke geschaffenen greffes des enregistremens erforderlich sein sollte.[3]) Für die Anmeldung zur Einschreibung war eine Frist von vier Monaten, gerechnet vom Zeitpunkte der Entstehung der Hypothek, gesetzt. Bei rechtzeitiger Anmeldung sollte sich der Rang der Hypothek nach dem Tage der Entstehung ohne Rücksicht auf inzwischen begründete Pfandrechte bestimmen; anderenfalls ging die Hypothek des Vorzugs gegenüber den eingetragenen Pfandrechten verlustig.[4]) Dem Eintragungszwange waren alle Hypotheken, insbesondere auch die gerichtlichen

[1]) Die bedeutendste dieser Verordnungen ist das unter Heinrich III. im Juni des Jahres 1581 erlassene Edit de création d'un bureau de contrôle des actes extra-judiciaires en chaque siège royal, abgedr. bei Isambert a. a. O. Bd. XIV Nr. 129 S. 493; vgl. ferner Viollet a. a. O. S. 633 und Egger a. a. O. S. 373 f.

[2]) Das Edikt führt den Titel: „Edit portant établissement de greffes pour l'enregistrement des oppositions des créanciers hypothécaires" und ist abgedr. bei Isambert a. a. O. Bd. XIX Nr. 718 S. 73 ff.

[3]) Art. 1 des Edikts.

[4]) Art. 21, 23 und 25 des Edikts.

Hypotheken,[1]) unterworfen; ausgenommen waren einzig und allein die Legalhypotheken, denen, solange der Grund ihrer Privilegierung bestand, Befreiung vom Inskriptionszwang eingeräumt war.[2]) Das Spezialitätsprinzip umfaßte nach dem Edikt in gleicher Weise die Forderung wie das Pfandobjekt. Die ordnungsmäßige Eintragung der Hypothek erheischte darnach einerseits die genaue Angabe der Schuldsumme, andererseits die Aufzählung der einzelnen verhafteten, im Amtsbezirke gelegenen Grundstücke.[3]) Beeinträchtigt waren diese gewiß segensreichen Neuerungen dadurch, daß das Edikt nicht gleichzeitig auch für eine Klarlegung der Eigentumsverhältnisse Sorge trug.

Dem Versailler Edikte war leider nur eine überaus kurze Geltungszeit beschieden. Kaum war es am 1. Juli 1673 in Kraft getreten,[4]) da erwuchs ihm in dem Adel ein erbitterter Gegner. Dieser Stand war zum größten Teile sehr verschuldet und erblickte in der von dem Edikte vorgesehenen Öffentlichkeit den Anstoß zum völligen Ruine seines Kredits. Sein Widerstand gegen das Gesetz nahm eine derartige Heftigkeit an, daß der König, wenn auch ungerne, sich veranlaßt sah, die große Schöpfung Colberts durch ein neues Edikt vom April des Jahres 1674 wieder zurückzunehmen.[5])

Damit war das Problem einer umfassenden Reform des Hypothekenwesens gründlich gescheitert. Ein weiterer Versuch, der sich die Umgestaltung des gesamten Hypothekenrechts zum Ziele gesetzt hätte, wurde vor dem Anbruche der Revolutionsära nicht mehr gewagt. Mit dem Hypothekenwesen als solchem beschäftigte sich nur noch ein unter Ludwig XV. erlassenes Edikt von 1771,[6]) das dem Erwerber

---

[1]) Art. 12 des Edikts.

[2]) Art. 56 ff. des Edikts.

[3]) Art. 13 und 15 des Edikts.

[4]) Art. 78 des Edikts.

[5]) Edit de Versailles portant révocation de celui de mars 1673 sur les hypothèques, abgedr. bei Isambert a. a. O. Bd. XIX Nr. 769 S. 133. Vgl. Esmein, Cours élémentaire d'histoire du droit français, 3me édition, Paris 1898 S. 785.

[6]) Isambert a. a. O. Bd. XXII Nr. 1014 S. 530; vgl. auch Egger a. a. O. S. 375.

einer Liegenschaft die Befreiung von den infolge des Heimlichkeitsprinzips nicht immer bekannten Hypotheken und Privilegien ermöglichte. Der neue Erwerber musste zu diesem Zwecke seinen Rechtstitel obrigkeitlich bestätigen und öffentlich bekannt machen lassen, worauf dann die Gläubiger bei Verlust ihres Realrechts gezwungen waren, innerhalb bestimmter Frist sich zu melden.

Die gerichtliche Hypothek insbesondere fand unter der Herrschaft des alten Rechtes ihren letzten Ausbau durch zwei königliche Erlasse.

Der eine Erlaß, der zeitlich noch vor dem berühmten Versailler Edikte lag, war die unter Ludwig XIV. im April 1667 veröffentlichte Ordonnanz von St. Germain-en-Laye, betitelt: „Ordonnance civile touchant la réformation de la justice."[1]) Diese Verordnung, die eine einschneidende Reform des Prozeßverfahrens brachte, ordnete in Art. 11 des Titels XXXV „Des requêtes civiles" an, daß künftig alle mit der Kassationsbeschwerde anfechtbaren Urteile der Partei an ihrem Wohnsitze zugestellt werden sollten, und bestimmte zugleich, daß bei Versäumnisurteilen die Hypothek nicht schon mit dem Tage der Verkündung, sondern erst mit dem Tage ihrer Zustellung an den Parteianwalt ins Leben treten solle.[2]) Der Grund für diese bemerkenswerte Neuerung ist darin zu suchen, daß die bisherige gleichmäßige Behandlung der Versäumnisurteile mit den kontradiktorischen Urteilen in der Praxis Unzuträglichkeiten gezeitigt hatte, und

---

[1]) Isambert a. a. O. Bd. XVIII Nr. 503 S. 103 ff.

[2]) Die Bestimmung lautet: „Voulons que tous les arrêts, jugemens en dernier ressort et sentences présidiales données au premier chef de l'édit, soient signifiées aux personnes au domicile, pour en induire les fins de non-recevoir contre la requête civile dans le temps ci-dessus, encore que les uns aient été contradictoires en l'audience, et les autres signifiés au procureur; sans que cela puisse être tiré à conséquence aux hypothèques, saisies et exécutions, et autres choses, à l'égard desquelles les arrêts, jugemens et sentences contradictoires donnés en l'audience auront leurs effets, quoiqu'ils n'aient été signifiés, et ceux par défaut donnés en l'audience et sur procès par écrit, à compter du jour qu'ils auront été signifiés aux procureurs".

daß es bei der Eigenart des Kontumazialverfahrens fernerhin bedenklich erschien, gegen den Schuldner eine Hypothek entstehen zu lassen, ohne daß dieser hiervon sogleich Kenntnis erlangte.

Der zweite Erlaß, die unter Ludwig XV. ergangene Deklaration vom 2. Januar 1717, suchte einem bei den Urteilen auf Anerkennung oder Verifizierung einer Privaturkunde zutage getretenen Mißstande wenigstens auf dem Gebiete des Handelsrechts zu begegnen. Bisher hatte es der Gläubiger vollständig in der Hand, seinen Schuldner auch schon vor Fälligkeit der Forderung zum Zwecke der Anerkennung seiner Unterschrift vor Gericht laden zu lassen mit der Folge, daß im Augenblicke des Urteilserlasses die Hypothek zur Entstehung gelangte. Nun war es allerdings dem Gläubiger nicht zu verargen, wenn er möglichst bald seinem privatschriftlichen Titel authentischen Charakter zu verleihen suchte; allein auf der anderen Seite war es unbillig, wenn, wie dies namentlich im Handelsverkehre sich unliebsamerweise gezeigt hatte, noch vor der Fälligkeit der Forderung, vielleicht wenige Tage oder wenige Stunden nach dem Vertragsabschlusse, der gesamte Liegenschaftsbesitz eines Schuldners, der sich unter Umständen hartnäckig der Bestellung einer Konventionalhypothek widersetzt hatte, auf diese Weise mit einem Generalpfandrechte beschwert wurde. Deshalb bestimmte die Deklaration vom 2. Januar 1717, daß alle Urteile, welche auf Handelssachen oder Waren bezügliche, noch nicht fällige Wechselbriefe oder Wechselurkunden, Schuldversprechen oder Schuldverschreibungen zum Gegenstande hatten, eine Hypothek an den Liegenschaften des Schuldners fortan nicht sollten begründen können.[1]) Der Gläubiger war

[1]) Die Bestimmung der Deklaration lautet: „Les jugemens rendus avant l'échéance des billets ou lettres de change, promesses ou billets passés pour faits de commerce et marchandises ne peuvent produire hypothèque sur les biens du débiteur". Vgl. Challamel, L'hypothèque judiciaire, Paris 1881 S. 64 und G. de Labroüe de Vareilles-Sommières, L'hypothèque judiciaire, son passé, son présent, son avenir, Paris 1871 S. 88 f., woselbst der Wortlaut der Deklaration vom 2. Januar 1717 mitgeteilt ist.

nunmehr gehalten, in Handelssachen mit der Vorladung des Schuldners zwecks Anerkennung des privatschriftlichen Titels zu warten, bis die Forderung fällig war.

Der Charakter der gerichtlichen Hypothek erlitt keine Änderung. Als heimliches Generalpfandrecht bestand sie weiterhin fort, auch noch, als die Stürme der Revolutionsära über Frankreich hereinbrachen.

---

2. Kapitel.

Die Gesetzgebung der Revolutionsära.

§ 1.

Das Gesetz vom 9. Messidor des Jahres III.

Die Periode des sog. Zwischenrechts (droit intermédiaire), wie die französische Rechtswissenschaft die Zeit von 1789 bis zur Einführung der Napoleonischen Gesetzbücher nennt, bedeutete auf dem Gebiete der Gesetzgebung eine nicht minder große Umwälzung wie im Bereiche des öffentlichen Lebens. Der Ausbruch der Revolution hatte den Kredit in seinen Grundfesten erschüttert. Die Mängel des bisherigen Hypothekensystems machten sich lebhaft fühlbar und erforderten baldige Heilung.[1]) Nach verschiedenen vergeblichen Versuchen erschien als erste umfassende Kodifikation des Hypothekenwesens das Gesetz vom 9. Messidor des Jahres III (27. Juni 1795), betitelt „Loi concernant le Code hypothécaire“.[2])

Dieses beachtenswerte Gesetz sah zwei wichtige Neuerungen gegenüber dem bisherigen Rechte vor. Die eine, hier weniger interessierende war die Schaffung der Eigentümerhypothek; jeder Eigentümer hypothekfähiger Gegenstände sollte in Höhe bis zu drei Vierteilen des Wertes durch

---

[1]) Sagnac, La législation civile de la révolution française, Paris 1898 S. 204 ff., Guillouard, La révision du régime hypothécaire établi par le code civil, Livre du centenaire, Bd. I S. 413 ff.

[2]) Bulletin des lois, V^{e} trimestre (IVe de l'an III) N. 164.

Scheine (cédules), die gleich Wechseln übertragbar waren, eine Hypothek für sich selbst bestellen können.[1]) Die andere bedeutsame Neuerung bestand darin, daß das Gesetz das Publizitätsprinzip der Pays de nantissement auf ganz Frankreich ausdehnte und die Wirksamkeit aller Hypotheken gegenüber dritten Personen von der Eintragung in öffentliche Bücher abhängig machte.[2])

Die aus den Notariatsakten entspringende Generalhypothek des alten Rechtes ist in das Hypothekengesetz vom 9. Messidor des Jahres III nicht aufgenommen.[3]) Dagegen ist die Urteilshypothek unter der bemerkenswerten Bezeichnung „hypothèque forcée" (Zwangshypothek) übernommen. Die Zwangshypothek ist im Unterschiede vom alten Rechte wie alle Hypotheken dem Inskriptionszwang unterworfen und damit ihrer bisherigen Heimlichkeit entkleidet. Der Charakter als Generalpfandrecht ist hingegen, da das Spezialitätsprinzip der nordischen Rechte keine Annahme gefunden, unverändert geblieben.

Das Gesetz widmet der Zwangshypothek einen eigenen Abschnitt, umfassend die Art. X mit XII, die also lauten:

> X. Il résulte, en faveur du créancier, hypothèque sur les biens présens et à venir de son débiteur contre lequel il est intervenu soit un jugement de reconnaissance d' écrit privé ou de condamnation, soit une sentence arbitrale rendue exécutoire.
>
> XI. Néanmoins les jugemens rendus dans les dix jours antérieurs à la faillite, banqueroute ou cessation publique de paiement d'un commerçant, ne sont point susceptibles d' hypothèque.
>
> XII. Ne sont pareillement susceptibles d'aucune hypothèque les condamnations obtenues contre l' hérédité acceptée sous benefice d' inventaire, ou le curateur à la succession vacante.

---

[1]) Art. 36 und 37.

[2]) Art. 3, der lautet: „Il n'y a d'hypothèque que celle résultant d'actes authentiques inscrits dans les registres publics ouverts à tous les citoyens."

[3]) Art. 7 und 8.

Diese Bestimmungen sind im wesentlichen eine Wiedergabe des Ordonnanzrechts. Die Zwangshypothek soll aus allen Urteilen, welche die Anerkennung einer Privatunterschrift oder eine Zahlungsverpflichtung aussprechen, sowie aus allen mit einem richterlichen Vollziehungsbefehle versehenen Schiedssprüchen entstehen und das gesamte gegenwärtige wie zukünftige Liegenschaftsvermögen des Schuldners belasten. Die Begründung der Zwangshypothek soll nur ausgeschlossen sein, wenn das Urteil in den letzten 10 Tagen vor dem Faillitezustande, dem Bankerutt oder der Zahlungseinstellung eines kaufmännischen Schuldners ergangen oder wenn es gegen eine mit der Rechtswohltat des Inventars angetretene Erbschaft oder gegen den Pfleger eines vakanten Nachlasses gerichtet ist.

Früher wurde allgemein angenommen, daß das Messidorgesetz niemals in Kraft getreten sei;[1]) neueren Forschungen zufolge war es jedoch mehrere Jahre in Geltung.[2]) Jedenfalls haben die Zulassung der Eigentümerhypothek und die damit verbundene Mobilisierung des Grundbesitzes dem Gesetz eine so heftige Gegnerschaft zugezogen, daß schon nach kurzer Zeit an die Ausarbeitung eines neuen Hypothekengesetzes herangetreten werden mußte.

§ 2.

Das Gesetz vom 11. Brumaire des Jahres VII.

Die neue Kodifikation des Hypothekenrechts, die Loi sur le régime hypothécaire vom 11. Brumaire des Jahres VII (1. November 1798),[3]) welche das Messidorgesetz verdrängte, suchte mehr als dieses wieder an die frühere Entwicklung anzuknüpfen. Das Gesetz lehnte deshalb die neugeschaffene Einrichtung der Eigentümerhypothek ab und gab in Abweichung vom Standpunkte des Messidorgesetzes

---

[1]) Sagnac a. a. O. S. 207.

[2]) Rondel, La mobilisation du sol en France, Paris 1888 S. 150 ff.; Challamel, Rapport sur le crédit hypothécaire, Procès-verbaux de la commission extraparlementaire du cadastre, Bd. V (Paris 1894) S. 519 (sub. Nr. IV); Guillouard im Livre du centenaire Bd I. S. 418.

[3]) Bulletin des lois, VIIe partie (1er semestre de l'an VII) Nr. 238.

auch den Notariatsakten ihre hypothekbegründende Wirkung zurück.[1]) Das Publizitätsprinzip[2]) wurde durch das aufgestellte Erfordernis der Transskription aller Eigentumserwerbstitel weiter ausgebaut und dem Grundsatze der Publizität das den Pays de nantissement entnommene Spezialitätsprinzip an die Seite gestellt.[3])

Beide Prinzipien, Publizität wie Spezialität, wurden auf die Urteilshypothek, die jetzt unter dem Namen „hypothèque judiciaire“ erscheint, ausgedehnt. Doch gelangte das Spezialitätsprinzip bei der gerichtlichen Hypothek nur unvollkommen zur Durchführung. Das Gesetz ordnet nämlich nicht an, daß bei der Einschreibung einer gerichtlichen Hypothek die einzelnen verpfändeten Grundstücke angegeben werden müssen, sondern es trägt dem Spezialitätsgedanken nur insoferne Rechnung, als es eine Verhaftung des künftigen Vermögenserwerbes ausschließt. Die dem Inskriptionszwang unterworfene gerichtliche Hypothek des Brumairegesetzes beschwert sonach nur diejenigen Grundstücke, die dem Schuldner zur Zeit der Erlassung des Urteils gehören.

Die übrigen Bestimmungen des Gesetzes über die gerichtliche Hypothek stimmen in der Hauptsache mit den Vorschriften des Messidorgesetzes überein. Es wird ausdrücklich hervorgehoben, daß eine jede gerichtliche Verurteilung sowie eine jede Privaturkunde, deren Unterschrift durch Urteil für anerkannt oder für echt erklärt ist, ipso jure eine Hypothek begründen. Aus dem Gesetze des Jahres III ist ferner die Vorschrift aufgenommen, daß eine Einschreibung, die innerhalb der letzten Tage vor dem Faillitezustande, dem Bankerutt oder der öffentlichen Zahlungseinstellung des Schuldners erfolgt, eine Hypothek nicht überträgt. Die Bestimmung des Messidorgesetzes, daß eine Verurteilung, die sich gegen eine

---

[1]) Art. 3 Ziff. 1.

[2]) Art. 2.

[3]) Sagnac a. a. O. S. 345; Guillouard im Livre du centenaire Bd. I S. 419.

mit der Rechtswohltat des Inventars angetretene Erbschaft oder gegen den Pfleger eines vakanten Nachlasses richtet, keine Hypothek erzeugt, ist nicht übernommen.

Einschlägig sind die Art. 3 mit 5 des Gesetzes, die, soweit sie hier interessieren, folgendermaßen lauten:

Art. 3. L'hypothèque existe, mais à la charge de l'inscription:

1° pour une créance consentie par acte notarié;

2° pour celle résultant d'une condamnation judiciaire;

3° pour celle qui résulte d'un acte privé dont la signature aura été reconnue ou déclarée telle par un jugement.[1])

Art. 4 Abs. 2. L'hypothèque judiciaire ne peut affecter que les biens appartenant au débiteur lors du jugement.

Art. 5. L'inscription qui serait faite dans les dix jours avant la faillite, banqueroute ou cessation publique de paiement d'un débiteur ne confère point hypothèque.

Mit dem Brumairegesetze fand die legislative Tätigkeit der Revolutionszeit auf dem Gebiete des Hypothekenwesens ihren Abschluß. Das Brumairegesetz war in seiner Art ein gutes Gesetz; es hatte nur den großen Nachteil, daß seine Bestimmungen über Abgaben und Gebühren von einem extrem fiskalischen Standpunkte beherrscht waren. Infolgedessen führte das Gesetz in seiner praktischen Anwendung zu empfindlichen Härten und rief eine Gegnerschaft hervor, die sich nicht mit einer Stellungnahme gegen die fiskalischen Vorschriften begnügte, sondern in blindem Übereifer unter Verkennung der unleugbaren Fortschritte des Gesetzes dessen Beseitigung im ganzen forderte.

Die gerichtliche Hypothek war durch die Stürme der Revolutionsära in ihrer Existenz nicht erschüttert worden. Obwohl ein Privileg, das sich mit der alles gleichmachenden Tendenz der damaligen Zeit schlecht vertrug, hat sie die schwere Kampfeszeit, lebenskräftiger denn je, überstanden.

---

[1]) Die Ziffer 4, die noch folgt, betrifft die gesetzlichen Hypotheken.

3. Kapitel.

Die Napoleonische Kodifikation.

§ 1.

Der ursprüngliche Entwurf eines französischen Zivilgesetzbuchs.

Noch unter der Herrschaft des Zwischenrechts war der Gedanke, dem französischen Freiheitsstaat ein allgemeines bürgerliches Gesetzbuch zu geben, aufgetaucht.[1]) Allein alle Versuche, ihn zu verwirklichen, mußten damals fehlschlagen weil in dem neuen Staatswesen noch nicht die zur Lösung einer solchen Aufgabe erforderliche Ruhe und Ordnung eingekehrt waren.[2]) Das änderte sich, als Napoleon zur Würde eines ersten Konsuls emporstieg. In dem Gesetze vom 19. Brumaire des Jahres VIII, das die Konsularregierung einführte, war das baldige Erscheinen eines allgemeinen Zivilgesetzbuchs verheißen. Und kaum hatte die neue Regierung ihre endgültige Organisation erhalten, da begannen auch schon die Vorarbeiten, die zur Erfüllung der gemachten Zusage führen sollten.

Am 24. Thermidor des Jahres VIII wurde von den Konsuln eine Kommission zur Ausarbeitung des Entwurfs eines bürgerlichen Gesetzbuchs berufen, welcher der Regierungskommissär bei dem „Conseil de prises" Portalis, der Präsident des Kassationsgerichts Tronchet, der Regierungskommissär bei dem Kassationsgerichte Bigot-Préameneu und der Richter bei dem Kassationsgerichte Maleville angehörten. Die Mitglieder der Kommission verteilten die Arbeit nach Materien unter sich, kamen an bestimmten Tagen bei Tronchet, der die Leitung des Gesetzgebungswerkes hatte, zusammen und besprachen sich über die jeweils

---

[1]) Zachariae von Lingenthal-Crome, Handbuch des französischen Zivilrechts, 8. Aufl., Freiburg i. Br. 1894/95, Bd. I S. 38 ff.

[2]) Der bemerkenswerteste Versuch war der von Cambacérès am 24. Prairial des Jahres IV dem Rate der Fünfhundert vorgelegte Entwurf eines bürgerlichen Gesetzbuchs, der jedoch in seinem Titel XVII über die Hypotheken von einer Neuregelung der Materie Abstand nahm und es einfach bei den Anordnungen des Messidorgesetzes vom Jahre III beließ.

fertig gestellten Teile. In vier Monaten war der Entwurf beendigt.[1]) Am 1. Pluviôse des Jahres IX wurde er im Drucke veröffentlicht unter dem Titel: „Projet de code civil présenté par la commission nommée par le gouvernement le 24 Thermidor an VIII.“ [2]) Dem Werke war ein discours préliminaire beigegeben, der die hauptsächlichsten Grundsätze des Kodifikationsprojekts aufrollt. Das Hypothekenwesen ist hier nur mit einigen Sätzen gestreift, die darin gipfeln, daß die bisherigen Maßnahmen zu extrem seien, und ein gemäßigteres, weniger argwöhnisches System Platz greifen müsse. Diese spärlichen Angaben lassen aber schon ahnen, daß der Entwurf einen Rückschritt auf dem Gebiete des Hypothekenwesens darstellte. Und so war es auch in der Tat. Die Bestimmungen über das Hypothekenrecht, die in dem 85 Artikel umfassenden sechsten Titel des dritten Buches enthalten sind, bedeuten geradezu eine Preisgabe der Errungenschaften des Zwischenrechts und eine Rückkehr zu den Anschauungen des gemeinen altfranzösischen Rechtes. Die Prinzipien der Publizität und Spezialität, deren Verwirklichung durch das Messidorgesetz begonnen und durch das Brumairegesetz vollendet wurde, sind verlassen und der heimlichen Hypothek ist in weitestem Umfange Tür und Tor geöffnet.

Der Entwurf stellt die Dreiteilung der Hypotheken in gesetzliche, gerichtliche und vertragsmäßige auf. Die gerichtliche Hypothek (hypothèque judiciaire) wird definiert als „celle que la loi attribue aux jugements ou actes judiciaires.“ [3]) Sie unterliegt, wie nach dem Entwurf überhaupt alle Hypotheken, nicht dem Inskriptionszwang und belastet das gesamte gegenwärtige wie künftige Liegenschaftsvermögen des Schuldners.[4]) In kasuistischer Weise wird bestimmt, inwie-

---

[1]) Zachariae-Crome a. a. O. Bd. I S. 41 ff.

[2]) Ein Abdruck des Entwurfs befindet sich in dem Werke: Archives parlementaires publiées par M. M. J. Mavidal et E. Laurent, sous-bibliothécaires au corps législatif, recueil complet des débats législatifs et politiques des chambres françaises von 1800 bis 1860 Bd. VI. Paris 1865, S. 193 ff.

[3]) Art. 13.

[4]) Art. 14.

weit im einzelnen Falle Urteile und gerichtliche Akte die Hypothek erzeugen, und welches jeweils der für die Entstehung der Hypothek maßgebende Zeitpunkt ist. Die inländischen Urteile, denen ohne Rücksicht auf ihren definitiven oder provisorischen Charakter hypothekbegründende Wirkung beigelegt ist, erfahren eine verschiedene Behandlung, je nachdem sie auf Grund kontradiktorischer Verhandlung oder im Versäumnisverfahren ergangen sind; bei ersteren tritt die Hypothek im Augenblicke der Verkündung, bei letzteren erst mit dem Tage der Zustellung ins Dasein. Für den Fall der Einlegung eines Einspruchs oder einer Berufung wird angeordnet, daß die Hypothek in ihrem Bestande nicht berührt wird, sofern das Urteil eine Abänderung oder Einschränkung nicht erfährt; anderenfalls soll die Hypothek nur insoweit aufrecht erhalten bleiben, als das Urteil noch zu Recht besteht.[1]) Ausländische Urteile sollen den in Frankreich gelegenen Grundbesitz des Schuldners mit dem Tage belasten, an dem sie durch ein zuständiges inländisches Gericht für vollstreckbar erklärt sind.[2]) In ähnlicher Weise soll bei Schiedssprüchen die Hypothek erst dann ihren Anfang nehmen, wenn das schiedsrichterliche Erkenntnis mit dem Vollziehungsbefehle versehen worden ist.[3]) Eine gerichtliche Hypothek entsteht auch an allen Grundstücken eines gerichtlich bestellten Sequesters oder Verwalters im Augenblicke seiner Ernennung, desgleichen an den Liegenschaften eines gerichtlichen Bürgen mit dessen Annahme.[4]) Bei Anerkennungen oder Verifikationen

---

[1]) Art. 29, 30.

[2]) Art. 37.

[3]) Art. 31.

[4]) Vgl. Art. 32 des Entwurfs. In Art. 33 wird bemerkt, daß im Falle des Abschlusses eines Kontrakts oder eines anderen authentischen Aktes eine Hypothek für die Zinsen, Schäden und die durch spätere Urteile ausgesprochenen Kosten mit dem Tage des Kontrakts oder Aktes entsteht und zwar auch dann, wenn eine ausdrückliche Vereinbarung hinsichtlich der Kosten und Schäden nicht getroffen wurde. Der Art. 34 betont in eigenartiger Weise, daß die Hypothek für die Ergänzung des Kaufpreises bei einem durch Urteil angeordneten Verkaufe nur kraft des Urteils statthat und das hierwegen weiterhin an der Sache haftende Privileg nicht beeinträchtigt.

von Privaturkunden wird ähnlich unterschieden wie bei Urteilen. Ist ein Schuldner zur Anerkennung einer Privaturkunde geladen, so wird die Hypothek an seinen Immobilien begründet mit dem Tage des durch Urteil oder authentischen Akt erfolgten Anerkenntnisses oder mit dem Tage des Bestreitens im Falle späterer Verifikation des Schriftstücks. Wird jedoch die Privaturkunde durch Versäumnisurteil für anerkannt erklärt, so bestimmt sich das Datum der Hypotkek nach dem Tage der Zustellung des Urteils.[1]) Im Anschluß an die detaillierten Vorschriften über Entstehungsgrund und Entstehungszeit behandelt der Entwurf noch die Frage, inwieweit Grundstücke des Erben mit einer gerichtlichen Hypothek belastet werden können. Die Frage wird dahin beantwortet, daß die Obligationen eines Verstorbenen und die gegen ihn ausgesprochenen Verurteilungen eine Hypothek an dem Liegenschaftsvermögen des Erben erst dann erzeugen, wenn entweder ein neuer Titel vor dem Notar geschaffen oder der Titel durch Urteil in der Richtung gegen den Erben für vollstreckbar erklärt wird.[2])

Der Entwurf wurde zunächst den Appellationsgerichtshöfen und dem Kassationshofe zur Begutachtung vorgelegt. Er fand hier im allgemeinen eine günstige Aufnahme; lediglich die Minderzahl der Gerichte war mit der prinzipiellen Ausgestaltung des Hypothekenwesens nicht einverstanden und verlangte vor allem die Wiederherstellung des Publizitätsprinzips. Die gerichtliche Hypothek wurde in fast sämtlichen Gutachten[3]) berührt. Kein einziger Gerichtshof sprach sich gegen diese Hypothekform aus; ihre Existenzberechtigung oder Zweckmäßigkeit wurde nirgends auch nur in Zweifel gezogen. Im einzelnen stießen bei den Anhängern des Entwurfs hauptsächlich die Bestimmungen über den Einfluß der Rechtsmittel auf die Hypothek,[4]) die verschiedene

[1]) Art. 35.

[2]) Art. 36.

[3]) Arch. parl. Bd. VI, Paris 1865, S. 301 ff., und Bd. VII, Paris 1866 S. 1ff.

[4]) Arch. parl. Bd. VI S. 410 (App.-Ger.-Hof Bordeaux).

Behandlung der Versäumnis- und kontradiktorischen Urteile[1]) und die Haftung des persönlichen Liegenschaftsvermögens des Erben[2]) auf Widerspruch. Von dem Appellationsgerichtshofe Montpellier wurde angeregt, der gerichtlichen Hypothek eine auf den Zeitpunkt der Ladung vor das Prozeßgericht, bzw. bei Schiedssprüchen auf den Tag des Abschlusses des Kompromißvertrags rückwirkende Kraft beizulegen, um auf diese Weise böswilligen Schuldnern die Möglichkeit zu benehmen, noch vor dem Erlasse der Entscheidung durch allerhand fraudulose Veräußerungen und Verfügungen die seinerzeitige Verwirklichung der Forderung des Gläubigers zu vereiteln.[3]) Die grundsätzlichen Gegner des Entwurfs forderten für die gerichtliche Hypothek wie für jede andere Hypothekgattung die Unterwerfung unter den Inskriptionszwang; die Durchführung des Spezialitätsprinzips wurde merkwürdigerweise von keiner Seite gewünscht. Der Appellationsgerichtshof Lyon, der seinem Gutachten einen eigens ausgearbeiteten, sich übrigens enge an die Regierungsvorlage haltenden Hypothekengesetzentwurf[4]) beigegeben hatte, dachte sich die Einschreibung als Erfordernis der Wirksamkeit der Hypothek gegen dritte Personen. Die Einschreibung, die nach dem Gutachten ausschließlich, jedoch als selbstverständliche Folge, die zur Zeit der Entstehung der Hypothek dem Schuldner gehörigen Grundstücke belastete, sollte in ihrer Geltung auf einen Zeitraum von 10 Jahren begrenzt sein, so daß bei Ablauf der Frist zwecks Erhaltung der Hypothek jedesmalige Erneuerung geboten war. Die

---

[1]) Arch. parl. Bd. VI S. 304 f., 691, Bd. VII S. 70 (App.-Ger.-Höfe Agen, Orleans und Toulouse).

[2]) Arch. parl. Bd. VI S. 348, Bd. VII S. 70 (App.-Ger.-Höfe Besançon und Toulouse). Eine scharfe Kritik erfuhr der die Hypothek für die Ergänzung des Kaufschillings behandelnde Art. 34 des Regierungsentwurfs; die Gerichtshöfe von Agen, Bordeaux und Toulouse forderten die Streichung dieser ebenso unklaren wie überflüssigen Bestimmung. (Arch. parl. Bd. VI S. 305, 410 und Bd. VII S. 70).

[3]) Arch. parl. Bd. VI S. 619, 637 f.

[4]) Arch. parl. Bd. VI S. 548 ff.; vgl. auch die diesen Entwurf einleitenden Erörterungen a. a. O. S. 542 ff.

Ausdehnung der Hypothek auf späterhin dem Schuldner zufallende Liegenschaften wurde zugelassen; doch sollte sie durch eine neuerliche, bereits vorhandene Hypothekrechte nicht beeinträchtigende Einschreibung bedingt sein.[1]) Etwas weiter ging der Kassationshof, der sonst im wesentlichen auf den nämlichen Grundsätzen aufbaute. Sein zu der Regierungsvorlage gefertigter Entwurf[2]) prägte Urteile und gerichtliche Akte zu bloßen Hypothektiteln um, die nur ein Recht auf den Erwerb der Hypothek gewährten. Die Hypothek sollte durch die Einschreibung des Titels in das Hypothekenregister begründet werden und ihr Rang sich nach dem Tage der Eintragung, nicht etwa nach dem Datum des Hypothektitels, bemessen.[3]) Der Umfang der Belastung wurde ebenso wie in dem Entwurfe des Lyoner Gerichtshofs bestimmt; doch wurde der Schuldner gegen ungerechtfertigte oder übermäßige Heranziehung seines Vermögens durch Gewährung einer Klage auf Löschung oder Minderung der Inskriptionen geschützt.[4]) Eine erhebliche Abweichung von den Bestimmungen der Regierungsvorlage wie nicht minder von den Vorschlägen des Kassationshofs und des Appellationsgerichtshofs Lyon wies das Gutachten des Appellationsgerichtshofs Brüssel auf. Dieser Gerichtshof, gleichfalls ein entschiedener Anhänger des Publizitätsprinzips, ging von der Anschauung aus, daß nur ein definitiver Titel eine ge-

[1]) Art. 29—37, 49, 51—52, 62 a. E. und 68 des von dem Gerichtshof ausgearbeiteten Entwurfs. Über die Unzulässigkeit von Hypotheken-inskriptionen bei Veräußerung des zu belastenden Grundstücks, bei Eintritt des Bankerutts, Falliments oder der Zahlungseinstellung des Grundstückseigentümers, endlich bei Beschlagnahme der Liegenschaft vgl. Art. 57—59 des Entwurfs.

[2]) Arch. parl. Bd. VII S. 163 ff.

[3]) Die Hypothektitel begründen, wie es in Art. 32 des vom Kassationshofe bearbeiteten Entwurfs heißt, „le droit de s'inscrire pour acquérir hypothèque à compter de la date de l'inscription."

[4]) Vgl. Art. 32—42 des vom Kassationshofe bearbeiteten Entwurfs, ferner die Erläuterungen zu diesem Entwurf in den Arch. parl. Bd. VII S. 148 und die Bemerkungen zu den Art. 32, 35 und 37 des Regierungsentwurfs ebenda S. 176.

eignete Eintragungsgrundlage abgeben könne.[1]) Um aber den auf diese Weise dem Gläubiger drohenden Gefahren vorzubeugen, schlug er die Einführung einer Vormerkung vor, die auf Grund eines von dem Gerichtsschreiber ausgestellten Zeugnisses über den Inhalt des Erkenntnisses vom Gläubiger begehrt werden konnte. Bei Vollzug der Vormerkung sollte dem Gläubiger eine angemessene Frist gesteckt werden, binnen deren er entweder unter Vorweis des Definitivtitels die Umwandlung in eine auf das Datum der Vormerkung zurückbezogene Eintragung oder die Löschung auf seine Kosten herbeizuführen hatte.[2])

Nach Eingang der gerichtlichen Gutachten wurde der Regierungsentwurf dem Staatsrat unterbreitet. Der Staatsrat beschloß in seiner Sitzung vom 28. Messidor des Jahres IX (17. Juli 1801), die Regierungsvorlage nicht im ganzen, sondern in kleineren, jeweils eine bestimmte Materie in sich schließenden Partien zur Beratung und Abstimmung zu bringen.[3]) Mehr als 2 1/2 Jahre verstrichen, ehe in die Besprechung des Abschnitts über das Hypothekenwesen eingetreten werden konnte. Die Beratungen des Staatsrats drehten sich fast ausschließlich um die Frage, auf welchen Prinzipien die hypothekenrechtlichen Vorschriften des neuen Gesetzbuchs aufgebaut werden sollten. Die Detailvorschriften des Entwurfs wurden in äußerst bescheidenem Maße und lediglich insoweit herangezogen, als sie für die Grundprinzipien von Bedeutung waren.

---

[1]) Arch. parl. Bd. VI S. 372 ff.

[2]) Arch. parl. Bd. VI S. 374. Den Bemerkungen des Appellationsgerichtshofs Brüssel war eine sehr ausführliche Studie über Hypotheken, Ratifikationsbriefe und Immobiliarzwangsverkäufe beigegeben, die den damaligen Regierungskommissär bei dem Gerichtshofe Beyts zum Verfasser hatte. (Arch. parl. Bd. VI S. 374—404). Diese Abhandlung, die für die Wiederherstellung der Prinzipien des Brumairegesetzes eintrat, forderte, daß die gerichtliche Hypothek sofort nach der Verkündung des Urteils auf Grund einer einfachen „saisie par huissier“ und ohne Vorlage einer Urteilsfertigung sollte eingetragen werden können.

[3]) Arch. parl. Bd. VII S. 196.

Bereits im Gesetzgebungsausschusse des Staatsrats, der zunächst mit dem Entwurfe befaßt war, kam es hinsichtlich des Hypothekenwesens zu einem sehr lebhaften Meinungsaustausche. Die Freunde des Regierungsentwurfs, der die Grundsätze des altfranzösischen Rechtes wieder erstehen lassen wollte, wiesen auf die Erfahrungen vieler Jahrhunderte hin und warfen der Gesetzgebung der Revolutionsära Gefährdung des Kredits, Einschränkung der bürgerlichen Freiheit und ungerechte Abgabenbelastung vor. Demgegenüber führten die Anhänger des Brumairegesetzes die wohltätigen Wirkungen des Publizitäts- und Spezialitätsprinzips, die hauptsächlich auch eine Verhinderung der Kapitalsanlagen in Handelsspekulationen gezeitigt hätten, ins Feld und bezeichneten die Erhebung der Inskriptionsabgaben als eine fiskalische Maßnahme, die jedes Zusammenhanges mit dem Zivilrecht entbehre. Eine Einigung konnte im Ausschuß nicht erzielt werden; von 8 Stimmen lauteten 4 auf Ablehnung des Entwurfs. Es wurde deshalb beschlossen, dem Plenum beide Anschauungen zur Begutachtung und Beratung vorzutragen.

Das Plenum des Staatsrats beriet über das Hypothekenwesen in den Sitzungen vom 12. und 19. Pluviôse des Jahres XII (2. und 9. Februar 1804). Die divergierenden Anschauungen des Ausschusses wurden von den Staatsratsmitgliedern Bigot-Préameneu und Réal vertreten. Während letzterer in verhältnismäßig kurzen Ausführungen die Vorzüge des Brumairegesetzes darlegte, erörterte Bigot-Préameneu in eingehender und erschöpfender Rede die Gründe, die für eine Annahme des Entwurfs sprachen. Die Mehrheit des Plenums ergriff sofort für das System des Revolutionsgesetzes Partei; doch konnte sie sich mit seiner vollständigen Durchführung nicht befreunden. Es wurde von vielen Mitgliedern an der im Brumairegesetze vorgesehenen Spezialisierung der gesetzlichen Hypothek der Frauen und Minderjährigen wegen der hier vielfach vorkommenden Unbestimmbarkeit Anstoß genommen, wie auch die Unterwerfung der gesetzlichen Hypothek unter den Inskriptionszwang mit Rücksicht auf das Wesen dieser Hypothekgattung und die Notorietät von Ehe und Vormundschaft von verschiedenen Seiten auf das heftigste bekämpft wurde. Öffentlichkeit der Hypothek, Spezialität der Konventionalhypothek, Privilegierung der dinglichen Sicherstellung von Frau und Minderjährigen, das waren die Grundpfeiler, auf denen das Plenum das künftige Hypothekenrecht aufgebaut wissen wollte.[1])

§ 2.
Die späteren Entwürfe und das Gesetz vom 28. Ventôse des Jahres XII über Privilegien und Hypotheken.

In der Sitzung des Staatsrats vom 3. Ventôse des Jahres XII (23. Februar 1804) legte Treilhard die Neuredaktion eines Gesetzentwurfs über das Hypothekenwesen vor, die den vom Staatsratsplenum geäußerten Wünschen Rechnung trug.[2]) Die Neuredaktion brachte das Publizitäts- und in beschränktem Maße auch das Spezialitätsprinzip zur Aufnahme; äußerlich zeichnete sie sich durch präzisere, weniger kasuistische Fassung aus.

Die gerichtliche Hypothek ist als besondere Unterart der Hypothek beibehalten und begrifflich durch die Tatsache ihrer Entstehung aus Urteilen und gerichtlichen Akten gegenüber den gesetzlichen und vertragsmäßigen Hypotheken abgegrenzt.[3]) Im einzelnen sind die Entstehungsgründe, die in der Definition nur summarisch zum Ausdrucke gelangen, im Entwurfe noch näher bestimmt. Eine gerichtliche Hypothek sollen erzeugen:

1. Alle inländischen Urteile, ohne Unterschied, ob sie auf Grund mündlicher Sachverhandlung oder im Versäumnisverfahren erlassen wurden und ohne Rücksicht auf ihren definitiven oder nur provisorischen Charakter,

---

[1]) Arch. parl. Bd. VIII, Paris 1866, S. 103 ff. und 129 ff.; Procès-verbaux du conseil d'Etat, contenant la discussion du projet de code civil, Bd. IV, Paris an XII, S. 349 ff., 423 ff.

[2]) Arch. parl. Bd. VIII S. 145 ff., Procès-verbaux du Conseil d'Etat, Bd. V, Paris an XII, S. 19 ff.

[3]) Art. 25; Art. 26 Abs. 2 des Entwurfs.

2. alle urteilsmäßig festgestellten Anerkennungen und Verifikationen, die sich unter einem Privatschuldscheine finden,

3. die Schiedssprüche, die mit einem richterlichen Vollziehungsbefehle versehen sind,

4. im Ausland ergangene Urteile, soferne sie von einem französischen Gerichte für vollstreckbar erklärt wurden.[1])

Der sachliche Umfang der Pfandhaftung ist in dem neuen Entwurfe durch das Generalitätsprinzip beherrscht. Alle gegenwärtigen und künftigen Immobilien sollen der gerichtlichen Hypothek dienstbar gemacht werden können; doch ist zum Schutze gegen etwaige Härten dem Schuldner das Recht eingeräumt, im Falle einer im Verhältnisse zur Schuld übermäßigen Belastung vom Gläubiger eine entsprechende Minderung zu verlangen.[2]) Die Wirksamkeit der gerichtlichen Hypothek nach außen, nicht ihre Entstehung, ist durch eine bei Vermeidung der Unwirksamkeit alle 10 Jahre erneuerungsbedürftige Inskription bedingt, wie überhaupt nach dem Entwurf eine jede Hypothek, sie mag auf welchem Rechtstitel nur immer beruhen, im Verhältnisse zu andern Hypotheken Rang nach dem Tage ihrer Einschreibung in das Hypothekenregister nimmt.[3]) Nur bei den Konventionalhypotheken erfordert die Einschreibung eine genaue Angabe der einzelnen belasteten Grundstücke; bei den gerichtlichen wie auch bei den gesetzlichen Hypotheken dagegen beschwert mangels abweichender Bestimmung ein einziger Vortrag im Hypothekenregister ohne weiteres den gesamten im Bezirke des Hypothekenbureaus gelegenen Liegenschaftsbesitz des Schuldners.[4])

Die Beratungen über den von Treilhard vorgelegten Entwurf wurden noch am 3. Ventôse begonnen und in den Sitzungen vom 5., 10. und 12. Ventôse des Jahres XII (25. Fe-

---

[1]) Art. 32 Abs. 1 Satz 1 und 2, Abs. 2 und Abs. 3.

[2]) Grundlage ist der Art. 32 Abs. 1 Satz 3 des Entwurfs. Das Recht auf Reduktion ist im Art. 70 festgelegt und in den Art. 71—74 hinsichtlich der Voraussetzungen und Durchführung näher bestimmt.

[3]) Art. 43.

[4]) Art. 57 Ziffer 5.

bruar, 1. und 3. März 1804) zu Ende geführt.[1]) Die gerichtliche Hypothek gab zu einer weiteren Diskussion keinen Anlaß. Die Erklärung Jollivet's, daß die zeitweilig viel diskutierte Frage, ob die vor den „Bureaux de conciliation“ abgegebenen Anerkenntnisse eine Hypothek erzeugten, im Entwurfe lediglich deshalb offen gelassen worden sei, weil die gesetzlich sanktionierte Bejahung eine Hinterziehung der Enregistrementabgaben habe befürchten lassen, war das einzige, was zu dieser Hypothekengattung überhaupt geäußert wurde.[2]) Von Interesse ist auch, daß ein bei der Beratung des Abschnitts über die Konventionalhypotheken gestellter Antrag des Staatsratsmitglieds Duchâtel, die Anerkennung der unter einer Privaturkunde befindlichen Unterschrift vor dem Notare der Anerkennung vor Gericht gleich zu behandeln, abgelehnt wurde.[3]) Die Bestimmungen über die gerichtliche Hypothek fanden in der vorgesehenen Fassung Annahme, während im übrigen der Entwurf mehrfache, jedoch nicht erhebliche Abänderungen erfuhr.

Noch am 12. Ventôse des Jahres XII wurde der Entwurf nach Maßgabe der Beschlüsse des Staatsrats neu redigiert und dem Tribunat als Titel VI des 3. Buches des Entwurfs eines bürgerlichen Gesetzbuchs vorgelegt.[4]) Das Tribunat hatte an dem Entwurfe nur wenig auszusetzen. Die Ausstellungen sachlichen Charakters hatten auf die gerichtliche Hypothek überhaupt keinen Bezug. In redaktioneller Be-

---

[1]) Arch. parl. Bd. VIII S. 152 ff., 162 ff., 193 ff., 202 ff.; Procès-verbaux du Conseil d'Etat Bd. V S. 40 ff., 70 ff., 160 ff., 189 ff.

[2]) Arch. parl. Bd. VIII S. 163; Procès-verbaux du Conseil d'Etat Bd. V S. 71.

[3]) Arch. parl. Bd. VIII S. 163; Procès-verbaux du Conseil d'Etat Bd. V S. 71. Die hierin liegende Inkonsequenz tadelt insbesondere Esmein, Etudes sur les contrats, S. 218.

[4]) Arch. parl. Bd. VIII S. 205 ff.; Procès-verbaux du Conseil d'Etat Bd. V S. 196 ff. In der Neuredaktion ist der von den Entstehungsgründen der gerichtlichen Hypothek handelnde Art. 32 in vier Absätze geteilt, indem der bisherige, den sachlichen Haftungsumfang festlegende Satz 3 des ersten Absatzes zum Absatz 2, die bisherigen Absätze 2 und 3 zu Absatz 3 und 4 gemacht wurden.

ziehung war betreffs der gerichtlichen Hypothek lediglich der Vorschlag gemacht worden, bei der Bestimmung über die Hypothek aus den ausländischen Urteilen die Zulässigkeit abweichender, durch Staatsgesetze oder Staatsverträge getroffener Vorschriften ausdrücklich vorzubehalten.

Sämtliche Anregungen des Tribunats wurden vom Staatsrat in seiner Sitzung vom 22. Ventôse des Jahres XII (13. März 1804) gutgeheißen.[1]) Eine dritte Redaktion berücksichtigte die vom Tribunate vorgeschlagenen und vom Staatsrat angenommenen Änderungen.[2])

Am 24. Ventôse des Jahres XII (15. März 1804) wurde der neu redigierte Entwurf nebst einer ausführlichen von Treilhard ausgearbeiteten Begründung[3]) der gesetzgebenden Versammlung zur endgültigen Beschlußfassung unterbreitet. Die gesetzgebende Versammlung erklärte in der Sitzung vom 28. Ventôse XII (19. März 1804), der auf Anordnung des ersten Konsuls außer Treilhard noch Jollivet und Lacuée als Vertreter des Staatsrats anwohnten, auf den befürwortenden Antrag des Tribunats[4]) ihre Zustimmung zu dem Entwurfe.[5])

---

[1]) Arch. parl. Bd. VIII S. 242 f.; Procès-verbaux du Conseil d'État Bd. V S. 306 ff.

[2]) Arch. parl. Bd. VIII S. 243 ff.; Procès-verbaux du Conseil d'Etat Bd. V S. 308 ff. Dem Art. 32 Abs. 4, der die gerichtliche Hypothek aus ausländischen Urteilen behandelt, ist am Schlusse der Satz beigefügt: „sans préjudice des dispositions contraires qui peuvent être dans les lois politiques ou dans les traités.“

[3]) Arch. parl. Bd. VIII S. 252 ff.; Procès-verbaux du Conseil d'Etat Bd. V. S. 335 ff.; Code civil des Français, contenant la série des lois qui le composent, avec leurs motifs, les rapports faits au Tribunat et les discours prononcés au corps législatif, Buch III Teil 4, Paris 1804, S. 227 ff.

[4]) Vgl. auch den Bericht von Grenier: „Rapport fait au Tribunat le 26. ventôse an XII par le citoyen Grenier au nom de la section de législation“, abgedr. im code civil des Français a. a. O. S. 251 ff.; betreffs der gerichtlichen Hypothek insbesondere S. 267 f.

[5]) Arch. parl. Bd. VIII S. 252, 265; Procès-verbaux du Conseil d'Etat Bd. V S. 335, 371.

§ 3.

Der Code civil des Français und seine Bestimmungen über die gerichtliche Hypothek.

Zwei Tage nach der Abstimmung über den Hypothekengesetzentwurf, am 30. Ventôse des Jahres XII (21. März 1804), nahm die gesetzgebende Versammlung einen weiteren ihr vom Staatsrate vorgelegten Gesetzentwurf an, der die Vereinigung sämtlicher bisher beschlossenen Zivilgesetze zu einem Code civil des Français unter Einteilung des gesamten Stoffes in einen einleitenden Titel und 3 Bücher sowie unter fortlaufender Numerierung der Artikel vorsah. Die „Loi du 28 ventôse an XII sur les priviléges et hypothèques“ war als 18. Titel in das 3. Buch des bürgerlichen Gesetzbuchs mit den Art. 2092 bis 2203 eingereiht.[1]) Die auf die gerichtliche Hypothek bezüglichen Bestimmungen, die in den Art. 25, 26 Abs. 2, 32, 43 und 57 Ziff. 5 des Hypothekengesetzes niedergelegt waren, sind als Art. 2116, 2117 Abs. 2, 2123, 2134 und 2148 Ziff. 5 unverändert in das einheitliche Zivilgesetzbuch übergegangen.[2])

---

[1]) Die den Hypotheken an die Seite gestellten Privilegien bedeuten im Sinne des C. civ. Vorzugsrechte, die auf die Beschaffenheit der Forderung gegründet sind. (Art. 2095 C. civ.). Sie sind entweder allgemeine oder besondere und können im Gegensatze zu den Hypotheken sowohl bewegliche Sachen und Güter als auch Liegenschaften zum Gegenstande haben. Ihre rechtliche Natur ist bestritten; der Streit dreht sich in der Hauptsache darum, ob die Privilegien lediglich als Vollstreckungsprivilegien zu erachten sind, oder ob sie wahre dingliche Rechte (Rechte „dans la chose“ et „non contre la personne“) begründen. Für die Qualität eines dinglichen Rechtes speziell auch bezüglich der Privilegien an bestimmten Mobilien (Art. 2102 C. civ.) hat sich besonders Jaeger in zwei scharfsinnigen Abhandlungen ausgesprochen, die unter dem Titel „Zur Lehre vom Mietpfandrechte, mit besonderer Berücksichtigung der Untermiete“ und „Der strafrechtliche Schutz des Mietpfandrechts“ in der Zeitschrift für französisches Zivilrecht Bd. 26 (1895) S. 553 ff. und S. 684 ff. (vgl. insbesondere S. 557 ff. § 2) und Bd. 27 (1896) S. 166 ff. veröffentlicht sind.

[2]) Arch. parl. Bd. VIII S. 264 ff.; Procès-verbaux du Conseil d'Etat Bd. V S. 367 ff. Daselbst sind auch der „Projet de loi sur la réunion des lois civiles“ und das „Exposé des motifs“ abgedruckt.

Die genannten Artikel des Code civil, denen die Bestimmung des Art. 2115 vorausgeht, wonach die Hypothek nur in den gesetzlich zugelassenen Fällen und Formen statthat, haben folgenden Wortlaut:

1. Art. 2116. Elle (sc. l' hypothèque) est ou légale, ou judiciaire, ou conventionnelle.

2. Art. 2117 Abs. 2. L'hypothèque judiciaire est celle qui résulte des jugements ou actes judiciaires.

3. Art. 2123. L'hypothèque judiciaire résulte des jugements, soit contradictoires, soit par défaut, définitifs ou provisoires, en faveur de celui qui les a obtenus. Elle résulte aussi des reconnaissances ou vérifications, faites en jugement, des signatures apposées à un acte obligatoire sous seing privé.

Elle peut s'exercer sur les immeubles actuels du débiteur et sur ceux qu'il pourra acquérir, sauf aussi les modifications qui seront ci-après exprimées.

Les décisions arbitrales n'emportent hypothèque qu' autant qu'elles sont revêtues de l'ordonnance judiciaire d'exécution.

L'hypothèque ne peut pareillement résulter des jugements rendus en pays étranger[1]) qu'autant qu'ils ont été déclarés exécutoires par un tribunal français; sans préjudice des dispositions contraires qui peuvent être dans les lois politiques ou dans les traités.

4. Art. 2134. Entre les créanciers, l'hypothèque, soit légale, soit judiciaire, soit conventionnelle, n'a de rang que du jour de l'inscription prise par le créancier sur les registres du conservateur, dans la forme et de la manière

---

[1]) Die Ausdrucksweise „rendus en pays étranger" ist nicht genau; es hätte mit Rücksicht auf die Konsulargerichtsbarkeit richtiger „rendus par les tribunaux étrangers", wie beispielsweise Art. 546 des Code de procédure sagt, heißen müssen. Vgl. G. de Labroüe de Vareilles-Sommières, L'hypothèque judiciaire, son passé, son présent, son avenir, Paris 1871, S. 115 f.

prescrites par la loi,[1]) [sauf les exceptions portées en l'article suivant].[2])

5. Art. 2148 Ziff. 5 verlangt für die Inskription die Angabe der Art und Lage der Grundstücke, auf die der Gläubiger seine Hypothek erstrecken will, und fährt dann fort:

„Cette dernière disposition n'est pas nécessaire dans les cas des hypothèques légales ou judiciaires: à défaut de convention, une seule inscription, pour ces hypothèques, frappe tous les immeubles compris dans l'arrondissement du bureau."

Der angeführte Art. 2123 Abs. 2, der für die gerichtliche Hypothek das Generalitätsprinzip unter Vorbehalt nachfolgender Modifikationen aufstellt, erhält seine notwendige Ergänzung durch Art. 2161; dieser bestimmt:

„Toutes les fois que les inscriptions prises par un créancier, qui, d'après la loi, aurait droit d'en prendre sur les biens présents ou sur les biens à venir d'un debiteur, sans limite convenue, seront portées sur plus de domaines différents qu'il n'est nécessaire à la sûreté des créances, l'action en réduction des inscriptions, ou en radiation d'une partie en ce qui excède la proportion convenable, est ouverte au débiteur." [3])

Nach der endgültigen Regelung, die das Hypothekenwesen im französischen Zivilgesetzbuche gefunden hat, ist die Hypothek aus den Notariatsakten für immer beseitigt. Die gerichtliche Hypothek ist unter dem Namen „hypothèque judiciaire" beibehalten und einerseits auf Urteile aller Art,

---

[1]) Die zehnjährige Erneuerungsbedürftigkeit aller Inskriptionen ist ausgesprochen in Art. 2154, welcher lautet: „Les inscriptions conservent l'hypothèque et le privilége pendant dix annés, à compter du jour de leur date; leur effet cesse, si ces inscriptions n'ont été renouvelées avant l'expiration de ce délai."

[2]) Der Vorbehalt hat nur für die gesetzlichen Hypotheken Bedeutung.

[3]) Die Voraussetzungen für die dem Schuldner in Art. 2161 eingeräumte Reduktionsklage sind in den Art. 2162 ff. noch näher erörtert. In Art. 2162 wird insbesondere festgestellt, daß ein Übermaß allemal dann anzunehmen ist, wenn schon der Wert einer einzelnen Liegenschaft oder einiger Liegenschaften des Schuldners, nach Abzug aller Lasten, den Betrag der gesamten Forderung um mehr als ein Drittel übersteigt.

andererseits auf gerichtliche Akte, sofern durch sie die unter einer Schuldverschreibung befindliche Namensunterschrift des Schuldners für anerkannt oder für echt erklärt wird, basiert. Den Gegenstand des Urteils muß, was sich aus dem Begriffe der Hypothek als eines der Sicherung einer Obligation dienenden dinglichen Rechtes[1]) ergibt, die Verurteilung zu einer geldwerten Leistung bilden. Die Hypothek entsteht mit dem Urteil oder dem gerichtlichen Akte von Rechts wegen. Die Einschreibung in die Register des Hypothekenbewahrers hat keinerlei hypothekbegründende Wirkung; ihre Bedeutung erschöpft sich in der Festlegung des Ranges gegenüber weiteren Hypotheken. Der Umfang der Sachhaftung ist von dem Generalitätsprinzipe beherrscht. Die Hypothek erstreckt sich auf die gesamten Liegenschaften des Schuldners, sowohl auf die, welche er dermalen besitzt, als auch auf die, welche er erst in der Folge erwirbt. Die unter Umständen für den Schuldner verhängnisvollen Wirkungen der Generalität werden gemildert durch die Zulassung einer Reduktionsklage, die den Schuldner in den Stand setzt, sich gegen übermäßige Belastung seines Vermögens zu wehren.

Nicht zu leugnen ist, daß die Bestimmungen des Code civil in mancher Hinsicht den Gesetzen des Zwischenrechts, insbesondere dem Brumairegesetz, inhaltlich nachstehen. Allein sie sind eben, wie das ganze Hypothekenrecht, das Ergebnis eines Kompromisses, das die Grundsätze des alten Rechtes mit den fortschrittlichen Ideen der Revolutionsära zu vereinen suchte.[2])

---

[1]) Art. 2114 Abs. 1 C. civ.: „L'hypothèque est un droit réel sur les immeubles affectés à l'acquittement d'une obligation.“

[2]) Für die Würdigung des Code civil ist sehr instruktiv das von uns schon mehrfach (als „Livre du centenaire“) zitierte zweibändige Werk, welches aus Anlaß der Säkularfeier erschien: „Le code civil, 1804—1904, livre du centenaire, publié par la société d'études législatives, Paris 1904. Es enthält eine Reihe ausgezeichneter Abhandlungen und Aufsätze über das Recht des Code civil im allgemeinen und in seinen einzelnen Teilen (Bd. I Teil 1 u. 2), über die Schicksale des französischen Zivilgesetzbuchs im Auslande (Bd. II Teil 3) und

§ 4.

Das ergänzende Gesetz vom 3. September 1807.

Die Napoleonische Gesetzgebung hatte, soweit die gerichtliche Hypothek in Frage kommt, mit dem Erlasse des Zivilgesetzbuchs ihren Abschluß noch nicht gefunden. Die Vorschrift über die Hypothek aus den gerichtlichen Akten erheischte eine Ergänzung. Der Art. 2123 des Code civil machte in Ansehung dieser Hypothek ebensowenig wie die Gesetzgebung des Zwischenrechts irgendwelchen Unterschied zwischen fälligen Forderungen einerseits und bedingten oder betagten Ansprüchen andererseits. Daraus leitete eine konstante Rechtsprechung, gestützt auf die Annahme der Beseitigung der alten Deklaration vom 2. Januar 1717, die Folgerung ab, daß der Gläubiger einer privatschriftlichen Forderung in allen Fällen auch schon vor deren Fälligkeit oder Beitreibbarkeit auf Grund des seinen Titel anerkennenden oder verifizierenden Erkenntnisses die Einschreibung in das Hypothekenregister begehren könne. Gegen diese Gesetzesauslegung erhoben sich vielfach Stimmen, welche die Begründung einer Generalhypothek vor Fälligkeit der Forderung als unbillig und mit dem Geiste des Gesetzes unvereinbar erklärten. Der Widerspruch gegen die Praxis der Gerichte spitzte sich schließlich dermaßen zu, daß die Gesetzgebung eingreifen mußte.

Am 25. August 1807 unterbreitete das Staatsratsmitglied Berlier der gesetzgebenden Versammlung einen Gesetzentwurf, der eine Beilegung des Streites bezweckte.[1]) Der Entwurf hielt daran fest, daß auch die vor dem Verfalle der Forderung

über die Frage einer Verbesserung des geltenden bürgerlichen Rechtes (Bd. II Teil 4). Vgl. ferner den aus dem gleichen Anlasse veröffentlichten Artikel von Otto Mayer „Zum hundertsten Geburtstage des Code civil" in der Frankfurter Zeitung, sechstes Morgenblatt Nr. 80 vom 20. März 1904, der in kurzen Umrissen die Entwicklung des Napoleonischen Gesetzbuchs in Frankreich und seine Verbreitung im Auslande darstellt.

[1]) Vgl. Arch. parl. Bd. IX, Paris 1867, S. 501 f., woselbst der Gesetzentwurf und die Motive, die Berlier in der Sitzung vom 25. August 1807 darlegte, abgedruckt sind.

erfolgten Anerkenntnisse und Verifikationen die Hypothek erzeugten, bestimmte aber, daß die Hypothek erst eingeschrieben werden könne, wenn die Forderung nach Eintritt der Fälligkeit nicht befriedigt worden sei. Hierdurch war scheinbar den Wünschen der Opposition Rechnung getragen; in Wahrheit lag jedoch die Sache etwas anders. Die ganze Vorschrift hatte nämlich nur dispositiven Charakter. Durch Vereinbarung zwischen Gläubiger und Schuldner konnte auch ein vor der Fälligkeit der Forderung gelegener Eintragungszeitpunkt festgesetzt und somit durch Vertrag wieder derjenige Zustand herbeigeführt werden, den die Gerichte bisher als den gesetzlichen proklamiert hatten.

Der Entwurf wurde am 3. September 1807, nachdem das Tribunat sich zustimmend geäußert, ohne weitere Debatte mit 238 gegen 12 Stimmen zum Gesetz erhoben.[1]) Der maßgebende Art. 1 der Loi vom 3. September 1807[2]) lautet:

„Lorsqu'il aura été rendu un jugement sur une demande en reconnaissance d'obligation sous seing privé, formée avant l'echéance ou l'exigibilité de la dite obligation, il ne pourra être pris aucune inscription hypothécaire en vertu de ce jugement, qu'à défaut de paiement de l'obligation après son échéance ou exigibilité, à moins qu'il n'y ait eu stipulation contraire.“

---

4. Kapitel.

Die Reformbewegung um die Mitte des neunzehnten Jahrhunderts.

§ 1.

Die literarischen Vorschläge zur Verbesserung des Hypothekenwesens und die Preisstiftung Casimir Périer's.

Die Regelung des Hypothekenwesens durch das französische Zivilgesetzbuch kann, was bei dem Kompromißcharakter

[1]) Arch. parl. Bd. IX S. 617 f.

[2]) Das Gesetz ist unter dem Titel: „Loi relative aux inscriptions hypothécaires en vertu de jugements rendus sur des demandes en reconnaissance d'obligations sous seing privé“ im Bulletin des lois de l'empire français, 4e série, Bd. VII, Paris 1808, Nr. 2741 S. 51 veröffentlicht.

nur begreiflich ist, nicht als eine glückliche Lösung erachtet werden. Die Vermischung der aus dem gemeinen Rechte übernommenen, vielfach auf römisches Recht zurückgehenden Ideen mit den von germanischen Auffassungen durchsetzten Vorschriften der Länder des Gewohnheitsrechts bannte jegliche Einheit des Systems und zeitigte in der praktischen Durchführung erhebliche Mängel. Insbesondere machte sich neben der Zulassung heimlicher und genereller Hypotheken als fühlbarer Mißstand die Unsicherheit in den Eigentumsverhältnissen geltend. Auf dem Gebiete des Eigentumsrechts fehlte so gut wie jede Publizität;[1]) außerdem bildete noch eine höchst gefährliche Klippe für den Hypothekenverkehr das Resolutionsrecht des Verkäufers, das dem Veräußerer eines Grundstücks dreißig Jahre lang gestattete, mittels einer dinglichen, jedem dritten Besitzer und späteren Hypothekgläubiger gegenüber wirksamen Klage, die Auflösung des Kaufvertrags zu verlangen, falls der Kaufpreis nicht bezahlt wurde.[2]) Kein Wunder, wenn bald nach dem Inkrafttreten des Gesetzbuchs der Wunsch nach einer Reform, insbesondere auf dem Gebiete des Hypothekenwesens, laut wurde.

Bereits im Jahre 1812 legte Hua in einem Buche, betitelt: „De la nécessité et des moyens de perfectionner la législation hypothécaire," die Unzulänglichkeit des vom Code Napoléon aufgestellten Hypothekensystems dar.[3]) Auch Jourdan trat schon zu Beginn der zwanziger Jahre des vorigen Jahrhunderts in mehreren, in der Zeitschrift Thémis[4]) veröffentlichten

---

[1]) Ein Zwang zur Transskription bestand nur für Schenkungen (C. civ. Art. 939 ff.) und fideikommissarische Substitutionen (C. civ. Art. 1069 ff.). Im übrigen war die Transskription der Erwerbstitel nur nützlich, weil zufolge Art. 834 C. de proc. nach erfolgter Transskription, bezw. nach Ablauf der noch nachgelassenen vierzehntägigen Frist, Hypotheken, die sich von früheren Eigentümern des Grundstücks herschrieben, nicht mehr wirksam auf das Grundstück inskribiert werden konnten.

[2]) C. civ. Art. 1654, 2262, 1183 und 1184.

[3]) Vgl. Guillouard im Livre du centenaire, Bd. I S. 416.

[4]) Der vollständige Titel ist: „Thémis ou bibliothèque du Jurisconsulte." Par Blondeau, Demante, Ducauroy et Warnkoenig. Paris 1820—1829. X. Vol.

Artikeln gegen das französische Hypothekensystem auf.[1]) Seine interessanten Ausführungen beleuchteten unter vergleichsweiser Heranziehung der ausländischen Gesetzgebung die verschiedenen Mängel des französischen Rechtes und suchten das Ziel der Verbesserung in der strikten Durchführung der Publizität und der Schaffung von Realfolien.[2]) Die gerichtliche Hypothek hatte an Jourdan einen warmen Fürsprecher. Sie wurde von ihm als eine wahrhaft nützliche Institution gepriesen, weil sie dem Schuldner Schutz gegen rigoroses Vorgehen harter Gläubiger, dem Gläubiger Sicherung gegen fraudulose Manipulationen schlechtgläubiger Schuldner biete.[3])

In Fluß kam die Reformbewegung jedoch erst durch Casimir Périer, den bekannten Staatsmann und Begründer des sog. Prinzips des Juste-Milieu. Casimir Périer war lange Jahre hindurch Leiter eines Pariser Bankhauses und hatte als solcher reichlich Gelegenheit, aus praktischer Erfahrung heraus die Mängel des Hypothekenwesens kennen zu lernen. Um den Immobiliarkredit zu heben, veranstaltete er im Jahre 1826 ein Preisausschreiben; er publizierte drei Fragen in den Zeitungen und bestimmte für deren beste Beantwortung einen Preis von 3000 Franken. Die drei Fragen lauteten:

1. Welche Mängel und Lücken weisen in Frankreich die gesetzlichen und administrativen Bestimmungen über das Hypothekendarlehen auf?

2. Welche Hindernisse stellen sich der Anlage des Kapitals in Hypothekendarlehen entgegen?

3. Durch welche Maßnahmen könnte am besten eine in sich geschlossene und harmonische Hypothekenorganisation geschaffen werden, die einerseits die Interessen des Staates,

---

[1]) In Betracht kommen die Aufsätze: „Traité des hypothèques par M. Grenier“ (Thémis Bd. V. S. 225 ff.), „Sur le nouveau système des hypothèques, établi en Bavière“ (Thémis Bd. VI S. 193 ff.) und „Quelques observations sur les projets de loi relatifs aux hypothèques et aux privilèges, présentés à la deuxième chambre des États-Généraux du royaume des Pays-Bas“ (Thémis Bd. VII S. 53 ff.).

[2]) Thémis Bd. V S. 228 f., Bd. VI S. 193, 195.

[3]) Thémis Bd. VII S. 58 f.

andererseits die Interessen der Gläubiger und Schuldner wahrt?[1])

Am 5. Februar 1829 erneuerte Périer sein Preisausschreiben unter Angabe einiger Materien, die bei einer Bearbeitung der Fragen übergangen werden konnten.[2]) Das Ende der Bewerbungsfrist wurde auf den 1. Mai 1829 festgesetzt, später aber bis zum 1. Juli 1829 verlängert. Ob die Preisfragen im Sinne der Aufgabe wirklich gelöst wurden, ist nicht bekannt. Die politischen Unruhen, die damals in Frankreich herrschten und schließlich zum Ausbruche der Julirevolution führten, lenkten das allgemeine Interesse von den schwebenden Tagesfragen auf dem Gebiete des Zivilrechts und der Volkswirtschaft nahezu vollständig ab. Auch Périer selbst konnte sein Unternehmen nicht weiter fördern, da ihn bereits am 16. Mai 1832 die in Paris wütende Cholera im Alter von 54 Jahren dahinraffte.

Die Preisstiftung Casimir-Périers zeitigte — und das war ihr bleibendes Verdienst — eine Reihe ausgezeichneter Werke und Abhandlungen über Hypothekenwesen, die den Reformgedanken in weitere Kreise des Publikums trugen. Unter den Schriften dieser Art erregte besonders das Buch[3]) des Pariser Advokaten Decourdemanche, betitelt:

> „Du danger de prêter sur hypothèque et d' acquérir des immeubles, ou vues d' amélioration du régime hypothécaire et du cadastre, combinés entre eux“,

nicht nur in Frankreich, sondern auch im Auslande großes Aufsehen. Dieser Praktiker legte das Hauptgewicht der Reform auf die Einführung eines Katasters[4]) und brachte auch sonst in dem von ihm ausgearbeiteten, 209 Artikel umfassenden Gesetzentwurfe[5]) viele sehr beachtenswerte Neue-

---

[1]) Decourdemanche, Du danger de prêter sur hypothèque, 3e éd., Paris 1830 S. 2; Troplong, Traité des priviléges et hypothèques, Paris 1833 Bd I S. XXVII.

[2]) Das Ausschreiben ist abgedruckt bei Decourdemanche a. a. O. S. 1—3, auszugsweise auch bei Troplong a. a. O. Bd. I S. XXVII.

[3]) Dritte Auflage, Paris 1830.

[4]) S. 329 ff.

[5]) Projet de loi sur la publicité des droits réels et personnels (S. 75—120).

rungen. Die gerichtliche Hypothek fand in den beiden ersten Auflagen des Buches keine Erwähnung;[1]) um so energischer nahm der Verfasser gegen diese Hypothekgattung in der dritten Auflage Stellung. Er warf der gerichtlichen Hypothek vor, daß sie stärker als die Konventionalhypothek das Grundvermögen des Schuldners belaste, die gleichmäßige Befriedigung der Gläubiger hintertreibe, sowie den Kredit des Schuldners untergrabe, und schlug ihre völlige Beseitigung vor. Gewissermaßen als Ersatz für die Abschaffung der gerichtlichen Hypothek dachte sich Decourdemanche ein sehr eigenartiges Mittel aus, das bestimmt war, die Gläubiger gegen fraudulose Verfügungen ihrer Schuldner zu schützen. Waren nämlich gegen einen Schuldner drei Urteile ergangen, welche die Verpflichtung zur Bezahlung einer auf Grund liquiden Titels geschuldeten Forderung aussprachen, und war ferner hierüber am Wohnorte des Schuldners in die Bücher des Bewahrers der dinglichen und persönlichen Rechte[2]) jeweils ein entsprechender Eintrag gemacht, so sollte dies als Zeichen für eine unordentliche Wirtschaftsführung angesehen und dem Schuldner das Recht, Spezialhypotheken auf seinem Grundbesitze zu bestellen, bis zur Abtragung seiner in den genannten Urteilen festgestellten Schulden benommen werden. Diese Beschränkung der Verfügungsfähigkeit des Schuldners war aber, da Decourdemanche von der Auffassung ausging, daß eine Dispositionsbeschränkung eigentlich nur im Falle des Konkurses oder Nahrungsverfalls gerechtfertigt sei, an eine zeitliche Schranke gebunden; erfolgte binnen 6 Monaten seit der letzten Einschreibung keine Erklärung des Konkurses oder Nahrungsverfalls, so sollten die auf Grund der Urteile vorgenommenen Inskriptionen als von Rechts wegen erloschen angesehen werden.[3])

[1]) Vgl. auch die Notiz auf der Rückseite des Titelblatts zur dritten Auflage.

[2]) Dieser sollte nach Art. 1 des Entw. an die Stelle des bisherigen Hypothekenbewahrers treten.

[3]) Vgl. die Ausführungen auf Seite 35—38 des Buches. Einschlägig sind die Art. 35, 36 und 171 des Entwurfs, die bestimmten:

Art. 35 Il n' y a plus d'hypothèques résultant de jugements.

Art. 36 L'inscription au lieu du domicile du débiteur de trois

Die Vorschläge, die Decourdemanche machte, wurden von der Kritik vielfach als zu radikal bezeichnet. Dies veranlaßte den ehrgeizigen Schriftsteller, abermals einen Gesetzentwurf[1]) auszuarbeiten, der sich mehr an die bestehende Gesetzgebung anlehnte.[2]) Der neue Entwurf, der 132 Artikel hatte und mit eingehenden Motiven versehen war, erschien im Novemberhefte der Revue encyclopédique des Jahres 1832.[3]) Auch hier war die Aufhebung der gerichtlichen Hypothek vorgesehen und dem Gläubiger die Möglichkeit eröffnet, gegen fraudulose Verfügungen des Schuldners sich zu wehren. Letzteres konnte aber anders als nach dem 1. Entwurfe nur in der Weise bewirkt werden, daß der Gläubiger entweder den Schuldner in den Zustand des Konkurses oder Nahrungsverfalls versetzte oder den Zwangsverkauf der Immobilien des Schuldners herbeiführte; beide Maßnahmen hatten zur Folge, daß Inskriptionen auf Grundstücke des Schuldners nicht mehr zu bewerkstelligen waren. Der Schutz des Gläubigers ließ sich dabei besonders wirksam dadurch gestalten,

---

jugements, portant condamnation pure et simple au paiement de sommes dues en vertu de titres non contestés, a pour effet d'empêcher le débiteur de consentir des hypothèques spéciales sur ses biens, avant le paiement du montant des jugements inscrits.

Art. 171 Sont considérées comme radiées de plein droit: les inscriptions . . . . prises en vertu des jugements désignés en l'article 36, et non suivis, dans les six mois de la dernière inscription, d'une déclaration de faillite ou de déconfiture.

[1]) Betitelt „Projet de loi sur le régime hypothécaire".

[2]) P. Leroux bemerkt in einem Aufsatze „De la réforme de la législation hypothécaire et de la mobilisation du sol" (Revue encyclopédique, publiée par M. M. H. Carnot et P. Leroux, Bd. LVI, Paris 1832, S. 271 ff., hier S. 273 Note 1) zu dem neuen Entwurf: „Il tend plutôt à améliorer la législation existante qu'à en changer les bases".

[3]) Revue encyclopédique Bd. LVI (Paris 1832) S. 300 ff., die Motive finden sich ebenda S. 273*—299. (Die Seitenzahlen 273—276 finden sich infolge eines Versehens in der Numerierung zweimal unmittelbar nacheinander vor; zur Unterscheidung werden sie hier, soferne sie das zweite Mal vorkommen, mit einem Sternchen bezeichnet). Nach einer auf Seite 273* Note 1 enthaltenen Notiz sind von dem Entwurfe samt den Motiven Sonderabdrücke hergestellt worden.

daß die Erklärung des Konkurses oder Nahrungsverfalls, bzw. die Anordnung des Zwangsverkaufs, gleich in dem die Zahlungspflicht feststellenden Urteil ausgesprochen wurde.[1])

Die infolge des Périer'schen Preisausschreibens weiterhin erschienenen, gleichfalls bemerkenswerten Abhandlungen über das Hypothekenwesen und die Hypothekenreform von Foelix,[2]) Troplong,[3]) Wolowski[4]) und d'Hauthuille[5]) beschäftigten sich mit der Frage der gerichtlichen Hypothek nicht, woraus zu schließen ist, daß diese Schriftsteller an der Institution der gerichtlichen Hypothek nichts auszusetzen hatten.

Dagegen wurde die gerichtliche Hypothek noch behandelt in der in ihren Reformvorschlägen etwas radikalen Schrift des Domänendirektors Loreau über den Bodenkredit.[6]) Loreau zog im Gegensatze zu Decourdemanche die Existenzberechtigung der gerichtlichen Hypothek nicht in Frage, bekämpfte aber auf das entschiedenste ihren gene-

---

[1]) Vgl. die Ausführungen in der Revue encyclopédique a. a. O. S. 279 ff; ferner die Art. 2, 39, 93 und 95 des neuen Entwurfs.

[2]) Foelix, „Über die Gebrechen des französischen Hypothekenwesens", Krit. Zeitschr. f. Rechtswissenschaft und Gesetzgebung des Auslandes, hrsg. v. Mittermaier und Zachariae, Bd. II (Heidelberg 1830) S. 48 ff.

[3]) Troplong, „Le droit civil expliqué. Des privilèges et hypothèques ou commentaire du titre XVIII du livre III du code civil.", 4 Bde., Paris 1833. Dem ersten Bande des Werkes ist eine 80 Seiten umfassende Einleitung vorausgeschickt, die an die Preisstiftung von Casimir Périer anknüpfte und eine ausgezeichnete, in der Folge viel beachtete Darstellung der Mängel der französischen Gesetzgebung auf dem Gebiete des Hypothekenwesens und Immobiliarkredits brachte.

[4]) Wolowski, „Régime hypothécaire", Revue de législation et de jurisprudence, publié sous la direction de M. L. Wolowski, Bd. I (octobre 1834 — mars 1835) Paris 1835 S. 35 ff., 276 ff.

[5]) d'Hauthuille „La révision du régime hypothécaire", Paris 1843.

[6]) Loreau „Du crédit foncier et les moyens de le fonder, ou création d'un système hypothécaire, appuyé sur le cadastre, l'enregistrement des contrats, et le revenu imposable de la propriété suivi d'un mode de transfert des créances sur hypothèque, analogue à celui des rentes sur l'Etat", Paris 1841 S. 215 ff., 248 ff.

rellen Charakter. Er regte deshalb nach dem Vorgange des Brumairegesetzes die Beschränkung der Haftung auf das gegenwärtige Liegenschaftsvermögen des Schuldners an und schlug außerdem die Aufnahme einer Bestimmung vor, derzufolge der Richter jeweils die zur Sicherstellung des Gläubigers erforderlichen Grundstücke des Schuldners einzeln bezeichnen und die Einschreibung der Hypothek überhaupt versagen sollte, falls sämtliche Liegenschaften des Schuldners nach dem Zeugnisse des Hypothekenbewahrers bereits bis zur Höhe ihres Gesamtwertes belastet waren.

§ 2.
Das Rundschreiben des Justizministers Martin du Nord.

Die verschiedenen, den Kreisen der Juristen wie der Nationalökonomen entstammenden tüchtigen Abhandlungen über die Reform des Hypothekenwesens und des Immobiliarkredits mußten notwendig die Aufmerksamkeit der leitenden Stellen der Staatsregierung erregen. Dazu kam, daß im Jahre 1836 auch in der Deputiertenkammer anläßlich einer Petition die Notwendigkeit einer baldigen Reform des Hypothekenwesens anerkannt und jedes Jahr von den „Conseils généraux“ einer größeren Anzahl von Departements der Wunsch einer Abänderung der bisherigen Hypothekengesetzgebung geäußert wurde.[1]) Die Staatsregierung entschloß sich deshalb zu Beginn der vierziger Jahre, eine Neuregelung der gesetzlichen Bestimmungen über das Privilegien- und Hypothekenwesen in Angriff zu nehmen. Um eine gründliche Vorbereitung für das Reformwerk zu sichern, erließ der Justizminister Martin du Nord am 7. Mai 1841 ein Rundschreiben, in dem er unter Angabe einzelner ihm besonders verbesserungsbedürftig erscheinender Punkte um Mitteilung der in der Praxis wahrgenommenen Mängel und Lücken des geltenden Hypothekensystems und um Einreichung sachdienlicher Vorschläge bat. Die gerichtliche Hypothek war unter den im Rundschreiben namhaft gemachten Punkten nicht erwähnt.[2])

---

[1]) Documents Bd. I S. XLV.

[2]) Das Rundschreiben (Circulaire) ist abgedruckt in den Documents Bd. I S. CCXIX—CCXXVII.

Das Rundschreiben wurde an den ersten Präsidenten und an den Generalstaatsanwalt des Kassationshofs, an die ersten Präsidenten und an die Generalstaatsanwälte der Appellationsgerichtshöfe sowie durch Vermittlung des Ministeriums des öffentlichen Unterrichts auch an die Dekanate der Juristenfakultäten geleitet.[1]) Die von den Behörden eingegangenen Gutachten wurden im Justizministerium gesammelt, nach systematischen Gesichtspunkten geordnet und in drei starken Bänden unter dem Titel:

„Documents relatifs au régime hypothécaire et aux réformes qui ont été proposées, publiés par ordre de M. Martin (du Nord), Garde des Sceaux, Paris 1844“

veröffentlicht. Dem schätzenswerten Werke ist eine Einleitung von 227 Seiten vorangestellt, diese enthält Ausführungen über den Zusammenhang des Hypothekenrechts mit anderen Zweigen der Rechtswissenschaft, statistische Notizen über die Ausbreitung des Hypothekenverkehrs,[2]) Bemerkungen über die geschichtliche Entwicklung des Hypothekenrechts, Überblicke über die Hypothekengesetze des Auslandes, eine Aufzählung der gegen das geltende französische Hypothekensystem erhobenen Vorwürfe,[3]) endlich eine Zusammenstellung der in den Gutachten vorgebrachten allgemeinen Gedanken.[4])

---

[1]) Documents Bd. I S. CCXIX Note 1.

[2]) Die Gesamtsumme sämtlicher Hypothekeninskriptionen belief sich in Frankreich am 1. Juli 1840 auf 11'300,000 000 Fr. Die Hypotheken mehrten sich besonders in der Zeit von 1832 bis 1842. Es betrug die Gesamtsumme aller aufgenommenen Hypothekdarlehen 400,000 000 Fr. für das Jahr 1832, 509,555 003 Fr. für das Jahr 1842. Der Jahresbetrag der durch die Übertragung von Immobilien umgesetzten Werte stieg von 1'094,000 000 Fr. im Jahre 1831 auf 1'600,000 000 Fr. im Jahre 1842.

[3]) Die Zahl der namhaft gemachten Vorwürfe beträgt 18. Die gerichtliche Hypothek wird als 14. Punkt angeführt, welcher lautet: „Le maintien de l'hypothèque judiciaire, et, en tout cas, la dispence de mentionner dans l'inscription de cette hypothèque l'espèce et la situation des biens qu'elle frappe“.

[4]) Die allgemeinen Bemerkungen über die gerichtliche Hypothek finden sich auf S. CCVII—CCX.

Die gutachtlichen Äußerungen zur gerichtlichen Hypothek befinden sich im 3. Bande unter Art. 2123 (S. 261 bis 288); im ganzen haben sich 15 Behörden, 8 Appellationsgerichtshöfe und 7 Juristenfakultäten mit der gerichtlichen Hypothek befaßt.[1])

Von den fünfzehn Gutachten trat keines für die Beseitigung der gerichtlichen Hypothek ein, die Decourdemanche vorgeschlagen hatte. Der Colmarer Appellationsgerichtshof meinte zwar, es läge etwas Unregelmäßiges in der gesetzlichen Bestimmung, die dem Richter gestatte, durch die Begründung einer nicht vereinbarten Hypothek seinen Willen an die Stelle des Parteiwillens zu setzen, und die Straßburger Fakultät konnte nicht genug die großen Gefahren betonen, die das Institut der gerichtlichen Hypothek namentlich wegen seines generellen, das künftige Vermögen belastenden Charakters im Gefolge habe. Gleichwohl sprachen sich beide Behörden für die Beibehaltung aus, Colmar mit der Begründung, daß ein Schuldner, der am Verfalltage nicht zahle, sich nicht beklagen könne, wenn der Grundsatz zur Anwendung gelange, daß für jede Schuldverpflichtung die gesamte Vermögensmasse aufzukommen habe, und Straßburg, weil die Autorität der Rechtskraft hypothekarische Sicherstellung des Urteilsvollzugs erheische. Das von der Straßburger Fakultät für die Existenzberechtigung der gerichtlichen Hypothek angeführte Argument wurde auch von der Juristenfakultät zu Rennes vorgebracht, die außerdem noch darauf hinwies, daß die gerichtliche Hypothek wie kein anderes Institut geeignet sei, Zwangsversteigerungen hintanzuhalten. Die Juristenfakultät zu Dijon pries die gerichtliche Hypothek geradezu als eine heilsame Rechtseinrichtung; sie glaubte, daß die menschliche Gesellschaft nicht genug für die Unter-

---

[1]) Die große Mehrzahl der Gutachten hat die gerichtliche Hypothek gar nicht berührt. Geäußert haben sich die Appellationsgerichtshöfe (cours royales) von Aix (S. 261 ff.), Angers (S. 265 f.), Colmar (S. 266 ff.), Douai (S. 268), Grenoble (S. 268 f.), Montpellier (S. 269 ff.), Nîmes (S. 272) und Orléans (S. 272 f.) und die Juristenfakultäten von Caen (S. 273 ff.), Dijon (S. 275 f.), Grenoble (S. 276 ff.). Paris (S. 278 ff.), Poitiers (S. 280 ff.), Rennes (S. 283) und Straßbourg (S. 284 ff.).

stützung einer rechtskräftig entschiedenen Sache tun könne, und war auch der Meinung, daß die gerichtliche Hypothek in besonders wirksamer Weise fraudulosen Veräußerungen des Schuldners vorbeuge.

Wie hinsichtlich der Existenzberechtigung der gerichtlichen Hypothek völlige Übereinstimmung herrschte, so waren auch andererseits alle Gutachten mit alleiniger Ausnahme des Appellationsgerichtshofs von Douai, der nichts auszusetzen hatte, darüber einig, daß die seitherigen Vorschriften änderungsbedürftig seien. Im einzelnen allerdings gingen hier die Anschauungen auseinander.

Zunächst lebte wieder der alte Streit, ob Generalitätsprinzip oder Spezialitätsprinzip, in erneuter Form auf. Die Generalität der gerichtlichen Hypothek wurde vornehmlich von der Juristenfakultät Poitiers verfochten; für die Spezialität traten der Appellationsgerichtshof Colmar und die Juristenfakultäten von Paris und Straßburg ein. Von den genannten Anhängern des Spezialitätsprinzips forderten der Colmarer Gerichtshof und die Straßburger Fakultät die Einschränkung der Hypothek auf das gegenwärtige Liegenschaftsvermögen des Schuldners; die Pariser Fakultät, die noch weiter ging, wollte nur die zur Sicherung des Gläubigers unbedingt erforderlichen, durch Richterspruch bestimmten Grundstücke des Schuldners der Hypothek unterworfen wissen. Außerdem verlangten die Juristenfakultäten von Paris und Straßburg, daß jede Anmeldung zum Hypothekenregister die vom Pfandrechte betroffenen Immobilien genau zu verzeichnen habe.

In den Gutachten wurde sodann von verschiedenen Seiten die gesetzliche Regelung aufgetauchter Streitfragen angeregt. Insbesondere wurde mehrfach ein Ausspruch über die damals in der Praxis viel ventilierte Frage begehrt, ob es für die Begründung der gerichtlichen Hypothek genüge, wenn das Urteil nur den Keim der künftigen oder eventuellen Verurteilung zu einer geldwerten Leistung in sich schließe. Auch nähere Bestimmungen betreffs der Hypothek aus ausländischen Urteilen, namentlich darüber, welche Stellung der mit der Vollstreckungserklärung betraute französische Gerichtshof einnehmen sollte, wurden gewünscht.

Für eine Ausdehnung der gerichtlichen Hypothek sprach sich das Gutachten der Juristenfakultät Caen aus. Die Fakultät wollte die gerichtliche Anordnung einer Sicherheitsleistung mit einer Hypothek ausstatten, die ausnahmsweise nicht generell wirken, sondern lediglich bestimmte, zur Dekkung hinreichende Grundstücke belasten sollte.

Betreffs der Hypothek aus den gerichtlichen Akten wurde von den Gerichtshöfen Angers, Montpellier und Orléans und von der Rechtsfakultät Caen die Übernahme der durch das Gesetz vom 3. September 1807 getroffenen Bestimmungen in das neue Gesetzbuch, teils in unveränderter, teils in modifizierter, namentlich des Dispositivcharakters entkleideter Gestalt angeregt. Die Juristenfakultäten von Straßburg und Paris forderten überhaupt die Beseitigung der Hypothek aus den gerichtlichen Akten, einmal weil hier der Zweck der gerichtlichen Hypothek, die Verurteilung zu sichern, nicht zutreffe, und sodann auch, weil auf diese Weise die Benachteiligung der mit Notariatsinstrumenten versehenen Gläubiger gegenüber den bloßen Handscheingläubigern schwinden würde.

In drei Gutachten wurde auch noch die Frage aufgeworfen, ob sich nicht die Einführung des Systems der Pränotation empfehle, mit Rücksicht darauf, daß die Zulassung der Einschreibung einer Vormerkung ganz besonders geeignet sei, dem Gläubiger den ihm bisher fehlenden Schutz gegen etwaige im Laufe des Prozesses vorgenommene Manipulationen des Schuldners zu gewähren. Der Appellationsgerichtshof Nîmes und die Fakultät Dijon kamen zur Bejahung der Frage, während der Gerichtshof zu Colmar für ihre Verneinung eintrat.

§ 3.
Die Entwürfe zu einem neuen Hypothekengesetz und ihr Schicksal in der Nationalversammlung.

Alsbald nach dem Eingange der Gutachten wurde zur Fertigstellung des Entwurfs eines Hypothekengesetzes seitens der Regierung eine Kommission eingesetzt, deren Vizepräsident und bedeutendste Arbeitskraft Persil war. Die Kommission hatte ihre Arbeiten nahezu vollendet, da brach die

Februarrevolution aus und machte ihrer weiteren Tätigkeit ein Ende.[1])

Unter dem republikanischen Regime wurde das unterbrochene Gesetzgebungswerk wieder aufgenommen. Mit Verfügung vom 15. Juni 1849 berief der Präsident der Republik eine neue Kommission, die aus Nationalökonomen, Juristen und Beamten sich zusammensetzte. Diese außerparlamentarische Kommission arbeitete einen Hypothekengesetzentwurf aus, der im wesentlichen die Schöpfung des genannten Persil war. Die gerichtliche Hypothek war in dem Entwurf ohne irgendwelches Ersatzinstitut beseitigt.

Der Entwurf der außerparlamentarischen Kommission wurde von der Regierung am 27. Dezember 1849 dem Staatsrat unterbreitet. Indessen, noch bevor dessen Beratungen zum Abschlusse gelangt waren, ließ die Regierung den Entwurf am 4. April 1850 durch den Justizminister Rouher der gesetzgebenden Nationalversammlung vorlegen.[2]) Hier wurde der Entwurf zunächst an eine bereits vor längerer Zeit aus der Mitte der Versammlung gewählte Kommission verwiesen, die auf Anregung der Volksvertretung sich gleichfalls mit der Hypothekenreform und dem Entwurf eines Hypothekengesetzes beschäftigt hatte. Die Kommission der Nationalversammlung hatte ihren Beratungen einen von dem Abgeordneten Pougeard ausgearbeiteten Hypothekengesetzentwurf zugrunde gelegt, dabei aber auch den von der außer-

[1]) Vgl. hierzu und zum Folgenden: Anschütz, „Die Hypothekarreform in Frankreich" Krit. Zeitschr. f. Rechtswissenschaft u. Gesetzgebung des Auslandes, Bd. XXIII S. 371 ff. u. Bd. XXIV S. 99 ff.; G. de Labroüe de Vareilles—Sommières, L'hypothèque judiciaire, son passé, son présent, son avenir, Paris 1871 S. 25 f., S. 261 ff.; Challamel, L'hypothèque judiciaire, Paris 1881 S. 198 ff.; Guillouard im Livre du centenaire Bd. I S. 421 f.

[2]) Le Moniteur universel, Journal officiel de la République française, 1850 S. 1102 f., ferner S. 1160 ff., woselbst der Entwurf und die über die Vorgeschichte orientierenden Motive abgedruckt sind. Von dem Entwurf interessieren hier nur die Art. 2119 und 2120, welche lauten:

Art. 2119. L'hypothèque n'a lieu que dans les cas et suivant les formes autorisés par la loi.

Art. 2120. Elle est ou légale ou conventionnelle.

parlamentarischen Kommission fertiggestellten und nunmehr von der Regierung vorgelegten Entwurf berücksichtigt. In dem Entwurfe von Pougeard war gleichfalls die Abschaffung der gerichtlichen Hypothek vorgeschlagen, jedoch gleichzeitig ein Ersatzmittel in der Form der „opposition immobilière“ geboten. Das Wesen dieser Immobiliaropposition bestand darin, daß an die Stelle des Pfandrechts eine relativ wirkende Verfügungsbeschränkung des Schuldners gesetzt wurde. Man glaubte, damit die der gerichtlichen Hypothek vorgeworfene Störung einer gleichmäßigen Befriedigung der Gläubiger hintanzuhalten, ohne auf eine wirksame Bekämpfung frauduloser Handlungen des Schuldners verzichten zu müssen. Die Durchführung war in der Weise gedacht, daß jeder Besitzer eines auf Verurteilung des Schuldners lautenden Erkenntnisses, wie auch jeder Gläubiger einer vollstreckbaren privatschriftlichen Forderung, und zwar ersterer von Gesetzes wegen, letzterer nur auf richterliche Anordnung hin, berechtigt sein sollte, in die Hypothekenregister eine Opposition eintragen zu lassen, die ihm den Ausschluß weiterer, ihn benachteiligender Inskriptionen und auch die Auszahlung des Kaufpreises seitens dritter Erwerber sicherte. Um nun die Verfügungsbeschränkung des Schuldners nicht auf ungemessene Zeit hinaus festzulegen, war in dem Entwurfe von Pougeard bestimmt, daß der Gläubiger mit der Eintragung der Opposition gehalten sein sollte, seinen Anspruch weiter zu verfolgen; tat er dies nicht, so sollte der Schuldner ihn vor Gericht laden können, um die Aufhebung der Opposition herbeizuführen. Eine unbegründete Opposition sollte für den Gläubiger außer der Verpflichtung zum Schadensersatz auch eine Geldstrafe von 50 bis zu 500 Fr. nach sich ziehen.[1])

---

[1]) Die einschlägigen Artikel 61 mit 64 des Entwurfs von Pougeard haben folgenden Wortlaut:

Art. 61. Tout porteur d'un jugement de condamnation pourra former opposition, à chaque bureau de conservation des hypothèques, à ce qu'il soit fait à son préjudice aucune inscription hypothécaire sur son débiteur, ou à ce qu'il soit payé aucun prix de ventes faites ou à faire.

L'opposition contiendra élection de domicile dans le lieu où siège le tribunal de la situation des biens.

Art. 62. Le même droit appartiendra au porteur d'une obliga-

Die Kommission entschied sich für die Abschaffung der gerichtlichen Hypothek unter gleichzeitiger Ablehnung der von Pougeard vorgeschlagenen Immobiliaropposition. Die Gründe, welche die Kommission zu diesem Beschlusse bestimmten, wurden in einem ausführlichen Berichte niedergelegt, den der Abgeordnete de Vatimesnil am 25. April 1850 an das Plenum der gesetzgebenden Nationalversammlung erstattete.[1])

Nach diesem Berichte waren für die Beseitigung der gerichtlichen Hypothek theoretische wie praktische Erwägungen maßgebend. Vom theoretischen Standpunkt aus wurde die wesentlich deklaratorische Natur des Urteils hervorgehoben und ausgeführt, daß in der Macht des Richters nur liege, den Titel exekutorisch zu gestalten, dem Richter aber keineswegs zustehe, einem Gläubiger, der bei dem seinerzeitigen Abschlusse des Rechtsgeschäfts auf die Einräumung einer Hypothek verzichtet und sich so freiwillig in die Reihe der Chirographargläubiger gestellt habe, nachträglich hypothekarische Rechte zu verleihen. Dabei wurde noch besonders auf die Ungerechtigkeit hingewiesen, die sich das geltende Recht durch die Schlechterstellung der Gläubiger aus öffentlichen Titeln gegenüber den Chirographargläubigern mit seiner Hypothek aus den gerichtlichen Akten zu Schulden kommen lasse. Die vom Gesichtspunkte der Praxis gegen die gerichtliche Hypothek erhobenen Bedenken liefen in der Hauptsache darauf hinaus, daß die gerichtliche Hypothek die Verständigung über die Liquidationen erschwere und daß sie, sobald die Vermögensverhältnisse des Schuldners zu wanken

---

tions sous seing privé exigible, toutefois, avec ordonnance du juge rendue sur requête.

Art. 63. Si le créancier ne poursuit pas sur son opposition, le débiteur aura la faculté de l'assigner à trois jours, sans ordonnance, pour en avoir mainlevée.

Art. 64. Si l'opposition est reconnue mal fondée, l'opposant sera condamné à une amende de 50 à 500 francs, sans préjudice des dommages-interêts de la partie.

[1]) Der Bericht ist abgedruckt im Moniteur 1850, Supplément zu No. 116 vom 26. April 1850. Betreffs der gerichtlichen Hypothek vgl. insbesondere S. III f.

beginnen, die Chirographargläubiger förmlich dazu dränge, sich durch eine beschleunigte Klage noch eine möglichst günstige Stellung zu sichern, und dadurch die gleichmäßige Befriedigung der Gläubiger störe. Der letztgenannte Grund wird erst recht verständlich, wenn man erwägt, daß im französischen Rechte das Konkursverfahren auf Kaufleute beschränkt ist.

Gegen die Immobiliaropposition wurde eingewendet, daß sie, um wirklichen Erfolg zu haben, die Summe aller chirographarischen Forderungen ins Auge fassen müsse, wodurch sie sich noch drückender als die gerichtliche Hypothek gestalte, ferner daß sie die Güter des Schuldners für ungewisse Zeit dessen Verfügungsmacht entziehe und die Schwierigkeiten einer gütlichen Liquidation nicht vermindere. Auch wurde behauptet, daß die Immobiliaropposition mit den gesetzlichen Hypotheken und mit dem Grundsatze der Spezialität nicht vereinbar sei.

Die erste Beratung der gesetzgebenden Nationalversammlung fand am 25. Juni 1850 statt.[1]) Die ganze Reformfrage erfuhr hier, wie dies bei mehrmaligen Beratungen öfters zu geschehen pflegt, nur eine geringe Beachtung. An den Beschlüssen der Kommission wurde in Ansehung der gerichtlichen Hypothek nichts geändert.

Die Stellungnahme der Volksvertretung in der Frage der gerichtlichen Hypothek begegnete im Lande mehrfachem Widerspruch. Insbesondere die Gerichte, die Handelskammern und die Rechtsanwaltskammer in Paris waren mit der Abschaffung der gerichtlichen Hypothek nicht einverstanden.[2]) Dies gab der Kommission der gesetzgebenden Nationalversammlung, die den Anhängern der gerichtlichen Hypothek etwas entgegenkommen wollte, Veranlassung, auf das Institut der Immobiliaropposition zurückzugreifen. Die Kommission arbeitete auch diesbezügliche Vorschriften aus, die von den von Pougeard seinerzeit gemachten Vorschlägen mehrfach abwichen. Der Hauptunterschied lag in der vollständigen Ausschaltung der Chirographargläubiger; nur jene Gläubiger,

[1]) Moniteur 1850 S. 2178 ff.

[2]) De Vareilles-Sommières a. a. O. S. 26.

die sich entweder im Besitz eines den Schuldner zur Zahlung verurteilenden Erkenntnisses oder im Besitz einer öffentlichen Urkunde über eine liquide und vollstreckbare Forderung befinden, sollten berechtigt sein, die Opposition in die Hypothekenregister eintragen zu lassen. Weiterhin war in den Vorschlägen der Kommission auch Vorsorge getroffen, daß der Schuldner im Falle der Anfechtung eines Urteils durch Einspruch oder Berufung im Wege der Hinterlegung eines seiner Schuld entsprechenden Betrags die Löschung der wider ihn eingetragenen Opposition herbeiführen konnte.[1])

Am 11. Dezember 1850 trat die gesetzgebende Nationalversammlung in die zweite Beratung des Hypothekengesetzentwurfs ein,[2]) die im ganzen 17 Sitzungen beanspruchte. Die Debatte über die gerichtliche Hypothek wurde am 17. Dezember 1850 eröffnet.[3]) Für die Beibehaltung der gerichtlichen Hypothek sprachen die Abgeordneten Demante und Wolowski; sie vermochten aber nicht gegen die glänzenden

---

[1]) Die von der Kommission entworfenen, als Art. 2163 und 2164 bezeichneten Bestimmungen lauteten:

Art. 2163. Tout créancier porteur d'un jugement de condamnation pourra former, au bureau de la conservation des hypothèques, opposition sur les immeubles de son débiteur, pourvu que le montant de la condamnation soit liquide, ou, s'il ne l'est pas, que le tribunal ait provisoirement fixé la somme jusqu'à concurrence de laquelle il sera loisible de faire opposition.

Le même droit appartiendra au porteur d'une obligation notariée, lorsque le montant de cette obligation sera liquide et exigible . . . .

. . . . L'opposition portera sur tous les immeubles présents et à venir du débiteur situés dans l'arrondissement du bureau. Son effet sera d'empêcher qu' aucune inscription ne soit prise et aucun prix de vente payé au préjudice de l'opposant.

Art. 2164. Si le jugement est attaqué par opposition ou appel, et qu' il ne soit pas exécutoire par provision, la partie condamnée qui voudra obtenir mainlevée de l'opposition sans porter préjudice à son recours, pourra consigner à la Caisse des dépôts et consignations une somme égale au montant des causes de l'opposition, avec affectation spéciale au profit de l'opposant. Le conservateur opérera la radiation de l'opposition sur la simple représentation de la quittance constatant le dépôt.

[2]) Moniteur 1850 S. 3547 ff.

[3]) Moniteur 1850 S. 3615 ff.

Ausführungen der Gegner aufzukommen, unter denen sich besonders der Advokat Crémieux und der Professor Valette[1]) hervortaten. Die Versammlung beschloß, nachdem mittlerweile auch der Staatsrat sein Votum zu Ungunsten der gerichtlichen Hypothek abgegeben hatte, die Abschaffung und nahm fast ohne weitere Debatte[2]) die Vorschläge der Kommission betreffend die Einführung der Immobiliaropposition an.

Das Ende der gerichtlichen Hypothek wäre besiegelt worden, wären nicht die politischen Ereignisse dazwischen getreten, die der Begründung des 2. Kaiserreichs voraufgingen. Sie verhinderten, daß die dritte Beratung des Entwurfs, die noch am 1. Juli 1851 begonnen werden konnte,[3]) weitergeführt wurde, und brachten das Reformwerk, das seiner Vollendung nahe war, jähe zum Stillstande.

§ 4.

Das Transskriptionsgesetz vom 23. März 1855.

Eine Wiederaufnahme des gescheiterten Reformwerkes ließ sich, auch nachdem wieder etwas mehr Ruhe in das

---

[1]) Die bedeutsame Rede, welche Valette, Professor an der Rechtsfakultät zu Paris und Abgeordneter des Departements Jura am 18. Dezember 1850 in der französischen Nationalversammlung hielt, ist auch in den Procès-verbaux de la commission extraparlementaire du cadastre Bd. II (Paris 1892) S. 211 ff., abgedruckt. Seine Ausführungen heben mit folgender bemerkenswerten Charakteristik des Instituts der gerichtlichen Hypothek an:

„. . . . Ce droit n'est pas un de ceux qui méritent le respect public, comme dépendant de la puissance des personnes sur leurs biens, de la transmission qu'elles veulent en faire sous certaines conditions; il ne se rattache pas non plus à une idée de justice; mais il n'est que le résultat, en quelque sorte factice, d'un système ancien qui a péri en très grande partie, dont il ne reste plus aujourd'hui que des débris, système sans lequel, nous ne craignons pas de le dire, jamais on n'aurait eu la pensée d'établir législativement l'hypothèque dont il s'agit.“

[2]) Aus der Mitte der Versammlung wurde lediglich angeregt, nach dem Vorgange von Pougeard auch den Chirographargläubigern das Recht der Opposition zu gewähren, ferner der Opposition die Wirkung eines absoluten, allen Gläubigern zugute kommenden Veräußerungs- und Belastungsverbots beizulegen; beide Anregungen blieben jedoch ohne Erfolg.

[3]) Moniteur 1851 S. 1867.

französische Staatswesen eingekehrt war, nicht sogleich in die Wege leiten. Es wurde daher zunächst der Versuch gemacht, den Immobiliarkredit durch volkswirtschaftliche Maßnahmen zu heben, zu denen insbesondere die mit Dekret vom 28. Februar 1852 vorgesehene Gründung von Bodenkreditanstalten gehörte.[1]) Diese Abhilfe erwies sich jedoch als unzureichend. Die Notlage der Landwirtschaft und des Realkredits steigerte sich immer mehr und erforderte gebieterisch die Abänderung des bisherigen Immobiliarrechts. Die Gesetzgebung konnte bei dieser Sachlage nicht länger untätig bleiben; durch die Loi sur la transcription en matière hypothécaire vom 23. März 1855[2]) wurde, wenn auch nur in bescheidenem Maße, dem Drängen nach einer Reform entsprochen.

Das Gesetz erstrebte vor allem Wandel zum Besseren dadurch, daß es die Wirksamkeit der Übertragung des Grundeigentums, der Begründung und des Bestandes gewisser Rechtsverhältnisse an Grundstücken und des Verzichts an solchen Rechten gegenüber dritten Personen von der vorherigen Überschreibung des Titels auf dem Hypothekenamt abhängig machte. Eine durchgreifende Wirkung konnte es jedoch damit nicht erzielen, weil es die Formlosigkeit des Eigentumserwerbes beibehielt und die Überschreibung nur auf Rechtsgeschäfte unter Lebenden und auf gerichtliche Urteile unter Außerachtlassung des durch Gesetz und durch Verfügung auf den Todesfall eintretenden Eigentumswechsels erstreckte. Eine wirkliche Besserung des bisherigen Rechtszustandes brachte das Gesetz durch die Einschränkung des im Art. 1654 des Code civil enthaltenen Auflösungsrechts, durch die Verpflichtung zur Einschreibung der gesetzlichen Hypotheken innerhalb eines Jahres nach Auflösung der Ehe, Eintritt der Volljährigkeit oder Aufhebung der Entmündigung sowie durch die Anordnung der authentischen Verbriefung

---

[1]) Levita, Die Bodenkreditanstalt in Frankreich, deren Entwicklung und gegenwärtige Gestaltung, Krit. Zeitschr. f. Rechtswissenschaft und Gesetzgebung des Auslandes Bd. XXVI S. 57 ff.

[2]) Bulletin des lois XIe série, Ier sem. 1855, tome V S. 391 ff.

und Inskription einer in Ansehung der Hypothek der Ehefrau erfolgenden Zession oder Subrogation.

An den Vorschriften des Code civil über die gerichtliche Hypothek wurde nichts geändert. Doch hatten die Bestimmungen des Gesetzes auch für diese Hypothekgattung insoferne Bedeutung, als künftig ein Gläubiger, dem eine gerichtliche Hypothek zustand, mit erfolgter Überschreibung eine Eintragung gegen den früheren Eigentümer wirksam nicht mehr begründen konnte. Art. 6 Abs. 1 drückte dies mit folgenden Worten aus:

„A partir de la transcription, les créanciers privilégiés ou ayant hypothèque, aux termes des articles 2123, 2127 et 2128 du Code Napoléon, ne peuvent prendre utilement inscription sur le précédent propriétaire."

5. Kapitel.

Die Reformversuche der neuesten Zeit.

§ 1.

Die neuere Literatur über die Reform des Hypothekenwesens und die gerichtliche Hypothek.

Mit dem Erlasse des Gesetzes vom 23. März 1855 trat auf dem Gebiete des Hypothekenwesens ein Jahrzehnte währender Stillstand in der Gesetzgebung ein. Der Ruf nach Reform des Hypothekenrechts war auch jetzt nicht verstummt; allein er fand seinen Niederschlag vorerst ausschließlich in literarischen Abhandlungen und Untersuchungen, ohne ein Eingreifen des Gesetzgebers herbeizuführen. Dabei wurde nicht nur, wie dies früher der Fall war, die Hypothekenreform in ihrer Gesamtheit erörtert und das Institut der gerichtlichen Hypothek lediglich nebenbei berührt; vielmehr erfuhr nunmehr die Frage der gerichtlichen Hypothek auch eine monographische Behandlung und bildete mehrfach den Gegenstand eingehender wissenschaftlicher Erörterung.

Unter den Monographien über die gerichtliche Hypothek verdienen zwei Arbeiten besonders hervorgehoben zu werden.

Die eine ist die 1871 zu Paris erschienene Schrift

„L'hypothèque judiciaire. Son passé, son présent, son avenir",

deren Verfasser der Advokat vicomte Gabriel de Labroüe de Vareilles-Sommières ist. Das Werk, das im Jahre 1869 von der Juristenfakultät Poitiers und im Jahre 1870 von der Académie de législation in Toulouse mit dem Preise gekrönt wurde, zeichnet sich besonders durch seine erschöpfende und scharfsinnige Darstellung der Dogmatik aus. Bei der kritischen Würdigung tritt der Verfasser für die Abschaffung der gerichtlichen Hypothek und ihre Ersetzung durch das von der Nationalversammlung im Jahre 1850 vorgeschlagene System der Immobiliaropposition ein.

Die zweite nicht minder bedeutungsvolle Monographie ist das Buch, welches der Advokat Jules Challamel zu Paris im Jahre 1881 unter dem Titel:

„L'hypothèque judiciaire. Etude critique de législation française et étrangère"

veröffentlichte. Diese durch die rechtswissenschaftliche Fakultät der Pariser Universität mit dem Preise Rossi ausgezeichnete Studie zieht in größerem Umfange die ausländische Gesetzgebung heran und verlegt im Gegensatze zu der vorgenannten Schrift ihren Schwerpunkt mehr in eine historisch-vergleichende Behandlung des Stoffes. Im Ergebnisse gelangt auch Challamel zur Ablehnung der gerichtlichen Hypothek. Sein Ziel bildet die Einführung des bürgerlichen, nicht nur auf Kaufleute beschränkten Konkurses, in dem er ein wirksames Mittel gegen den so häufig als Ausfluß der gerichtlichen Hypothek bezeichneten Gläubigerwettlauf erblickt.[1])

[1]) Die gerichtliche Hypothek bildete in neuerer Zeit auch mehrfach den Gegenstand französischer Dissertationen. Zu nennen sind hier: Lariche, De l'hypothèque judiciare (Paris 1861); Bonin, De l'hypothèque judiciaire (Poitiers 1866); De Cours, De l'hypothèque judiciaire (Paris 1881); Locard, De l'hypothèque judiciaire (Caen 1885/6); Ratié, De l'hypothèque judiciaire (Toulouse 1902); Popp, Etude sur l'hypothèque judiciaire et sa réforme (Paris 1904).

Die Verfasser dieser vorwiegend dogmatischen Schriften sind,

Mit der Hypothekenreform in ihrer Gesamtheit befaßte sich vornehmlich der Hypothekenbewahrer Flour de Saint-Genis, der in einer Reihe größerer und kleinerer Schriften zu allen Fragen der Reformbewegung Stellung nahm, auch bereits im Jahre 1881 der gerichtlichen Hypothek eine monographische Bearbeitung gewidmet hatte.[1]) Sein Hauptwerk war das in zwei Auflagen erschienene Buch, betitelt:

„Le crédit territorial en France et la réforme hypothécaire.“[2])

In diesem Werke wie in der monographischen Studie legt Flour de Saint-Genis dar, daß die oft besprochenen Mängel der gerichtlichen Hypothek weniger aus der Generalität als aus der Leichtigkeit der Erlangung der Hypothek entspringen, und tritt für Beibehaltung des Instituts, jedoch mit einer dreifachen Modifikation ein. Seine Forderungen sind:

1. Beseitigung der Hypothek aus gerichtlichen Akten und Beschränkung derselben auf endgültige Titel,

2. Unterwerfung der Hypothek unter das Spezialitätsprinzip,

3. Bestimmung des Umfangs der Belastung durch den Richter.

Die Durchführung dieser Grundsätze in ihren Einzelheiten führt Flour de Saint-Genis in dem von ihm ausgearbeiteten, dem Hauptwerke beigegebenen Hypothekengesetzentwurfe vor Augen. Unter den hier vorgeschlagenen Gesetzesartikeln ist besonders bemerkenswert die Bestimmung des Art. 37 Abs. 2, die eine Summenbegrenzung in der

---

soweit sie in eine kritische Würdigung des Instituts eintreten, bezüglich der Existenzberechtigung der gerichtlichen Hypothek verschiedener Anschauung. Bonin (vgl. S. 85) und Popp (vgl. S. 141 f.) sprechen sich für die Beibehaltung unter gleichzeitiger Reformierung insbesondere durch Einführung des Spezialitätsprinzips aus; De Cours (vgl. S. 267 f.) dagegen verficht die Beseitigung der gerichtlichen Hypothek und die Einführung des bürgerlichen Konkurses, wie dies Challamel vorschlägt.

[1]) Die Schrift ist betitelt: „Etudes de droit international. — L'hypothèque judiciaire en France, comparée aux institutions qui la remplacent dans les différentes législations étrangères“.

[2]) Die erste Auflage erschien 1888 zu Havre, die zweite 1889 in Paris.

Weise vorsieht, daß die gerichtliche Hypothek nur dann entstehen soll, wenn die Forderung des Gläubigers in der Hauptsache den Betrag von 200 Franken übersteigt.[1])

§ 2.

Die Reformvorschläge der außerparlamentarischen Katasterkommission.

Mit dem Jahre 1889 gelangte die Reformbewegung wieder zu praktischer Bedeutung. Den Anstoß gab der Congrès international de la propriété foncière, der anläßlich der Weltausstellung zu Paris tagte. Dieser trat energisch für eine alsbaldige und umfassende Reform des Hypothekenwesens auf der Grundlage vollständiger Publizität und Spezialität ein und stellte unter seinen Programmpunkten auch die Forderung der Beseitigung der gerichtlichen Hypothek auf.[2])

Im darauffolgenden Jahre wurde sodann gelegentlich der Parlamentsverhandlungen seitens der Regierung der Vorschlag gemacht, die Frage einer Revision des Katasters mit Rücksicht auf dessen Wichtigkeit für die Staatsfinanzen wie auch für die Sicherheit des Grundstücksverkehrs in Erwägung zu ziehen. Die Volksvertretung ging auf den Vorschlag der Regierung ein und bewilligte unterm 26. Dezember 1890 einen Kredit von einer Million Franken, um die zur Vorbereitung einer solchen Reform erforderlichen Vorarbeiten zu ermöglichen.

Die Sache wurde vom Finanzministerium auch alsbald in Angriff genommen. Am 30. Mai des folgenden Jahres wurde bei diesem Ministerium eine außerparlamentarische Katasterkommission eingesetzt, die ihre Tätigkeit am 10. Juni 1891 unter dem Vorsitze des Finanzministers

---

[1]) Vgl. insbesondere Le crédit territorial S. 43 ff., ferner wegen des Hypothekengesetzentwurfs ebenda S. 209, 216.

[2]) Dictionnaire des finances publié sous la direction de M. Léon Say par Louis Foyot et A. Lanjalley Bd. II (1894) S. 350 sub voce „hypothèques"; Le congrès international de la propriété foncière, extrait des Annales de l'enregistrement 2me série—année 1892—, Havre 1892; Flour de Saint-Genis, La sécurité du titre foncier et la réforme hypothécaire, Havre 1890 S. 7.

Rouvier begann.[1]) Um einen möglichst raschen Fortgang der Arbeiten zu sichern, wurden drei Unterkommissionen gebildet, nämlich eine Sous-Commission technique, eine Sous-Commission juridique und eine Sous-Commission des voies et moyens.

Die juristische Unterkommission befaßte sich mit der gerichtlichen Hypothek erstmals in ihrer Sitzung vom 23. Juli 1891. Hier kam es zu einem lebhaften Meinungsaustausche darüber, ob die gerichtliche Hypothek beizubehalten sei oder nicht, und ob letzterenfalls insbesondere ihre Unterwerfung unter das Spezialitätsprinzip geboten sei. Ein endgültiger Beschluß wurde nicht gefaßt, vielmehr die ganze Frage an das Redaktionskomitee verwiesen, da die Unterkommission vor der entscheidenden Abstimmung noch eine Prüfung darüber angestellt wissen wollte, wie die gerichtliche Hypothek im Falle ihrer Beseitigung zweckmäßig ersetzt und im Falle ihrer Beibehaltung entsprechend verbessert werden könnte.[2])

Die verlangte Prüfung wurde seitens des Redaktionskomitees sofort vorgenommen. Am 26. November 1891 unterbreitete namens des Komitees Challamel, der uns bereits bekannte Verfasser der preisgekrönten Studie, der juristischen Unterkommission den über die Frage der gerichtlichen Hypothek ausgearbeiteten Bericht nebst Vorentwurf.[3]) Die vom Komitee einstimmig beschlossenen Vorschläge lauteten auf Beseitigung der gerichtlichen Hypothek und Ersetzung derselben durch die inscription de commandement, d. i. die Einschreibung des Zahlungsbefehls, der nach französischem Rechte dem Schuldner vor Einleitung des Exekutionsverfahrens zugestellt werden muß.[4]) Die Ein-

[1]) Die Arbeiten der Kommission sind gesammelt und veröffentlicht unter dem Titel: „Commission extraparlementaire du cadastre instituée au Ministère des Finances. Procès-verbaux", 9 Bde. Paris 1891—1905.

[2]) Procès-verbaux Bd. I S. 305 ff.

[3]) Procès-verbaux Bd. II S. 175, S. 205 ff. (Bericht), S. 209 (Vorentwurf).

[4]) C. civ. Art. 2217: „Toute poursuite en expropriation d'immeubles doit être précédée d'un commandement de payer fait, à la diligence et requête du créancier, à la personne du débiteur ou à son domicile, par le ministère d'un huissier.

Les formes du commandement et celles de la poursuite sur l'expropriation sont réglées par les lois sur la procédure".

schreibung dieses Zahlungsbefehls in das Hypothekenregister sollte dem Schuldner das Recht benehmen, seine Liegenschaften freihändig zu verkaufen oder mit Hypotheken zu belasten. Dabei sollte die Verfügungsbeschränkung stets das ganze Grundstück und nicht etwa nur einen dem Betrage der Forderung entsprechenden Teil treffen.

Die Vorzüge, die man von dieser neuen Institution erhoffte, werden in dem Berichte näher dargelegt. Die Einschreibung des Zahlungsbefehls kommt, wie hier ausgeführt wird, nicht nur dem betreibenden Gläubiger zustatten, sondern sichert alle Gläubiger ohne Unterschied. Sie macht jedes betrügerische Vorgehen seitens des Schuldners unmöglich und setzt den Gläubiger in den Stand, ohne weitere Überstürzung die Beschlagnahme und den Verkauf der Liegenschaften zu betreiben. Der aus dem Verkauf erzielte Erlös wird zunächst an die Gläubiger, die Privilegien oder Hypotheken besitzen, nach den Regeln des Orderverfahrens verabfolgt und ein etwa sich ergebender Überschuß unter die übrigen Gläubiger verhältnismäßig und ohne Rücksicht darauf, ob sie gegen den Schuldner vorgegangen sind, verteilt. Der Grundsatz gleichheitlicher Teilung greift Platz. Irgend eine Vorzugsstellung wird für den Gläubiger, der die Einschreibung des Zahlungsbefehls bewirkt hat, nicht begründet; er bleibt, wenn ihm nicht Privilegien oder Hypotheken zur Seite standen, einfacher Chirographargläubiger.

Die Durchführung der Institution in ihren Einzelheiten ergibt sich aus der neuen Fassung des Art. 2123 Cod. civ., die der Vorentwurf vorschlägt. Hiernach sollte dieser Gesetzesartikel folgenden Wortlaut erhalten:

Art. 2123 (nouveau).

„Tout créancier, dont la créance est exigible et dont le titre est exécutoire dans les termes des articles 2213 et 2215 du Code civil et 551 du Code de procédure civile, peut requérir aux bureaux des hypothèques l'inscription du commandement qu'il a fait signifier à son débiteur.

L'effet de cette inscription est limité aux immeubles spécialement désignés dans le commandement et situés dans le ressort des bureaux où elle est requise. Il subsiste pendant un délai de deux ans, à partir du commandement, nonobstant la péremption qui atteindrait ce dernier en vertu de l'article 674 du Code de procédure civile.

A partir de l'inscription, le débiteur ne peut consentir d'hypothèques ou autres droits réels sur les immeubles qui en sont frappés; il ne peut non plus les aliéner, si ce n'est aux enchères publiques, dans la forme indiquée à l'article 743 du code de procédure civile et à la condition d'appeler à la vente tous les créanciers qui ont inscrit leur commandement. Les aliénations amiables et les constitutions d'hypothèques ou autres droits réels sont néanmoins valables, s'il y a mainlevée de toutes les inscriptions de commandement prises sur l'immeuble.

Le prix de l'immeuble, après l'acquittement des créances privilégiées et des créances hypothécaires antérieurement inscrites, est distribué entre tous les créanciers, par voie de contribution.

L'hypothèque judiciaire est abrogée."

Die Diskussion über den Vorentwurf wurde noch in der Sitzung vom 7. Juli 1892 eröffnet, aber bereits nach kurzem Wortwechsel auf den Herbst vertagt.[1]) Die Wiederaufnahme der Verhandlungen erfolgte am 3. November 1892.[2]) Hier machte insbesondere das Kommissionsmitglied Faye schwerwiegende Bedenken gegen die Bestimmungen des Vorentwurfs geltend; er griff namentlich das Veräußerungsverbot heraus und bemerkte, daß ihm diese Maßnahme als eine geradezu ungeheure Härte gegen den Schuldner erscheine, und daß auf dem ganzen Gebiete der Gesetzgebung, selbst auf dem der Zwangsvollstreckung, keine derartige drakonische Bestimmung zu finden sei.[3]) Dessenungeachtet stimmte die Unterkommission noch in der Sitzung vom 3. November 1892 auf einen von Massigli gestellten Antrag der Abschaffung der gerichtlichen Hypothek zu. Die Ersetzung durch die inscription de commandement wurde gleichfalls im Prinzip angenommen, in Ansehung der auf die Wirkungen der

[1]) Procès-verbaux Bd. II S. 681 ff.

[2]) Procès-verbaux Bd. III S. 45 ff.

[3]) Procès-verbaux Bd. III S. 49 ff.

Einschreibung bezüglichen Bestimmungen des Vorentwurfs jedoch die Rückverweisung an das Redaktionskomitee beschlossen, das wiederholt prüfen sollte, ob die Einschreibung des Zahlungsbefehls in absoluter Weise freiwillige Veräußerungen und Hypothekbestellungen hindere.[1])

Das Redaktionskomitee hielt nach nochmaliger Beratung seine früheren Bestimmungen in Ansehung der Wirkungen der inscription de commandement nicht mehr aufrecht. Die neuen Vorschläge, die der Unterkommission in der Sitzung vom 17. November 1892[2]) unterbreitet wurden, gaben hinsichtlich der Veräußerungen dem Schuldner die Verfügungsbefugnis zurück und gewährten nur dem Gläubiger das Recht des Übergebots gegenüber jedem dritten Erwerber. Bezüglich der Hypothekenbestellungen wurde die Beschränkung der Verfügungsfreiheit des Schuldners noch insoweit beibehalten, als dem Schuldner untersagt wurde, nach Einschreibung des Zahlungsbefehls Hypotheken eintragen zu zu lassen, die geeignet waren, den Gläubiger zu schädigen.[3])

Mit diesen Einschränkungen waren, abgesehen davon, daß die neuen Bestimmungen der praktischen Durchführung eine Reihe von Schwierigkeiten darboten, die von der inscription de commandement erhofften Vorteile so gut wie beseitigt. In der Sitzung selbst wurden noch mehrfache Abänderungsvorschläge gemacht, um dem Institute wieder neue Lebenskraft zu geben, allein ohne jeden Erfolg. Bei der neuerlichen Abstimmung wurde unter Verwerfung aller übrigen Bestimmungen des Vorentwurfs lediglich der bereits früher gefaßte Beschluß auf Beseitigung der gerichtlichen

---

[1]) Procès-verbaux Bd. III S. 63 f.

[2]) Procès-verbaux Bd. III S. 65 ff.

[3]) Die vorgeschlagenen neuen Bestimmungen lauteten:

„L'inscription du commandement ne met pas obstacle aux aliénations que pourrait consentir le débiteur; mais le créancier aura, à l'égard de tout acquéreur inscrit postérieurement, le droit de surenchère."

„A partir de l'inscription du commandement, aucune hypothèque ne peut être inscrite, au préjudice du créancier, sur les immeubles qui en sont frappés."

Hypothek bestätigt.[1]) So blieb als einzige Bestimmung des Vorentwurfs der Satz:

„L'hypothèque judiciaire est abrogée."

An diesem Ergebnisse haben auch die weiteren Verhandlungen der Katasterkommission nichts geändert, die eine Debatte bezüglich der Frage der gerichtlichen Hypothek nicht mehr brachten. Der von dem Revisionskomitee der juristischen Unterkommission nach Abschluß der Spezialdebatten ausgearbeitete Vorentwurf betreffend die Privilegien und Hypotheken,[2]) der in seinem Art. 17 nur gesetzliche und vertragsmäßige Hypotheken zuließ, hat, was die Ausschaltung der gerichtlichen Hypothek anbelangt, die einstimmige Annahme der juristischen Unterkommission[3]) wie auch des Plenums der Katasterkommission[4]) gefunden.

§ 3.

Der Gesetzentwurf Darlan.

Die außerparlamentarische Katasterkommission hatte ihre Arbeiten noch nicht zu Ende geführt, da nahm auch die Regierung ihrerseits wieder die Reform des Hypothekenwesens in die Hand. Verschiedene, parlamentarischer Initiative entsprungene Gesetzesvorschläge, darunter namentlich ein im Jahre 1895 dem Senate von Thézard unterbreiteter Vorschlag über die Publizität der auf das Grundeigentum bezüglichen Akte, hatten die Regierung zu diesem unmittelbaren Eingreifen bestimmt.

Am 27. Oktober 1896 legte der Justizminister Darlan dem Senat einen Gesetzentwurf über die Hypothekenreform vor.[5]) Der Entwurf, dem auch eine kurze Begründung bei-

[1]) Procès-verbaux Bd. III S. 82.

[2]) Procès-verbaux Bd. VII S. 155 ff. Vgl. ferner den Rapport général sur les privilèges et hypothèques par M. J. Challamel, Procès-verbaux Bd. VII S. 59 ff., der in Nr. 43—51 eine längere Abhandlung über die Unterdrückung der gerichtlichen Hypothek bringt.

[3]) Procès-verbaux Bd. VII S. 236, S. 393 ff.

[4]) Procès-verbaux Bd. IX S. 669, S. 823 ff.

[5]) Documents parlementaires, Sénat, Annexes 1896 S. 322; bezüglich des Projet de loi vgl. S. 335 f., bezüglich des Exposé des motifs S. 332 ff.

gegeben war, griff inhaltlich weiter, als sein Titel zunächst vermuten läßt. Er betraf nicht nur die Hypothekenreform als solche, sondern befaßte sich auch mit dem Übergange des Eigentums an Immobilien. In der Frage der gerichtlichen Hypothek nahm er den Standpunkt ein, auf den die außerparlamentarische Katasterkommission sich schließlich geeinigt hatte; er schlug nämlich die unbedingte Beseitigung ohne irgend welches Ersatzinstitut vor. Der hier einschlägige Art. 29 des Entwurfs bestimmte:

„L'hypothèque judiciaire est supprimée. Le deuxième alinéa de l'article 2117 et l'article 2123 du code civil sont abrogés.“ [1])

Der Senat verwies den Entwurf zunächst an eine Kommission zur Vorberatung.

Die Zeit der Kommissionsverhandlungen wurde von der Regierung dazu benutzt, ein Gutachten des Kassationshofs über den Gesetzentwurf, soweit er die gesetzlichen und gerichtlichen Hypotheken betrifft, einzufordern. Der höchste Gerichtshof sprach auf einen von dem Rate Cotelle erstatteten Bericht seine volle Zustimmung zu der von der Regierung vorgeschlagenen Abschaffung der gerichtlichen Hypothek aus.[2])

---

[1]) Bezüglich der gesetzlichen und vertragsmäßigen Hypotheken sah der Entwurf die vollständige Unterwerfung unter das Publizitäts- und Spezialitätsprinzip vor. Der Art. 17 verordnete in dieser Beziehung:

„Toute hypothèque, soit légale, soit conventionnelle, doit être inscrite au bureau de la conservation des hypothèques de la situation des biens.

L'inscription ne peut être prise que pour une somme fixe et sur des immeubles désignés.

A défaut d'inscription, l'hypothèque ne peut être opposée aux tiers qui ont des droits sur l'immeuble et les ont conservés en se conformant aux lois.

Les articles 2122, 2129 et 2130 du Code civil sont abrogés.“

[2]) Rapport présenté par M. le conseiller Cotelle au nom de la commission chargée de l'examen du projet de loi sur la réforme hypothécaire S. 9 ff. Die auf die gerichtliche Hypothek bezüglichen Ausführungen des Berichts sind unter Nr. I. des Anhangs abgedruckt. Bemerkenswert ist, dass, wie in dem Berichte näher dargelegt wird, das Anwendungsgebiet der gerichtlichen Hypothek neuerdings eine

Dagegen erwuchs dem Entwurf ein scharfer Gegner in dem Congrès de la propriété batie, der im Jahre 1897 unter dem Vorsitze von Pouillet in Paris tagte.[1]) Dieser bezeichnete den Entwurf in allen seinen Teilen, insbesondere auch die geplante Abschaffung der gerichtlichen Hypothek, als unannehmbar.[2]) Auch der Anwaltstand verhielt sich

---

gewisse Einschränkung durch Art. 26 der Loi sur les accidents du travail vom 9. April 1898 erfuhr.

Der Standpunkt des Entwurfs Darlan in der Frage der gerichtlichen Hypothek fand auch in der Literatur Anerkennung. So schreibt z. B. Guillouard im Livre du centenaire Bd. I S. 430 f.:

„Le régime nouveau devra proclamer la suppression des hypothèques occultes et des hypothèques générales: ce n'est qu' à cette condition que la réforme que nous préconisons peut produire de bons résultats pour le crédit foncier.

Tout d'abord, l'hypothèque judiciaire doit être supprimée, et nous croyons qu' au jour où sa suppression sera discutée, elle ne trouvera pas de défenseur.

L'unique question sera, croyons-nous, de savoir si on remplacera cette hypothèque par d'autres garanties, et dans le cas de l'affirmative, à quels moyens on aura recours, soit à la spécialisation de l'hypothèque sur certains immeubles déterminés par le juge, soit à une organisation de la déconfiture analogue à celle de la faillite, soit, ce qui nous paraîtrait préférable, à un système d'opposition ou de prénotation empêchant que le débiteur dispose de ses immeubles au préjudice du créancier qui le poursuit."

Der nicht uninteressante Aufsatz von De Loynes, „Le code civil et le crédit-Régime hypothécaire, Régime de la transmission de la propriété", Livre du centenaire Bd. I S. 381 ff., hat sich mit der gerichtlichen Hypothek nicht weiter befaßt (vgl. insbesondere S. 384).

[1]) Arnault, La réforme hypothécaire au Sénat et à la Commission du cadastre, Paris 1897. Der auf S. 48 ff. dieser Schrift mitgeteilte „Avis du Congrès de la propriété batie sur le projet de loi sur la réforme hypothécaire" ist, soweit er die gerichtliche Hypothek betrifft, im Anhang Nr. II abgedruckt.

[2]) Das Gutachten des Kongresses schließt mit den Worten: „Considérant que le projet de loi propose la suppression pure et simple de l'hypothèque judiciaire, . . . que cette suppression serait funeste aux créanciers les plus dignes d'intérêt et aux débiteurs eux-mêmes; par ces motifs, le Congrès est d'avis que le projet ne doit pas être adopté."

gegenüber der Unterdrückung der gerichtlichen Hypothek vollständig ablehnend.

Die Arbeiten der Senatskommission nahmen unterdessen einen sehr langsamen Fortgang. Ihr schließliches Ergebnis wurde niedergelegt in zwei Berichten, von denen der eine, verfaßt von Thézard,[1]) am 29. März 1904, der andere, verfaßt von Girard,[2]) am 13. Juni 1907 dem Senatsplenum vorgelegt wurde. Beiden Berichten war ein von der Kommission redigierter Gesetzentwurf beigegeben.

Die Vorschläge der Senatskommission blieben hinsichtlich der Ausdehnung des Reformwerks hinter dem Gesetzentwurfe Darlan zurück. Die Kommission war der Meinung, daß verschiedene der geplanten Neuerungen, wenn auch an sich gerechtfertigt, auf bedeutenden Widerstand stoßen würden; andere hinwiederum schied sie aus, weil sie ihr nicht absolut vordringlich erschienen. Was speziell die gerichtliche Hypothek betrifft,[3]) so wurde von der Kommission deren Beibehaltung empfohlen. Dabei wurden jedoch, um Unzuträglichkeiten zu beseitigen, die bei der geltenden Gesetzgebung zutage getreten waren, namentlich zwei Änderungen vorgesehen.

Die eine bedeutsame Änderung war bestimmt, zu verhindern, daß im Falle der déconfiture (Nahrungsverfall) des Schuldners ein Gläubiger sich zum Nachteile der anderen eine bevorzugte Stellung verschafft. Die Kommission schlug zu diesem Behufe die Aufnahme einer Vorschrift vor, die eine entsprechende Anwendung des in den Art. 446, 447 des Code de commerce für den kaufmännischen Konkurs aufgestellten Prinzips enthielten. Bei Nahrungsverfall eines Schuldners sollte nämlich die Nichtigkeit einer gerichtlichen Hypothek von denjenigen Gläubigern verlangt werden können, deren Recht bereits vor dem der gerichtlichen Hypothek zugrunde liegenden Urteile bestand, und diese Nichtigkeit sollte

---

[1]) Documents parlementaires, Sénat, Annexes 1904 Nr. 111.

[2]) Documents parlementaires, Sénat, Annexes 1907 Nr. 158.

[3]) Bezüglich der gerichtlichen Hypothek vgl. Nr. 115—124 des Berichts von Thézard (mitgeteilt unter Nr. III des Anhangs) und die Abhandlung „De l'hypothèque judiciaire“ des Berichts von Girard (mitgeteilt unter Nr. IV des Anhangs).

zu ihren Gunsten auch ausgesprochen werden müssen, wenn das Urteil in Kenntnis der déconfiture des Schuldners erlangt worden war.

Die zweite Neuerung gegenüber dem bisherigen Rechtszustande betraf die Entstehungsquellen der gerichtlichen Hypothek. Nach den Vorschlägen der Kommission sollten Urteile, durch welche die unter einer Schuldverschreibung befindliche Unterschrift des Schuldners für anerkannt oder für echt erklärt wird, eine gerichtliche Hypothek nicht mehr erzeugen. Diese Maßnahme wurde damit begründet, daß die Hypothek aus den gerichtlichen Akten nur mehr wenig praktische Bedeutung besitze, auch oftmals zu wucherischen Ausbeutungen Anlaß gegeben habe.

Der neue Text des Art. 2123 des C. civ., wie er von der Senatskommission in den beiden Entwürfen übereinstimmend vorgeschlagen wurde,[1]) hatte folgende Fassung:

„L'hypothèque judiciaire résulte des jugements, soit contradictoires, soit par défaut, définitifs ou provisoires, en faveur de celui qui les a obtenus.

Elle peut s'exercer sur les immeubles actuels du débiteur et sur ceux qu'il pourra acquérir.

Les sentences arbitrales n'emportent hypothèque qu'autant qu'elles sont revêtues de l'ordonnance judiciaire d'exécution.

L'hypothèque ne peut pareillement résulter des jugements rendus en pays étranger qu'autant qu'ils ont été rendus exécutoires par un tribunal français, sans préjudice des dispositions contraires qui peuvent être dans les lois ou dans les traités.

La nullité de l'hypothèque judiciaire pourra être demandée par les créanciers dont le droit sera antérieur au jugement, et elle devra être prononcée, rélativement à eux, lorsque ce jugement aura été obtenu en connaissance de l'état de déconfiture du débiteur."

---

[1]) Entw. I Art. 6; Entw. II Art. 7.

Nach dem Berichte von Thézard[1]) erachtete es die Senatskommission, die im allgemeinen an dem Generalitätscharakter der gerichtlichen Hypothek festhielt, auch für zweckmäßig, wenigstens die Eintragung der Hypothek dem Spezialitätsprinzipe zu unterwerfen, so daß der Gläubiger bei Einreichung seines Antrags auf Einschreibung der Hypothek gehalten wäre, genau die einzelnen Grundstücke zu bezeichnen, auf die er die Hypothek erstrecken will. Vorschläge nach dieser Richtung sind jedoch in den Entwürfen nicht zu finden. Dagegen ist in dem zweiten Gesetzentwurfe, der dem Berichte von Girard beigegeben ist, noch eine Bestimmung enthalten, die Unzuträglichkeiten beseitigen will, die sich zwischen gerichtlichen und vertragsmäßigen Hypotheken in Ansehung der Belastung des künftigen Liegenschaftsbesitzes ergeben haben. Da nämlich die gerichtliche Hypothek die Grundstücke beschwert, sobald sie in das Vermögen des Schuldners eintreten, die Vertragshypothek dagegen künftige Grundstücke Dritten gegenüber nur zufolge spezieller Eintragung und mit Wirkung von dieser Eintragung an belastet, ist hier eine Zusatzbestimmung zu Art. 2134 des C. civ. vorgeschlagen, nach welcher alle Hypotheken, die künftigen Liegenschaftserwerb des Schuldners beschweren, unter sich Rang nach dem Datum der ersten Einschreibung haben sollen, vorausgesetzt, daß die neue Einschreibung, die wegen der vom Schuldner neu erworbenen Grundstücke erfolgt, innerhalb sechs Monaten nach dem Erwerbe bewirkt wird.[2])

Die Plenarverhandlungen des Senats,[3]) deren Grundlage der von der Kommission zuletzt ausgearbeitete Entwurf bildete, begannen am 23. Oktober 1908. Girard, der namens

---

[1]) Nr. 122 ff.

[2]) Die vorgeschlagene Zusatzbestimmung (Entw. II Art. 9) lautet: „Toutefois, les hypothèques sur les biens à venir prendront rang entre elles suivant la date de l'inscription primitive, pourvu que la nouvelle inscription sur les biens advenus aux débiteurs ait été faite dans les six mois de leur acquisition."

[3]) Annales du Sénat, Débats parlementaires, tome LXXIV, session extraordinaire de 1908 S. 12 ff., 29 ff., 102 ff., 120 f.; Journal officiel de la République française, 1908, Sénat, S. 1025 ff. 1040 ff., 1099 ff., 1113 ff.

der Kommission Bericht erstattete begründete die Stellungnahme der Kommission zu der Frage der gerichtlichen Hypothek. In der Sitzung vom 27. Oktober 1908 erklärte das Plenum zu allen bezüglich der gerichtlichen Hypothek vorgeschlagenen Änderungen seine volle Zustimmung und nahm sodann auch den Entwurf in seiner Gesamtheit in erster Lesung an.

Die zweite und endgültige Lesung, die am 1. und 3. Dezember 1908 stattfand, brachte für die gerichtliche Hypothek keine wesentliche Änderung. Nur die Zusatzbestimmung zu Art. 2134 C. civ. wurde dahin ergänzt, daß auch bei der Erstreckung einer gerichtlichen Hypothek auf künftigen Liegenschaftserwerb des Schuldners der Gläubiger gehalten sein sollte, die einzelnen Grundstücke zu bezeichnen.[1])

Am 22. Dezember 1908 wurde der vom Senat angenommene Gesetzentwurf, der nunmehr den Titel

„Projet de loi rélatif à la publicité des actes intéressant la propriété immobilière, et à la réforme du régime hypothécaire“

erhielt, der Deputiertenkammer vorgelegt.[2]) Die Kammer verwies den Entwurf zur Vorberatung an die Commission de la réforme judiciaire et de la législation civile et criminelle. Im Namen dieser Kommission erstattete der Abgeordnete Viollette im Januar des Jahres 1909 einen ziemlich umfangreichen, auch die Kasuistik berücksichtigenden Bericht,[3])

---

[1]) Die auf die gerichtliche Hypothek bezüglichen abgeänderten Bestimmungen der Art. 2123 und 2134 des C. civ. haben in der vom Senatsplenum beschlossenen Fassung des Gesetzentwurfs unter Art. 20 Aufnahme gefunden. Der modifizierte Text der Zusatzbestimmung zu Art. 2134 lautete:

„Toutefois, les hypothèques conventionnelles ou judiciaires sur les biens à venir prendront rang entre elles suivant la date de l'inscription primitive, pourvu que la nouvelle inscription sur les biens advenus aux débiteurs et spécialement désignés ait été faite dans les six mois de leur acquisition.“

[2]) Chambre des Députés, neuvième législature, session extraordinaire de 1908, No. 2216.

[3]) Chambre des Députés, neuvième législature, session de 1909 Nr. 2256

der das grundsätzliche Einverständnis mit den Vorschlägen des Senats namentlich auch in der Frage der gerichtlichen Hypothek[1]) erkennen ließ.

Verschiedene Änderungen, welche die Kommission auf Grund ihrer in der Folge noch gepflogenen Spezialberatungen bezüglich einzelner Vorschriften des Entwurfs beschlossen hatte, wurden in einem Ergänzungsberichte niedergelegt, den der Abgeordnete Viollette im Dezember des nämlichen Jahres der Deputiertenkammer vorlegte.[2]) Diesem Ergänzungsberichte zufolge vermißte die Kommission in der vom Senat angenommenen Neufassung des Art. 2123 C. civ. eine genaue Bestimmung darüber, was unter der im Abs. 5 genannten „déconfiture" zu verstehen sei. Die Kommission befürchtete, es könne die Rechtsprechung mangels näherer Begriffsbestimmung die déconfiture der faillite civile gleich erachten und den Abs. 5 auch auf Fälle bloßer Zahlungseinstellung anwenden; sie schlug deshalb vor, im Gesetz ausdrücklich auszusprechen, daß der Zustand der déconfiture nur bei einer solchen Person gegeben sei „qui s'est engagée notablement au delà de son actif", d. i. bei einer Person, bei welcher die Schulden das Aktivvermögen sichtlich übersteigen.[3]) Dementsprechend sah der dem Ergänzungsberichte beigegebene, auf Grund der Beschlüsse der Kommission neu redigierte Gesetzentwurf folgende Fassung des Art. 2123 C. civ. vor:

„L'hypothèque judiciaire résulte des jugements, soit contradictoires, soit par défaut, définitifs ou provisoires, en faveur de celui qui les a obtenus.

Elle peut s'exercer sur les immeubles actuels du débiteur et sur ceux qu'il pourra acquérir.

Les sentences arbitrales n'emportent hypothèque qu'autant qu'elles sont revêtues de l'ordonnance judiciaire d'exécution.

---

[1]) Vgl. Nr. 179 mit 189 des Berichts von Viollette, abgedruckt unter Nr. V des Anhangs.

[2]) Chambre des Députés, neuvième législature, session de 1909 Nr. 2939.

[3]) Vgl. Nr. 51 des Ergänzungsberichts von Viollette, abgedruckt unter Nr. VI des Anhangs.

L'hypothèque ne peut pareillement résulter des jugements rendus en pays étranger qu'autant qu'il sont été rendus exécutoires par un tribunal français, sans préjudice des dispositions contraires qui peuvent être dans les lois ou dans les traités.

La nullité de l'hypothèque judiciaire pourra être demandée par les créanciers dont le droit aura acquis date certaine antérieurement au jugement, et elle devra être prononcée, relativement à eux, lorsque ce jugement aura été obtenu en connaissance de l'état de déconfiture du débiteur, caractérisé par cette circonstance que le débiteur s'est engagé notablement au delà de son actif."

Die Deputiertenkammer selbst hat sich bisher über den Entwurf noch nicht geäußert. Die endgültige Entscheidung über das Reformwerk steht also noch aus. Wie diese Entscheidung ausfallen wird, läßt sich, da mit allerhand Zufälligkeiten gerechnet werden muß, heute noch nicht sagen. Immerhin spricht nach dem seitherigen Verlaufe der Verhandlungen wenig Wahrscheinlichkeit dafür, daß, wenn es zur endgültigen Abstimmung über die Vorlage kommt, die Beseitigung der gerichtlichen Hypothek, wie sie im Entwurfe Darlan vorgesehen war, beschlossen wird. Vielmehr darf bei der großen Zahl von Anhängern, deren sich die gerichtliche Hypothek namentlich in den Kreisen der Praktiker erfreut, angenommen werden, daß das Institut, wenn auch in veränderter Gestalt, seinen Platz im Rechtsleben Frankreichs behaupten wird.

ZWEITER ABSCHNITT.

Die Entwicklung außerhalb Frankreichs.

1. Kapitel.

Die außerdeutschen Gebiete.

§ 1.

Holland.

In Frankreich hat die gerichtliche Hypothek trotz der heftigsten Kämpfe bis zur Zeit noch ihre Existenz behauptet. Welches Schicksal ihr in den übrigen zum französischen Rechtsgebiete gehörigen Ländern beschieden war, wollen wir nun verfolgen, und zwar wenden wir uns zunächst zu den außerdeutschen Territorien.

In Holland[1]) war die gerichtliche Hypothek ursprünglich nicht bekannt. Weder in den alten Provinzialrechten und den oft erheblich von einander abweichenden Ortsstatuten, den sog. „costuymen", noch in dem seit dem 16. Jahrhundert in Ausbildung begriffenen römisch-holländischen Rechte, das in den Rechtszustand des Landes eine gewisse Einheit brachte, finden sich Spuren des Instituts vor.[2]) Auch das

---

[1]) Asser, Le Code civil dans les Pays-Bas, Livre du centenaire Bd. II S. 815 ff. Sehr schätzenswerte Aufschlüsse über die Rechtsverhältnisse in Holland verdanke ich auch dem Professor für niederländisches Zivilrecht und Zivilprozeßrecht an der Universität Groningen, Herrn C. O. Segers.

[2]) So erwähnt z. B. Hugo de Grot, der bekannte Grotius, in seinem Buche „Inleiding tot de Hollandsche Rechtsgeleertheyd", das noch jetzt als die Grundlage des gemeinen holländischen Rechtes in den letzten Jahrhunderten gilt, die gerichtliche Hypothek nicht, obwohl er bei Besprechung des Hypothekenrechts — „onderzettinge" ist der entsprechende altholländische Ausdruck — in Buch II Titel 48 auf

am 1. Mai 1809 im Königreiche Holland eingeführte „Wetboek Napoleon“,[1]) eine Umarbeitung des französischen Zivilgesetzbuchs vom 30. Ventôse des Jahres XII, enthielt die gerichtliche Hypothek nicht. Diese hielt vielmehr ihren Einzug in Holland erst im Jahre 1811, als mit der Einverleibung Hollands in das französische Kaiserreich der Code Napoleon in seiner ursprünglichen Fassung an die Stelle des Wetboek Napoleon trat.

Die Annexion Hollands währte nur kurze Zeit. Mit der im Jahre 1813 wiedererlangten Selbständigkeit erwachte der Wunsch nach Schaffung vaterländischer Gesetzbücher, der auch am 18. April 1814 zur Einsetzung einer Kommission führte. In dieser Kommission kam es zu Uneinigkeiten insoferne, als die Praktiker lediglich eine Verbesserung des Code Napoleon, der sehr einflußreiche Professor der Rechte J. Melchior Kemper dagegen ein Zurückgehen auf das altvaterländische, vornehmlich das römisch-holländische Recht forderte. Die Zwist wurde noch vermehrt, als mit der auf Grund des Wiener Friedensvertrags im Jahre 1816 erfolgten Vereinigung Belgiens mit Holland belgische Rechtsgelehrte in die Kommission eintraten, die gleichfalls den Code Napoleon als Grundlage der neuen Gesetzgebung wünschten. Der zur Beilegung der Streitigkeiten wiederholt angerufene König entschied zugunsten Kempers, der dann auch den Entwurf eines bürgerlichen Gesetzbuchs auf der Grundlage des altholländischen Rechtes, jedoch mit einigen Konzessionen an die dem französischen Rechte ergebene belgische Bevölkerung ausarbeitete. Der Entwurf Kempers, der die gerichtliche Hypothek nicht zuließ, wurde am 22. November 1820 der zweiten Kammer der Generalstaaten vorgelegt,[2]) fand

---

die hypotheca generalis sowie auf den Unterschied der hypotheca conventionalis und tacita eingeht. Vgl. auch noch Johannes Voëtius, Commentarius ad Pandectas, Lib. XX tit. II n. 32 und Simon van Leeuven, Censura forensis Lib. IV c. IX n. 13.

[1]) Der vollständige Titel dieses 1908 Artikel umfassenden Gesetzbuchs ist „Wetboek Napoleon, ingerigt voor het koningrijk Holland, Amsterdam 1809“ (Univ. Bibl. Leyden).

[2]) Der Entwurf wird in Holland allgemein als „het entwerp 1820“ bezeichnet.

hier aber eine so wenig wohlwollende Aufnahme, daß die Regierung schon nach Beratung der einleitenden Artikel sich veranlaßt sah, den Entwurf wieder zurückzuziehen.

Die Regierung beschloß daraufhin, von der Vorlage eines den gesamten Rechtsstoff umfassenden Entwurfs abzusehen, den Generalstaaten nur jeweils einzelne Teilentwürfe über abgeschlossene Rechtsgebiete zu unterbreiten und diese Teilentwürfe, soweit sie die Annahme der Volksvertretung gefunden, hinterher zu einem einheitlichen Gesetzbuche zusammenzufassen. Die Ausarbeitung der Teilentwürfe wurde einer neuen Kommission übertragen mit der Weisung, vor Bearbeitung einer jeden Materie die zweite Kammer über die zugrunde zu legenden Prinzipien zu befragen.

Im Jahre 1823 wurde das Hypothekenrecht in Angriff genommen. Das Generalkomitee der zweiten Kammer, das von der Gesetzgebungskommission behufs Feststellung der leitenden Grundsätze angegangen worden war, sprach sich für ausnahmslose Durchführung des Publizitätsprinzips aus, traf dagegen keine bestimmte Entscheidung darüber, inwieweit das Spezialitätsprinzip zur Anwendung gebracht werden sollte. In Ansehung der gerichtlichen Hypothek waren die Meinungen sehr geteilt. 43 Stimmen waren für Beibehaltung des Instituts in der Ausgestaltung des Code civil, 46 Stimmen erklärten sich für Beibehaltung unter Einführung eines Spezialisierungszwanges, der Abgeordnete van Asch van Wijck endlich forderte gänzliche Beseitigung.[1]) Angesichts dieser Meinungsverschiedenheit hatte die Gesetzgebungs- und Redaktionskommission keine leichte Aufgabe, als sie daran ging, zu der Frage der gerichtlichen Hypothek Stellung zu nehmen. Zuerst entschied sich die Kommission nach dem Vorgange der Mehrheit des Generalkomitees für die Beibehaltung der gerichtlichen Hypothek unter Einführung des Spezialisierungszwanges. Allein bald brach sich immer mehr die Überzeugung Bahn, daß mit einer Spezialisierung der gerichtlichen Hypo-

[1]) Verslag der handelingen van de Tweede Kamer der Staten-General gedurende de zitting van 1824—1825. Uitgegeven en bewerkt door J. J. F. Noordziek. S' Gravenhage 1878 (Univ. Bibl. Leyden) Bd. I S. 286.

thek nicht viel gedient sei und am besten die gerichtliche Hypothek überhaupt abgeschafft werde, da diese Hypothekgattung mit ihrer Vorrechtsbegründung für den betreibenden Gläubiger eine Reihe von Unbilligkeiten gegenüber den übrigen Mitgläubigern nach sich ziehe und der durch sie gewährleistete Schutz gegen fraudulose Verfügungen des Schuldners leicht auch in anderer Weise verwirklicht werden könne. Schließlich wurde von der Kommission einstimmig beschlossen, dem Könige neben der in Aussicht genommenen Beseitigung der gesetzlichen Hypothek auch die Unterdrükkung der gerichtlichen Hypothek vorzuschlagen.[1])

Die von der Kommission ausgearbeitete Gesetzesvorlage betr. die bevorrechtigten Forderungen, das Pfandrecht und das Hypothekenrecht, die nur mehr die Begründung einer Hypothek durch Vertrag kannte[2]) und bestimmt war, Buch II Titel 18—20 des künftigen bürgerlichen Gesetzbuchs zu bilden,[3]) ging der zweiten Kammer am 24. Oktober 1824 zu und gelangte dortselbst am 1. März 1825 zur Beratung. Die Reihe der Redner eröffnete der Abgeordnete van Crombrugghe, der über die Verhandlungen und die Stellungnahme der Redaktionskommission ausführlich berichtete.[4]) Im Verlaufe der weiteren Diskussion äußerten auch verschiedene Redner Bedenken gegen die vollständige Beseitigung der gerichtlichen Hypothek, jedoch hauptsächlich aus dem Grunde, weil sie in dem Entwurf ein Ersatzmittel, das fraudulosen Exekutionsvereitelungen des Schuldners vorbeugen sollte, vermißten.[5])

---

[1]) Noordziek Bd. I S. 287.

[2]) Noordziek Bd. II S. 42, Der Art. 7 des mit den Worten: „Van onderzetting of hypotheek“, bezw. „Des hypothèques“ überschriebenen 20. Titels lautet:

Er bestaat geen hypotheek, dan de zoodanige, welke toegestaan is door eenen persoon, die de bevoegdheid heeft, om de onroerende goederen, waarop hij die hypotheek vestigt, te mogen vervreemden.	Il n' y a d'hypothèque que celle consentie par une personne capable d'aliéner les immeubles qu' elle y soumet.

[3]) Noordziek Bd. II S. 33.

[4]) Noordziek Bd. I S. 284 ff.

[5]) Noordziek Bd. I S. 294 ff.

Am 2. März 1825 wurde der das Hypothekenwesen betreffende Titel ohne weitere Modifikation bezüglich der Frage der gerichtlichen Hypothek mit 54 gegen 26 Stimmen angenommen,[1]) nachdem bereits tags zuvor die beiden anderen, die bevorrechtigten Forderungen und das Pfandrecht betreffenden Titel die nahezu einhellige Zustimmung der Kammer gefunden hatten.[2]) In der Sitzung vom 5. März 1825 konnte der Präsident die Mitteilung machen, daß die Vorlage auch in der ersten Kammer die verfassungsmäßige Annahme erhalten[3]) habe und zum Gesetz erhoben worden sei.[4]) Das Gesetz vom 5. März 1825 wurde später noch in einigen, hier nicht weiter interessierenden Punkten abgeändert und sodann dem in holländischer und französischer Sprache veröffentlichten bürgerlichen Gesetzbuche von 1830 unter Art. 1239 bis 1294 einverleibt.[5]) Dieses bürgerliche Gesetzbuch, das, wie bemerkt, die gerichtliche Hypothek nicht kannte, sollte am 1. Februar 1831 in Kraft treten; allein die Augustrevolution des Jahres 1830, die zur Trennung Belgiens von Holland führte, machte seine Einführung zunichte.

Alsbald, nachdem die Stürme der Revolution sich gelegt hatten, wurden die Arbeiten zur Revision des bürgerlichen Gesetzbuchs, und zwar auf der Grundlage des Gesetzbuchs von 1830, wieder aufgenommen. Die Revision vollzog sich stückweise und förderte abgesehen vielleicht vom Familienrechte, bei dessen Regelung mehr als bisher auf das altholländische Recht zurückgegangen wurde, nur wenig Neues zutage. Das Hypothekengesetz vom 28. April 1834[6]) hielt

---

[1]) Noordziek Bd. I S. 301.

[2]) Noordziek Bd. I S. 284.

[3]) Noordziek Bd. I S. 303, 306 f.

[4]) Staatsblad Nr. 41.

[5]) Mit dem Hypothekenrechte des bürgerlichen Gesetzbuchs von 1830 befassen sich zwei Dissertationen, nämlich G. J. Schluiter, De hypotheca legali minoris qualis jure Franconico constituta est, a legislatore Belgico merito emendata, Utrecht 1829, und L. B. Lohman, De principiis quae tum Gallicus tum in novissima lege Belgicus legislator secutus est in loco qui est de jure hypothecae, Groningen 1830.

[6]) Staatsblad Nr. 18. Einen sehr guten Auszug aus dem Gesetz unter Hervorhebung der wesentlichen Abweichungen vom Code civil

an den im Jahre 1825 angenommenen Prinzipien unentwegt fest und beließ es auch bei der damals beschlossenen Beseitigung der gerichtlichen Hypothek. Mit der Aufnahme dieses Gesetzes in das am 1. Oktober 1838 eingeführte bürgerliche Gesetzbuch für das Königreich Holland[1]) verschwand die gerichtliche Hypothek nach mehr als 25jähriger Geltung endgültig aus dem holländischen Rechte.[2])

Allein ohne jedes Ersatzmittel blieb die gerichtliche Hypothek nicht. Die Volksvertretung hatte gelegentlich der Verhandlungen über die Entwürfe zum bürgerlichen Gesetzbuche mehrfach den Wunsch nach einem Schutzmittel gegen fraudulose Verfügungen des Schuldners geäußert. Diesem Wunsche suchte nun die Zivilprozeßordnung von 1838, das „Wetboek van burgerlijke regtsvordering",[3]) dadurch zu entsprechen, daß sie das Institut der Beschlagnahmetranskription aufnahm. Der Art. 505 des Gesetzbuchs traf über diese neue Rechtseinrichtung folgende Bestimmungen:

„Afschrift van het proces verbaal der inbeslagneming zal gelaten worden aan dengenen, tegen wien het beslag gedaan is.

---

gibt Mittermaier in der Krit. Zeitschr. f. Rechtswissenschaft und Gesetzgebung des Auslands Bd. VII S. 140 ff.; er ist auch abgedruckt in den Entwürfen zu einem verbesserten Hypotheken- und Zwangsveräusserungsgesetze für Rheinbayern, Zweibrücken 1835 S. 543 ff.

[1]) S. P. Lipman, Burgerlijk wetboek, voorafgegaan door de wet, houndende algemeene bepalingen der wetgeving van het koningrijk, vergeleken mit het Romeinsche en Fransche regt, Amsterdam 1839. Eine Übersetzung des das Pfand- und Hypothekenwesen betreffenden Teiles (Tit. XVIII—XX; Art. 1177—1268) enthalten die in der vorangehenden Note zitierten Entwürfe S. 515 ff.

[2]) Asser im Livre du centenaire Bd. II S. 837. Das holländische bürgerliche Gesetzbuch kennt nur Konventionalhypotheken, die durch notarielle Urkunde begründet werden. Vgl. Art. 1217 des Gesetzbuchs: „Hypotheek kan alleen bij notariele akte worden verleend . . . . ." und Lipman, Burgerlijk wetboek S. 359: „De Nederlandsche wet kent geene andere dan conventionele hypotheken, of die daarmede door de wet worden gelijkgesteld."

[3]) C. L. Schüller, Wetboek van burgerlijk regtsvordering met aanteekeningen, Utrecht 1851.

Hetzelve zal overgeschreven worden in de registers van den bewaarder der hypotheken van het arrondissement, waarin de in beslag genomene goederen gelegen zijn, met aanteekening van het uur, van den dag, de maand en het jaar, waarin die overschrijving is gevraagd.

De bewaarder der hypotheken zal van dit uur, dien dag, die maand en dat jaar ook melding maken op het oorspronkelijke stuk, hetwelk hem zal worden aangeboden.

Te rekenen van den dag dier overschrijving, zal de partij, tegen welke het beslag gedan is, de in beslag genomene onroerende goederen niet mogen vervreemden, hypothekeren of verhuren, ten nadeele van den inbeslagnemer. De huurcontracten voor dien dag aangegaan, zullen van kracht ziin, zoo zij niet zijn gemaakt om de regten van den schuldeischer te verkorten.

Vroeger wettig verleende hypotheken zullen in de registers kunnen worden ingeschreven, tot op den dag van de overschrijving van het vonnis van toewiizing."[1])

Danach bestand das Wesen der Beschlagnahmetranskription darin, daß eine jede Beschlagnahme von Grundstücken, die ein Gläubiger zum Zwecke der Vollstreckung seines Urteils vornimmt, in die Register des nach dem Grundsatze der res sita zuständigen Hypothekenbewahrers eingetragen werden sollte mit der Wirkung, daß der Schuldner von nun an nicht mehr zum Nachteile des Gläubigers seine Immobilien sollte veräußern, verpfänden oder verpachten können.

---

[1]) In einer französischen Übersetzung von Tripel lautet dieser Artikel, soweit er hier interessiert:

„Copie du procès-verbal de saisie sera donnée au saisi.

Elle sera transcrite dans les registres du conservateur des hypothèques dans le ressort du bureau ou les biens saisis sont situés avec indication de l'heure, du jour, du mois et de l'année dans lesquels la transcription sera requise.

Le conservateur des hypothèques mentionnera cette heure, ce jour, ce mois et cette année sur l'original de la saisie qui lui sera présenté.

A dater du jour de la transcription la partie saisie ne peut au préjudice de la saisie aliéner ni hypothéquer les immeubles saisis ni les donner à bail . . . . . "

Der Vorzug dieses Instituts gegenüber der gerichtlichen Hypothek wurde darin gefunden, daß es dem ersten Beschlagnahmegläubiger kein Vorrecht gegenüber seinen Mitgläubigern gewährte. Erwirkten mehrere Gläubiger eines Schuldners, die einen vollstreckbaren Titel[1]) besaßen, die Beschlagnahme, so ging eben die Exekution auf Rechnung aller Beschlagnahmegläubiger; der aus der Versilberung des Beschlagnahmeobjekts erzielte Erlös wurde nach Abzug der Vollstreckungskosten[2]) unter die einzelnen Gläubiger nach Verhältnis ihrer Forderungen gleichheitlich verteilt.[3])

Besieht man die Beschlagnahmetransskription näher, so muß man sagen, daß sie ihren Zweck, dem Gläubiger Schutz gegen fraudulose Verfügungen zu bieten, nur unvollkommen erfüllte. Die Hauptursache lag darin, daß sie dem Urteile nicht auf dem Fuße folgte und so dem Schuldner einen vom Erlaß des Urteils bis zum Vollzuge der Einschreibung sich ersteckenden Zeitraum beließ, den er zu allerhand Exekutionsvereitelungen benützen konnte. Abgesehen davon, daß es der Schuldner leicht in der Hand hatte, durch Einlegung einer unbegründeten Berufung den für den Gläubiger ungünstigen Zwischenraum zwischen Urteilsverkündung und Beschlagnahme künstlich zu verlängern, kam das Gesetz selbst dem Schuldner noch insoferne zu Hilfe, als es der Beschlagnahme einen Zahlungsbefehl vorausgehen ließ, von dessen Erlassung bis zur Beschlagnahme eine Frist von mindestens dreißig Tagen verstreichen mußte.[4]) Dabei war auch noch

---

[1]) „een executorischen titel", wie es in der holländischen Rechtssprache heißt.

[2]) Burgerlijk wetboek Art. 1185 Nr. 1.

[3]) Vgl. Lipman, Burgerlijk wetboek S. 359 „De eenigzins gewijzigde bepalingen omtrent inbeslagneming van onroerende goederen, z. a. 502 volg. wetb. v. Burg. regtsv., schenen genoegzam ter uitoefening van het door vonnis verkregen regt, om de geregtelijke hypotheken te kunnen missen. De onbilijke toepassing van den regel „qui prior est tempore, potior est jure", op te geregtelijke hypotheken, in den Code, bij a. 2123, zelfs in strijd met het Romeinsche regt, ja, met deszelfs eigene beginselen wat aangaat de roerende goederen, gehandhaaft, is aldaar vermeden."

[4]) Wetboek van burgerlijke regtsvordering Art. 502, 503.

die Stellung des Gläubigers gegenüber fraudulosen Veräußerungen von Grundstücken seitens des Schuldners dadurch besonders erschwert, daß der Nachweis, der Käufer sei bei Abschluß des Vertrags fraudis conscius gewesen, mit großen Schwierigkeiten verbunden war, die dem holländischen Rechte gleichfalls bekannte actio Pauliana[1]) nur wenig Schutz bot und ein saisie-arrêt nur bei Mobilien, nicht aber bei Immobilien zulässig war.

In neuerer Zeit wurde die Lage des Gläubigers wesentlich gebessert durch ein Gesetz vom 7. Juli 1896, die sog. lex Hartogh,[2]) das die Frist zwischen Zahlungsbefehl und Beschlagnahmetransskription auf zwei Tage herabsetzte, die Möglichkeit der Erlangung sofort vollstreckbarer Urteile durch Erweiterung des Anwendungsgebiets der exécution provisoire erleichterte und den saisie-arrêt auch auf Immobilien ausdehnte.

§ 2.

Belgien.

Im Ergebnisse nicht viel anders wie in Holland verlief die Entwicklung in dem benachbarten Belgien, das die ehedem unter französischer Herrschaft eingeführte französische Gesetzgebung auch nach der errungenen Selbständigkeit im Jahre 1830 zunächst unverändert beibehalten hatte.[3])

Auch hier setzte fast um die gleiche Zeit wie in Frankreich eine Reformbewegung ein, deren Ziel die Verbesserung des in der Praxis immer mehr als mangelhaft empfundenen Hypothekenrechts bildete. Im Jahre 1847 berief die Regierung zum Zwecke der Ausarbeitung eines Hypothekengesetzentwurfs eine Kommission, deren Vorsitz dem Rate am Kassationshofe De Cuyper übertragen wurde.[4]) Die Kom-

---

[1]) Burgerlijk wetboek Art. 1377.

[2]) Das Gesetz, benannt nach dem Rechtsanwalte Hartogh, der den Entwurf in der zweiten Kammer einbrachte, ist veröffentlicht im Staatsblad Nr. 103.

[3]) Vgl. zum Folgenden auch Hanssens, Le code civil en Belgique, Livre du centenaire Bd. II S. 679 ff.; Van Biervliet, L'interprétation belge du code civil, ebenda Bd. II S. 639 ff.

[4]) Parent, Loi sur la révision du régime hypothécaire, accompagnée de tous les documents officiels relatifs à la loi, seconde édition, Bruxelles 1852 S. 6.

mission löste ihre Aufgabe in verhältnismäßig kurzer Zeit. Bereits am 12. August 1848 konnte sie den von ihr fertiggestellten Entwurf eines Hypothekengesetzes nebst einem Berichte dem Justizministerium in Vorlage bringen.[1]) In dem Entwurfe war die gerichtliche Hypothek beseitigt. An ihrer Stelle wurde zum Schutze des Gläubigers gegen fraudulose Verfügungen des Schuldners die Einführung der Immobiliaropposition vorgeschlagen, die mit der Einschreibung in das Hypothekenregister dem Schuldner jegliche Dispositionsbefugnis in Ansehung seiner Immobilien benehmen, jedoch nach Jahresfrist ohne weiteres außer Kraft treten sollte, wenn nicht inzwischen das Zwangsversteigerungsverfahren eingeleitet worden war.[2])

Das Justizministerium legte den Kommissionsentwurf unverändert am 6. November 1848 der Kammer der Abgeordneten als Regierungsentwurf vor.[3])

---

[1]) Parent S. 7 ff.

[2]) Parent S. 26 ff.

[3]) Pasinomie ou collection complète des lois, décrets, arrêtés et règlements généraux qui peuvent être invoqués en Belgique, troisième série, mise en ordre et annotée par M. Ranwet, tome 21, Bruxelles 1851 S. 379 Anm. 1.

Der Regierungsentwurf ist abgedruckt bei Parent S. 63 ff. (linke Spalte). Die Bestimmungen über die Immobiliaropposition bildeten die zweite Sektion der Dispositions préliminaires, die betitelt war: „Des oppositions immobilières“ (Art. 8 mit 12). Die Beseitigung der gerichtlichen Hypothek wurde zum Ausdrucke gebracht in Art. 39, der lautete: „Elle (sc. l'hypothèque) est ou légale, ou conventionnelle, ou testamentaire“.

Die Vorlage begleitete ein Exposé des motifs (abgedr. bei Parent S. 1 ff.), in dem sich der Justizminister De Haussy zur Stellungnahme des Entwurfs in der Frage der gerichtlichen Hypothek wie folgt äußerte:

„La partie du projet relative aux hypothèques commence au chapitre III. Ce chapitre renferme d'abord des dispositions générales; il conserve la définition de l'art 2114; mais, quant à la division des hypothèques, il ne reconnaît plus d'hypothèque judiciare; celle-ci est remplacée par l'opposition immobilière qui a un tout autre caractère; son effet principal est d'empêcher que le débiteur ne consente à son préjudice aucune hypothèque ou aliénation sur le bien ainsi frappé; et au lieu de profiter exclusivement à celui qui l'a provoquée, elle

Der mit der Prüfung der Vorlage zunächst betraute Kammerausschuß[1]) konnte sich mit dem System der Immobiliaropposition nicht befreunden. Er war der Anschauung, daß die Immobiliaropposition noch weit schlimmere Folgen habe als die gerichtliche Hypothek, und beschloß deshalb mit Stimmenmehrheit die Beibehaltung der gerichtlichen Hypothek,[2]) jedoch mit verschiedenen Neuerungen, deren wichtigste die Ausschaltung der Hypothek aus gerichtlichen Akten und die Unterwerfung der Eintragung unter den Spezialisierungszwang bildeten.[3])

Der Ausschuß legte das Ergebnis seiner Beratungen in einem Berichte vom 15. März 1850[4]) nieder, der mit den zum Regierungsentwurfe beschlossenen Änderungen[5]) alsbald dem Justizministerium zur Kenntnisnahme übermittelt wurde. Das Ministerium arbeitete daraufhin verschiedene Verbesserungsvorschläge zu dem Ausschußentwurf aus, die jedoch in der Hauptsache auf eine Wiederherstellung des ursprünglichen Entwurfs hinausliefen. Insbesondere wurden die vom Ausschusse gestrichenen Bestimmungen über die Immobiliaropposition in den Entwurf wieder eingestellt.[6]) Dies vermochte aber den Ausschuß von seinem Standpunkte nicht abzubringen; er hielt an der Beibehaltung der gerichtlichen

---

profite à tous les créanciers, qui, en cas d'expropriation (laquelle doit, à peine de déchéance, être commencé dans l'année) viennent concurrement, sans aucune préférence pour le premier en date. Cette innovation est de toute équité, car il est impossible de justifier la différence que, sous l'empire du code, l'ypothèque judiciaire établit entre les créanciers chirographaires, qui tous ont suivi le crédit personnel du débiteur. Peut-il être juste d'accorder une préférence à celui qui est le plus habile, souvent le plus intraitable? Le nouveau système fait éviter ainsi des poursuites à un débiteur dont le crédit chancelle; il lui facilite les mojens de se relever, et sous ce rapport encore, c'est une heureuse amélioration."

1) Parent S. 105 Anm. 1.

2) Parent S. 111 f.

3) Parent S. 138 ff.

4) Pasinomie S. 379/380 Anm. 1. Der von Lelièvre verfaßte Bericht ist abgedruckt bei Parent S. 105 ff.

5) Parent S. 63 ff. (rechte Spalte).

6) Parent S. 179 ff.

Hypothek mit den von ihm vorgeschlagenen Kautelen fest und begründete sein Verhalten inbesondere noch damit, daß sich mittlerweile auch mehrere bedeutende französische Rechtsgelehrte zugunsten seiner Beschlüsse ausgesprochen hätten.[1])

Die Beratungen des Plenums über die Hypothekengesetzvorlage begannen am 30. Januar 1851.[2]) In den Sitzungen vom 1. und 3. Februar 1851 kam die gerichtliche Hypothek zur Sprache. Die Diskussion wurde eröffnet mit der Frage: „Conservera-t-on l'hypothèque judiciaire?“ Nur zwei Redner traten für die Bejahung ein; alle übrigen Abgeordneten sowie der Justizminister sprachen sich für die Verneinung aus. Dabei wurde von allen Seiten mit besonderem Nachdruck auf die Folgen für den Personalkredit hingewiesen.[3]) Das Ergebnis der Debatte war, daß von 62 Stimmberechtigten 59 für die Abschaffung und 2 für die Beibehaltung der gerichtlichen Hypothek bei 1 Stimmenthaltung votierten.[4]) Die sich anschließende Frage: „Y aura-t-il une opposition immobilière?“ fand bald ihre Erledigung, da der Justizminister die demnächstige Vorlage eines Vollstreckungsgesetzes in Aussicht stellte und dabei erklärte, daß er mit Rücksicht hierauf für die im Regierungsentwurfe vorgesehene Immobiliarexekution nicht weiter eintrete.[5]) Damit war die Beseitigung der gerichtlichen Hypothek ohne Beschaffung eines Ersatzmittels von der Abgeordnetenkammer beschlossen. Die Vorlage als solche wurde seitens der Kammer am 27. Februar 1851 angenommen.[6])

Bereits wenige Tage später wurde der Senat mit dem Hypothekengesetzentwurfe befaßt. Auch hier fand vorerst eine Prüfung durch einen Ausschuß statt.[7]) Dieser entschied sich in seiner Mehrheit für die vom Plenum der Abgeord-

[1]) Parent S. 185 ff.; S. 191 ff.; S. 194 ff.
[2]) Pasinomie S. 379/380 Anm. 1. S. 398 Anm. 2; Parent S. 199 ff.
[3]) Parent S. 235 ff.
[4]) Parent S. 258.
[5]) Parent S. 258 ff.
[6]) Parent S. 391.
[7]) Parent S. 393 Anm. 1.

netenkammer beschlossene Beseitigung der gerichtlichen Hypothek unter gleichzeitiger Ablehnung der im Regierungsentwurfe vorgesehenen Immobiliaropposition. Mehrere Mitglieder des Ausschusses äußerten dabei noch den Wunsch nach einem Ersatzinstitute, das, ohne den Schuldner der sofortigen Exekution preiszugeben, die Rechte des Gläubigers zu wahren imstande wäre.[1])

Die Stellungnahme des Ausschusses in der Frage der gerichtlichen Hypothek wurde vom Plenum des Senats, das am 28. Mai 1851 in die Beratung des Entwurfs eintrat,[2]) ohne weitere Diskussion gutgeheißen.[3]) Am 3. Juni 1851 wurde der Entwurf auch vom Senate mit 36 gegen 1 Stimme angenommen.[4])

Die nicht sehr weittragenden Änderungen, die der Senat an dem Entwurfe vorgenommen hatte, wurden von der Abgeordnetenkammer in der Sitzung vom 3. Juli 1851 einstimmig angenommen.[5])

Die Sanktion durch den König erfolgte unter dem 16. Dezember 1851.

Mit dem Inkrafttreten des Gesetzes, das in der Nr. 356 des Moniteur vom 22. Dezember 1851 unter dem Titel: „Loi sur la révision du régime hypothécaire“ bekannt gemacht wurde,[6]) ist die gerichtliche Hypothek aus dem belgischen Rechte endgültig verschwunden. Das Gesetz anerkennt, wie aus dem Art. 43 hervorgeht, nur gesetzliche, vertragsmäßige und testamentarische Hypotheken.

---

[1]) Parent S. 412 ff. Der von Baron d'Anethan namens des Senatsausschusses verfaßte Bericht ist abgedruckt bei Parent S. 393 ff. Eine vergleichsweise Gegenüberstellung des Gesetzentwurfs in der von der Abgeordnetenkammer beschlossenen Fassung und der von dem Senatsausschusse vorgeschlagenen Abänderungen findet sich bei Parent S. 431 ff.

[2]) Bezüglich der Plenarverhandlungen des Senats vgl. Parent S. 470 ff.

[3]) Parent S. 503.

[4]) Pasinomie S. 379/380 Anm. 1; Parent S. 517 f.

[5]) Parent S. 519 ff., 529.

[6]) Der Text des Gesetzes ist auch abgedruckt bei Parent S. 531 ff., in der Pasinomie S. 379 ff. und bei Servais, Les codes belges, Bruxelles 1903 S. 605 ff.

Wegen der Übergangsvorschriften vgl. Art. 9 und 10 der Dispositions transitoires.

Durch die Abschaffung der gerichtlichen Hypothek war die Lage der Gläubiger gegenüber dem früheren Rechtszustand erheblich verschlechtert worden. Der Schuldner besaß nunmehr, da nach den Vorschriften der Prozeßordnung nur die Transskription der Beschlagnahme seine Verfügungsfreiheit unterband, hinreichend Zeit, sich seiner Habe nach dem Erlasse des Urteils zum Nachteile des betreibenden Gläubigers zu entäußern.

Hierin Wandel zu schaffen, war dem Zwangsversteigerungsgesetze vom 15. August 1854 beschieden. Die Loi sur l'expropriation forcée[1]) kam dem Gläubiger dadurch entgegen, daß sie ihm gestattete, bereits den dem Zwangsversteigerungsverfahren vorausgehenden Zahlungsbefehl transskribieren zu lassen. Die Transskription des Zahlungsbefehls sollte die Wirkung haben, daß dem Schuldner die Möglichkeit benommen wurde, die vom Gläubiger bezeichneten Grundstücke bei Vermeidung der Nichtigkeit zu veräußern oder zu belasten.[2]) Der einschlägige Art. 27 des Gesetzes bestimmte in dieser Richtung folgendes:

„Le débiteur ne peut, à compter du jour de la transcription de la saisie ou du commandement, aliéner ni hypothéquer les immeubles saisis ou indiqués au commandement, à peine de nullité et sans qu'il soit besoin de la faire prononcer."

Das Gesetz ließ es aber bei dieser Vorschrift allein nicht bewenden. Über den berechtigten Interessen des Gläubigers vergaß es nicht den Schutz des Schuldners gegen unbillige Härten. Deshalb wurde durch den Art. 15 Abs. 1 Satz 2, der lautete:

„Néanmoins cette transcription ne produit les effets indiqués dans les articles 25 § 2 et 27 que pendant trente jours"

[1]) Moniteur, Nummer vom 22. August 1854; Recueil des lois et arrêtés royaux de la Belgique, Bruxelles, Bd. 25 (1854) S. 185 ff.

[2]) Der Gedanke, dem Schuldner mit der Einschreibung des Zahlungsbefehls die Verfügungsmacht über seine Grundstücke zu entziehen, ist, wie wir bereits gesehen haben, späterhin auch in Frankreich aufgetaucht, als gelegentlich der Verhandlungen der extraparlamentären Katasterkommission Challamel die Ersetzung der gerichtlichen Hypothek durch die inscription de commandement vorschlug.

die Wirkung der Transskription des Zahlungsbefehls an eine Frist von 30 Tagen geknüpft, mit deren Ablauf der Schuldner ohne weiteres die volle Verfügungsmacht wieder erlangte. Der Gläubiger konnte sich seine durch die Einschreibung des Zahlungsbefehls erlangte Stellung nur dadurch erhalten, daß er noch vor Ablauf der Frist die Beschlagnahme erwirkte.

Sonach brachte die Transskription des Zahlungsbefehls zwar eine Besserstellung des Gläubigers, allein keine solche, die gleichzeitig geeignet war, den Schuldner gegen die Gefahren einer Zwangsvollstreckung entsprechend sicherzustellen.

In neuerer Zeit hat die Judikatur in Belgien die durch die Beseitigung der gerichtlichen Hypothek geschaffene Lücke bisweilen dadurch auszufüllen gesucht, daß dem verurteilten Schuldner im Urteile bei Vermeidung der Zahlung einer Schadensersatzsumme aufgegeben wurde, seine Schuld binnen bestimmter Frist hypothekarisch sicherzustellen.[1])

§ 3.
Luxemburg.

In dem Großherzogtum Luxemburg, das im Jahre 1804 als „Département des Forêts" unter die Herrschaft der französischen Gesetzgebung gekommen war und den Code Napoléon mit einigen Änderungen noch heute besitzt,[2]) wurde vornehmlich unter dem Einflusse der legislatorischen Vorgänge in Belgien im Jahre 1851 eine Reform des Hypothekenrechts in Angriff genommen.

Am 26. November 1852 wählte die Abgeordnetenkammer des Großherzogtums eine Kommission mit dem Auftrage, den Entwurf eines neuen Gesetzes über das Hypotheken- und Subhastationswesen auszuarbeiten.[3]) Die Kommission

---

[1]) Vgl. hierüber insbesondere Popp, Etude sur l'hypothèque judiciaire et sa réforme, Paris 1904 S. 134 ff.

[2]) Ruppert, Modifications apportées au Code civil dans le Grand-Duché de Luxembourg (1807—1904), Livre du centenaire Bd. II S. 791 ff.

[3]) Compte-Rendu des séances de la chambre des Députés du Grand-Duché de Luxembourg, Session de 1852, Luxembourg 1853, S. 961, 965, 982.

entledigte sich ihrer Aufgabe sehr rasch; bereits am 25. Januar 1853 legte der Abgeordnete Jonas den von der Kommission gefertigten Entwurf vor mit einem Berichte, dessen Drucklegung seitens der Abgeordnetenkammer beschlossen wurde.[1])

Der 128 Artikel umfassende „Projet de loi sur la réforme hypothécaire“ [2]) brachte in Anlehnung an die in Frankreich gelieferten Vorarbeiten sowie vornehmlich an das belgische Gesetz vom 16. Dezember 1851 einundzwanzig zum Teil tiefgehende Änderungen der bisherigen Gesetzgebung.[3]) Unter den vorgeschlagenen Neuerungen befand sich die Beseitigung der gerichtlichen Hypothek. Sie folgte indirekt aus Art. 23, der im Anschluß an die vorangehende Bestimmung des Art. 22: „L'hypothèque n'a lieu que dans les cas et les formes autorisés par loi“ fortfuhr: „Elle est légale, conventionnelle ou testamentaire.“

Nach den Ausführungen des Berichterstatters Jonas[4]) ging die Kommission bei der Beurteilung der Frage der gerichtlichen Hypothek von der Erwägung aus, daß diese Hypothekform vermöge ihrer Generalität den Kredit des Schuldners wie auch die Sicherheit der Spezialhypothekgläubiger untergrabe und vermöge ihrer Unbestimmtheit die Publizität, die ohne Spezialität nicht bestehen könne, gefährde. Von dem vielfach vorgeschlagenen Auswege, den Gläubiger zur Angabe der einzelnen zu belastenden Grundstücke zu verpflichten, versprach sie sich geringen praktischen Erfolg, da der Gläubiger auf diese Weise gezwungen wäre, nach den Eigentumstiteln seines Schuldners zu forschen, was zu unangenehmen und langwierigen Prozeduren führen würde. Die Kommission glaubte deshalb, die Abschaffung der gerichtlichen Hypothek um so mehr empfehlen zu können, als der Schuldner einem allzu rigorosen Vorgehen eines Gläubigers jederzeit durch vertragsmäßige Bestellung einer Hypothek begegnen könne.[5])

---

1) Compte-Rendu S. 1011.
2) Compte-Rendu, Annexes S. 163 ff.
3) Compte-Rendu, Annexes S. 200 ff.
4) Compte-Rendu, Annexes S. 194 ff.
5) Compte-Rendu, Annexes S. 217 ff.

Der Gesetzentwurf mit dem Kommissionsberichte wurde von der Abgeordnetenkammer an die Ausschüsse zur Prüfung überwiesen. In der Sitzung vom 15. Februar 1853 kam der Bericht des Zentralausschusses[1]) durch den Abgeordneten Witry zur Vorlage.[2]) Nach diesem Berichte hatten der 1., 3. und 4. Ausschuß gegen den Art. 23 keine Erinnerungen erhoben, der 2. Ausschuß hingegen die Beibehaltung der gerichtlichen Hypothek mit einer Modifikation, nämlich „en la rendant spéciale, par le jugement sur assignation, qui comprendra les biens, sur lesquels l'inscription serait requise“ vorgeschlagen. Die Abstimmung im Zentralausschusse hatte aber die einstimmige Annahme des Art. 23 aus den im Kommissionsberichte niedergelegten Gründen ergeben.[3])

Der bevorstehende Landtagsschluß ließ eine Besprechung und Beschlußfassung im Plenum der Abgeordnetenkammer nicht mehr wünschenswert erscheinen. Die Beratung des Gesetzentwurfs wurde deshalb auf die nächste Session vertagt,[4]) jedoch in dieser nicht wieder aufgenommen.

Nach längerer Pause kam die Hypothekenreform von neuem in Fluß. Auf Grund eines von einer Kommission ausgearbeiteten und publizierten Vorentwurfs[5]) wurde Ende des Jahres 1881 von der Staatsregierung der Kammer der Abgeordneten ein Gesetzentwurf vorgelegt, der übrigens die Frage der gerichtlichen Hypothek gar nicht berührte, sondern lediglich eine anderweitige Regelung der Transskription und der Resolutionsklage vorsah und erst nach langwierigen, Jahre andauernden Verhandlungen zu dem Gesetz vom 25. September 1905 betreffend die Umschreibung der dinglichen Immobiliarrechte führte.

Ein weiterer Schritt erfolgte mit der Vorlage des Gesetzentwurfs vom 9. November 1908,[6]) der nach verschiedenen Änderungen am 18. April 1910 zum Gesetz erhoben wurde.

---

[1]) Compte-Rendu, Annexes S. 229 ff.

[2]) Compte-Rendu S. 1225.

[3]) Compte-Rendu, Annexes S. 231 f.

[4]) Compte-Rendu S. 1249, 1296, 1298.

[5]) Avant-Projet de loi sur la réforme hypothécaire, Luxembourg 1880.

[6]) Der Gesetzentwurf vom 9. November 1908, betitelt Projet de loi portant modification du régime hypothécaire, ist das Ergebnis mehr-

Dieses enthält im wesentlichen Anschluß an das elsaß-lothringische Gesetz vom 24. Juli 1889, betreffend das Grundeigentum und Hypothekenwesen, die Unterwerfung sämtlicher Hypotheken unter das Publizitäts- und Spezialitätsprinzip und sucht zugleich einer späteren Einführung des Grundbuchsystems die Wege zu ebnen. An der gerichtlichen Hypothek selbst ist in dem Gesetz nichts geändert;[1]) sie wird nur insoferne betroffen, als ihre Einschreibung, wie dies bereits bei der Vertragshypothek der Fall ist, künftig dem Spezialisierungszwang unterstehen soll.[2])

---

jähriger sorgfältiger Vorarbeiten. Hervorgegangen aus einem Vorentwurfe, den die am 25. November 1903 eingesetzte Spezialkommission dem Staatsminister mit einem Berichte vom 20. Dezember 1904 vorgelegt hatte, berücksichtigt er auch eine Reihe von Verbesserungsvorschlägen, die der oberste Gerichtshof (La Cour supérieure de justice) und der Staatsrat (Conseil d'Etat) in ihren Gutachten vom 16. Oktober 1907, bezw. 23. Oktober 1908 zur Annahme empfohlen haben.

[1]) Die mit der Ausarbeitung des Vorentwurfs betraute Spezialkommission sprach sich in ihrem Berichte vom 20. Dezember 1904 ausdrücklich für die Beibehaltung der gerichtlichen Hypothek aus, weil sie in dieser Institution ein wirksames Schutzmittel gegen ein sofortiges Vorgehen des Gläubigers mit Zwangsversteigerung erblickte. Der oberste Gerichtshof billigte in seinem Gutachten vom 16. Oktober 1907 diesen Standpunkt der Spezialkommission mit folgenden bemerkenswerten Ausführungen:

„La Cour, par les considérations déduites dans l'exposé des motifs de l'avant-projet de loi, se prononce également pour le maintien de l'hypothèque judiciaire. Cette hypothèque es entrée dans nos moeurs et jusqu'aujourd'hui n'a guère présenté d'inconvénients dans la pratique. La loi nouvelle, en en subordonnant l'efficacité au principe de la spécialité, sauvegarde d'ailleurs pleinement les intérêts des tiers. L'objection, qu'en vertu de l'hypothèque judiciaire il est facile à un créancier d'obtenir un droit de préférence qui n'est nullement justifié, ne semble guère concluante parce que, l'hypothèque judiciaire supprimée, le créancier diligent qui poursuivra son débiteur parviendra toujours à se faire consentir le premier une hypothèque conventionnelle; et pourquoi pas: jura vigilantibus, non dormientibus prosunt."

[2]) Der Art. 1 des Gesetzes sieht in dieser Beziehung folgende Bestimmungen vor: „Toutes les hypothèques, sans distinction, ne sortent leurs effets que du jour où ils ont été rendus publics par l'inscription prise sur les registres du conservateur des hypothèques,

§ 4.
Die Schweiz.

In der Schweiz ist die gerichtliche Hypothek nur in den Kantonen mit ausschließend oder doch vorwiegend romanischer Bevölkerung anzutreffen. Aber auch hier hat sie sich nicht überall Eingang verschafft; vielmehr kommen nur 4 Kantone in Betracht, nämlich Bern, Genf, Neuenburg und Tessin.

In Waadtland, das nach seiner Losreißung von der Berner Oberhoheit an Stelle höchst verwickelter und verworrener Rechtsverhältnisse[1]) ein auf der Grundlage der französischen Gesetzgebung ausgearbeitetes, am 1. Juli 1821 in Kraft getretenes bürgerliches Gesetzbuch gesetzt hatte, war die gerichtliche Hypothek aus dem französischen Rechte nicht übernommen worden. Die Gründe, die den Gesetzgeber Waadtlands zu diesem Vorgehen bestimmt haben, sind nicht bekannt, da die amtlichen Dokumente in dieser Richtung keinen Aufschluß geben.[2]) Einer der Redaktoren des

dans l'arrondissement duquel les immeubles sont situés, dans la forme et de la manière prescrites par la présente loi. L'inscription des priviléges et des hypothèques ne pourra être valablement effectuée que pour une somme déterminée quant au principal et aux accessoires, lesquels, somme principale et accessoires, seront évalués au besoin. Elle ne pourra être opérée que sur des immeubles dont la nature et la situation seront désignées spécialement et indiquées d'une façon précise.“ Die nach Lage der Sache weiterhin gebotenen Übergangsvorschriften sind hauptsächlich in Art. 30 des Gesetzes niedergelegt.

[1]) In Waadtland gab es neben einem für das ganze Staatsgebiet gültigen Gesetzbuche vom 1. Juni 1616, dem Coutumier du pays de Vaud, der einige Partien des Zivilrechts, das gesamte Strafrecht sowie Teile des Feudalrechts und des öffentlichen Rechtes regelte, eine große Anzahl lokaler Gewohnheits- und Statutarrechte, deren Anwendungsbereich lediglich kleinere Gebietsstreifen, Städte oder auch nur Dörfer umfaßte. Vgl. hierzu Martin im Livre du centenaire Bd. II S. 892f., ferner Bippert et Bornand, Code civil du canton de Vaud expurgé suivi de ses lois accessoires et terminé par le Code fédéral des obligations, (4) Lausanne 1885 S. VIII ff.

[2]) Eigentliche Motive zum Waadter Zivilgesetzbuche sind nicht vorhanden; es existiert lediglich ein Buch, das ein Résumé der Redaktionsarbeiten gibt, unter dem Titel „Analyse des documents relatifs au Code civil du Canton de Vaud, Lausanne 1866.“

Gesetzgebungswerkes, der Professor Secrétan, äußerte in seinem Kommentare zum Waadter Zivilgesetzbuche die Anschauung, daß die gerichtlichen wie auch die gesetzlichen Hypotheken des französischen Rechtes wegen der aus der Heimlichkeit hervorgehenden Unzuträglichkeiten nicht aufgenommen worden seien;[1]) allein diese Ansicht erscheint, selbst wenn sie für den Gesetzgeber maßgebend gewesen sein sollte, in Ansehung der gerichtlichen Hypothek jedenfalls nicht als zutreffend, da die Judizialhypothek des französischen Rechtes stets dem Publizitätszwang unterworfen war.[2])

Das Freiburger Hypothekengesetz vom 28. Juni 1832, das späterhin zum größten Teile als zweites Buch in das Bürgerliche Gesetzbuch dieses Kantons eingereiht wurde, kannte zwar eine gerichtliche Hypothek; allein diese hat mit der Institution des französischen Rechtes nur den Namen gemein. Sie entstand nicht mit dem Urteile, sondern knüpfte an die Beschlagnahme eines bestimmten Grundstücks an.[3]) Ihre Grundlage bilden wohl gewisse Eigentümlichkeiten des

---

[1]) Remarques sur le Code civil du canton de Vaud, par Charles Secrétan, docteur en droit et professeur de droit civil à l'Académie de Lausanne, Erläuterungen zu Art. 1570.

[2]) Die gerichtliche Hypothek ist auch späterhin in das Waadter Recht nicht aufgenommen worden, obwohl das Hypothekenrecht durch die Gesetze vom 28. Mai 1824, 1. Juli 1848 und 18. Februar 1874 sowie durch drei weitere Gesetze vom Jahre 1882 wiederholt abgeändert wurde. Vgl. Bippert et Bornand S. 290ff., 299ff., 301ff. sowie Martin a. a. O. Bd. II S. 893.

[3]) Vgl. insbesondere Art. 7, 11 des Hypothekengesetzes, bezw. Art. 655, 659 des Bürgerlichen Gesetzbuchs.

Weder vom Hypothekengesetze noch vom Bürgerlichen Gesetzbuch existieren gedruckte Motive oder Kommissionsprotokolle. Die durch den Druck nicht veröffentlichten Gesetzgebungsprotokolle, die bei der kantonalen Justizdirektion verwahrt sind, geben über die näheren Beweggründe, die für die Einführung des Instituts bestimmend waren, keinen Aufschluß.

In neuerer Zeit wurde das Anwendungsgebiet der gerichtlichen Hypothek des Freiburger Rechtes beschränkter, da im Exekutionsverfahren immer mehr zu dem Institute der Investitur gegriffen wurde. Zudem ist auch seit der Einführung des Bundesgesetzes über Schuldbetreibung und Konkurs vom 11. April 1889 die Existenzberechtigung der gerichtlichen Hypothek in Zweifel gezogen worden.

Freiburger Exekutionsverfahrens, die eine bevorzugte Stellung des die Beschlagnahme betreibenden Gläubigers mit Rücksicht auf den diesem drohenden Zuschlag des Grundstücks angezeigt erscheinen ließen.[1])

Die Entwicklungsgeschichte in den 4 angeführten Kantonen, in denen die gerichtliche Hypothek des französischen Rechtes Fuß gefaßt hatte, ergibt ein sehr mannigfaltiges Bild.

a) Bern.

Was zunächst den Kanton Bern anbelangt, so kommt hier ausschließlich der ehemals zum Fürstbistum Basel gehörende Berner Jura in Betracht, der sich aus den sieben Distrikten Porrentruy (Pruntrut), Delémont (Delsberg), Laufen, Franches-Montagnes (Freibergen), Courtelary, Moutiers (Münster) und Neuveville zusammensetzt. Dieser Berner Jura kam auf Grund des am 17. Oktober 1797 abgeschlossenen Friedensvertrags von Campo Formio zu Frankreich und empfing als französischer Gebietsteil im Jahre 1804 den Code civil mit dem Institute der gerichtlichen Hypothek.[2])

Nach der Abtrennung des Jura von Frankreich und seiner Vereinigung mit dem Kanton Bern infolge Vertrags vom 23. November 1815 wurde in den drei Distrikten Courtelary, Moutiers und Neuveville, dem sog. protestantischen Jura, die französische Hypothekengesetzgebung mit Wirksamkeit vom 1. Juli 1817 zufolge einer Ordonnanz vom 27. Dezember 1816 beseitigt.[3]) Damit verschwand die gerichtliche Hypothek aus diesen Distrikten, da das an die Stelle des französischen Hypothekenrechts tretende Berner Kantonalrecht das Institut nicht kannte.[4]) Der protestantische Jura nahm zwar später durch ein Dekret vom 21. März 1834 einen großen Teil des französischen Hypothekenrechts,

---

[1]) Challamel, L'hypothèque judiciaire, Paris 1831 S. 170; Mittermaier im ArchZivPrax. Bd. 39 S. 145.

[2]) Simonin, La législation hypothécaire du Jura bernois depuis 1815, étude extraite de la Révue de la Société des juristes bernois année 1894 (Zeitschrift des Berner Juristenvereins Bd. 30 S. 435 ff., 573 ff.), Berne 1894 S. 1, 3.

[3]) Simonin S. 43, 44.

[4]) Simonin S. 55.

insbesondere die Vorschriften über die Konventionalhypothek, wieder an; die Beseitigung der gerichtlichen Hypothek jedoch wurde nach wie vor festgehalten.[1])

In den vier übrigen Distrikten Porrentruy, Delémont, Laufen und Franches-Montagnes, dem sog. katholischen Jura, trat nach der politischen Trennung von Frankreich eine Änderung des Rechtszustandes zunächst nicht ein. Hier blieb die gerichtliche Hypothek, wie sie das französische Zivilgesetzbuch geschaffen, auch nach der Einverleibung in den Kanton Bern bestehen.[2]) Die gerichtliche Hypothek erfuhr in der Folge noch eine Erweiterung ihres Anwendungsgebiets dadurch, daß der Art. 5 des Promulgationsdekrets vom 2. April 1850[3]) die Einschreibung einer gerichtlichen Hypothek auch zuließ auf Grund eines Vollziehungsbefehls, der sich auf eine unwidersprochen gebliebene Zahlungsaufforderung gründete.[4]) Auf die Dauer konnte sich das Institut aber auch im katholischen Jura schließlich nicht behaupten. In der Sitzung des Großen Rates vom 23. November 1887 forderte der Abgeordnete Jolissaint die Abschaffung der gerichtlichen Hypothek sowohl im Interesse des öffentlichen Kredits als auch im Interesse des Schuldners, dem durch

---

[1]) Simonin S. 62 ff.

[2]) Simonin S. 3, 4.

[3]) Es handelt sich hiebei um das Promulgationsdekret zum Gesetzbuch über das gerichtliche Verfahren in bürgerlichen Rechtssachen für den Kanton Bern, zweites Hauptstück, Vollziehungsverfahren in Schuldsachen. Das Promulgationsdekret ist abgedruckt bei Koenig, Die im Kanton Bern geltenden kantonalen und eidgenössischen Gesetze über das gerichtliche Verfahren in bürgerlichen Rechtsstreitigkeiten und das Vollziehungsverfahren in Schuldsachen, Bern 1880 S. 137 ff.

[4]) Der Art. 5 lautet wörtlich:

„Bis zu der Revision der Hypothekengesetzgebung kann in dem Kantonsteile, in welchem die gerichtlichen Hypotheken des französischen Rechts noch Geltung haben, auf einen Vollziehungsbefehl, der sich auf eine unwidersprochen gebliebene Zahlungsaufforderung gründet, die Einschreibung einer gerichtlichen Hypothek (Code civil Artikel 2123) in gleicher Weise stattfinden, wie auf ein Urteil. Diese Einschreibungen sind der in den §§ 425 und 480 vorgesehenen Erlöschung nicht unterworfen.

Diese Bestimmung ist auch auf die bereits unter dem früheren Gesetze stattgefundenen Einschreibungen zurückzubeziehen."

dieses Institut beträchtliche Kosten auferlegt werden.[1]) Diese Forderung ging alsbald in Erfüllung und zwar im Zusammenhange mit der Inkraftsetzung des Bundesgesetzes über Schuldbetreibung und Konkurs vom 11. April 1889.[2]) Der § 95 Ziff. 16 des Entwurfs eines Einführungsgesetzes zu diesem Bundesgesetze sah die Beseitigung aller auf die gerichtliche Hypothek bezüglichen Vorschriften des im katholischen Jura geltenden französischen Rechts vor.[3]) Zur Begründung dieser Maßnahmen wurde auf den generellen Charakter der gerichtlichen Hypothek, die mit dem Institute verbundenen beträchtlichen Kosten,[4]) sowie die durch diese Hypothekform hervorgerufene Unübersichtlichkeit der Hypothekenregister hingewiesen; auch wurde die Tatsache hervorgehoben, daß das übrige Kantonalgebiet ohne die gerichtliche Hypothek auskomme. Der § 95 Ziff. 16 des Entwurfs fand in erster Lesung[5]) und, nachdem sich die am 5. und 6. Januar 1891 in Delsberg tagende außerparlamentarische Kommission jurassischer Rechtsverständiger gleichfalls für die Abschaffung der gerichtlichen Hypothek ausgesprochen hatte,[6]) auch in zweiter Lesung[7]) die Zustimmung des Großen Rates. Ein von Folletête in der Sitzung vom 12. März 1891 gestellter Antrag auf Beibehaltung der gerichtlichen Hypothek hatte beim Großen

[1]) Tagblatt des Großen Rates des Kantons Bern Jahrg. 1890 S. 244.

[2]) Vgl. Jaeger, Das Bundesgesetz betreffend Schuldbetreibung und Konkurs, unter Berücksichtigung der Praxis der Bundesbehörden und der Entscheidungen kantonaler Gerichte und Aufsichtsbehörden für den praktischen Gebrauch erläutert, Zürich 1901; Hafner, Bundesgesetz über Schuldbetreibung und Konkurs, Textausgabe mit Gebührentarif und Sachregister, Zürich 1892.

[3]) Tagblatt des Großen Rates des Kantons Bern Jahrg. 1890 Beilage Nr. 27.

[4]) Nach einem Berichte des Präfektursekretärs von Porrentruy vom Jahre 1880 haben in diesem 27000 Einwohner zählenden Distrikte die Kosten der für eine Gesamtsumme von 136000 Franken eingeschriebenen gerichtlichen Hypotheken während der Jahre 1876 und 1877 eine Höhe von 25000 Franken, d. i. 18% des hypothekarisch gesicherten Kapitals, erreicht.

[5]) Tagblatt Jahrg. 1890 S. 243 ff.

[6]) Tagblatt Jahrg. 1891 S. 121.

[7]) Tagblatt Jahrg. 1891 S. 89, S. 121 ff.; Beilagen Nr. 5 und 6.

Rate keinen Erfolg. Bei der Volksabstimmung wurde der Entwurf das erste Mal mit geringer Mehrheit abgelehnt, dann aber das zweite Mal nach Abänderung einiger weniger hier nicht weiter interessierender Punkte am 18. Oktober 1891 angenommen.[1]) Mit dem am 1. Januar 1892 erfolgten Inkrafttreten des zum Gesetz erhobenen Entwurfs verschwand die gerichtliche Hypothek endgültig auch aus dem katholischen Jura.[2])

b) Genf.

In Genf, das vom 17. Mai 1798 bis zum Jahre 1815 dem französischen Reiche als Département du Léman angehörte, wurde wie im Berner Jura im Jahre 1804 das einheimische bürgerliche Recht[3]) durch das französische Zivilgesetzbuch verdrängt. Die alsbald nach der Lostrennung von Frankreich angestellten Versuche, ein neues, das frühere einheimische Recht berücksichtigendes bürgerliches Gesetzbuch zu schaffen, scheiterten an der Schwierigkeit des Unternehmens. Es wurde deshalb beschlossen, stückweise durch einzelne Novellen die besonders dem Geiste des alten Rechtes zuwiderlaufenden Partien des französischen Rechtes zu modifizieren.

Einen Schritt zur Ausführung dieses Beschlusses bildete der im Auftrage des Staatsrats von einer Spezialkommission[4]) ausgearbeitete Gesetzentwurf betreffend den Erwerb, die Er-

---

[1]) Vgl. die Botschaft des Großen Rates des Kantons Bern an das Berner Volk betreffend das Einführungsgesetz für den Kanton Bern zum Bundesgesetz über Schuldbetreibung und Konkurs vom 8. September 1891 (auch in französischer Sprache ausgegeben).

[2]) Das Einführungsgesetz für den Kanton Bern zum Bundesgesetz über Schuldbetreibung und Konkurs ist abgedruckt in dem Werkchen: Bernische Zivil- und Zivilprozeßgesetze, II. Band Prozeßrecht, bearb. von Reichel, Bern 1892 S. 199ff. In Betracht kommen hier die §§ 109 Ziff. 1, 109 Ziff. 16 (= § 95 Ziff. 16 des Entw.) und 110.

[3]) Die hauptsächlichsten Quellen des alten Genfer Rechtes bildeten neben dem subsidiär geltenden römischen Rechte die vornehmlich durch Germain Colladon gesammelten Edits civils und die von Calvinschem Geiste durchwehten Ordonnances ecclésiastiques. Vgl. Martin, Le Code civil dans le canton de Genève — Son influence dans le reste de la Suisse Romande, Livre du centenaire Bd. II S. 873ff.

[4]) Odier, Des systèmes hypothécaires (suivi du projet de loi sur les droits réels présenté au Conseil Représentatif de Genève le 21 décembre 1827), Genève et Paris 1840 S. 132ff.

haltung und die Öffentlichkeit der dinglichen Rechte an Grundstücken,[1]) der dem Repräsentivrate mit einem von dem Syndikus Girod verfaßten, durch Gelehrsamkeit wie auch durch Klarheit der Darstellung gleich ausgezeichneten Bericht am 21. Dezember 1827 vorgelegt wurde.[2]) Der Entwurf, dessen eigentlicher Urheber der durch seine 15jährige Praxis als Hypothekenbewahrer erprobte Professor Bellot war,[3]) unterzog neben anderen Materien auch die gerichtliche Hypothek einer bemerkenswerten Reform. Die Grundideen dieser Reform waren einerseits möglichste Durchführung des Grundsatzes der Gleichstellung aller Gläubiger und andererseits Beschränkung der gerichtlichen Hypothek auf rechtskräftige, den Schuldner zur Zahlung verurteilende Erkenntnisse bei gleichzeitiger Zulassung der Eintragung einer die Rechte des Gläubigers bis zum Eintritte der Rechtskraft sichernden Vormerkung (prénotation).

Die Durchführung der Grundprinzipien war nach dem Entwurfe folgendermaßen gedacht:[4])

Jeder Gläubiger, der gegen einen im Register der dinglichen Rechte als Eigentümer eingetragenen Schuldner wegen einer fälligen Forderung gerichtlich vorgeht oder gegen einen solchen Schuldner ein verurteilendes, jedoch noch nicht rechtskräftiges Erkenntnis erstritten hat, ist berechtigt, auf Grund einer einstweiligen Verfügung, bzw. auf Grund des verurteilenden, noch nicht rechtskräftigen Erkenntnisses, eine Vormerkung gegen den Schuldner zu erwirken. Die Vormerkung

[1]) Projet présenté par le Conseil d'Etat au Conseil Représentatif dans la session de décembre 1827, Loi relative à l'acquisition, à la conservation et à la publicité des droits réels sur les immeubles, Genève 1827 (Bibl. publ. de Genève).

[2]) Rapport fait au nom du Conseil d'Etat au Conseil Représentatif dans la séance du 27. décembre 1827 par M. le syndic Girod, Genève, brochure in 8° de 47 pages 1828. Der Bericht ist auch veröffentlicht in der Zeitschrift: Thémis ou bibliothèque du Jurisconsulte Bd. IX S. 1 ff.

[3]) Odier S. 133 Note 1.

[4]) Einschlägig sind die Art. 84, 116, 219 mit 224 des Entwurfs. Odier bemerkt in seinem bereits angeführten Werke (S. 160) zu den Bestimmungen des Entwurfs, daß seiner Ansicht nach das Institut der Vormerkung zu weitgehend und viel zu kompliziert sei.

tritt mit der Eintragung in das Register der dinglichen Rechte in Wirksamkeit und trifft lediglich die zur Zeit der Begründung der Vormerkung auf den Namen des Schuldners eingetragenen Grundstücke. Sie erstreckt sich auf alle Mitgläubiger, deren Forderung, wenn auch noch nicht fällig, so doch auf einem zeitlich früher als die Vormerkung entstandenen Rechtsgrund oder Titel beruht, soferne diese binnen gesetzlich bestimmter Frist sich gleichfalls im Wege der Eintragung von Vormerkungen zum Register der dinglichen Rechte gemeldet haben. Die Gläubigerschutzfrist beträgt, falls eine Veröffentlichung der ersten Vormerkung im Feuille d'avis stattgefunden, drei Monate, anderenfalls ein Jahr. Durch die Vormerkung wird die Eintragung weiterer dinglicher Rechte nicht gehindert; doch können die Hypotheken und die anderen das Eigentum beschränkenden dinglichen Rechte, die später als die Vormerkung auf die verhafteten Immobilien eingetragen werden, den Gläubigern, denen die Vormerkung zustatten kommt, nicht entgegengesetzt werden. Ist die erwähnte Schutzfrist abgelaufen, so können die Gläubiger, denen die erste Vormerkung zu Nutzen kommt, nach Vorlage ihrer mittlerweile rechtskräftig gewordenen Urteile die Vormerkungen in Definitiveintragungen umwandeln lassen. Sämtliche Definitiveintragungen erlangen zufolge des vom Entwurf angenommenen Prinzips der par condicio creditorum gleichen Rang mit dem Datum der ersten Vormerkung. Wird die Umwandlung der Vormerkungen in Definitiveintragungen binnen Jahresfrist seit Einschreibung der letzten Vormerkung nicht bewirkt, so verlieren sämtliche Vormerkungen ihre Wirkung. Eine Hinausschiebung des Erlöschungszeitpunkts ist nur in den gesetzlich ausdrücklich vorgesehenen Fällen unter Einhaltung der gesetzlich vorgeschriebenen Formen möglich.

Der Entwurf wurde seitens des Repräsentativrats an eine aus seiner Mitte gebildete Kommission verwiesen, die verschiedene, zum Teil einschneidende Änderungen in Aussicht nahm.[1]) Betreffs der gerichtlichen Hypothek war insbesondere

[1]) Die von der Kommission in Aussicht genommenen Änderungen sind bei Odier in Form von Anmerkungen zu dem am Schlusse seines Werkes abgedruckten Texte des Entwurfs angegeben.

beabsichtigt, die Bestimmungen in der Weise auszubauen, daß noch weitere Personenkreise, namentlich unter gewissen Voraussetzungen auch nachträglich inskribierte Konventionalhypothekgläubiger, der Vorteile der von dem betreibenden Gläubiger genommenen Vormerkung teilhaftig werden sollten. Auch war die Aufnahme einer Vorschrift geplant, der zufolge der vorgemerkte Gläubiger, welcher in dem gegen den Schuldner angestrengten Prozeß unterliegt, dem Schuldner den durch die Vormerkung verursachten Schaden zu ersetzen hat.[1]) Zu einer endgültigen Beschlußfassung kam es nicht. Die Kommission wollte vor der Abstimmung noch die Vorlage des Entwurfs eines Übergangsgesetzes abwarten, da brach die Revolution des Jahres 1830 herein und setzte den legislatorischen Arbeiten ein Ende.

Das Reformwerk wurde erst wieder unter dem Einflusse der legislatorischen Bewegung Frankreichs und Belgiens um die Mitte des 19. Jahrhunderts aufgenommen.[2]) Den Anstoß hiezu gab der Abgeordnete Raisin, der in der Sitzung des Großen Rates vom 2. Dezember 1850 die Übelstände besprach, die aus der Leichtigkeit der Erlangung von Versäumnisurteilen sowie aus der Anwendung der Bestimmungen über die Vollstreckung der Urteile in der Praxis sich ergaben, und in der Sitzung vom 7. Dezember 1850 einen eingehend begründeten Antrag auf Abänderung der einschlägigen Vorschriften des Bürgerlichen Gesetzbuchs und der Prozeßordnung einbrachte.[3]) Der Antrag Raisins, der unter anderem auch die Beseitigung der gerichtlichen Hypothek forderte, wurde nach erfolgter Debatte an eine Kommission von 7 Mitgliedern zur näheren Prüfung verwiesen.[4]) Die Kommission beschloß, die auf das Privatrecht und das Prozeßrecht bezüglichen Vorschläge getrennt zu behandeln und vorerst die Frage der

---

[1]) Vgl. Art. 219, 220, 221, 222, 222bis, 222ter, 222^{quater}, 224, 224bis der von der Kommission beabsichtigten Fassung des Entwurfs.

[2]) Mémorial des séances du Grand Conseil du 16 novembre 1850 au 5 novembre 1851. Tome I, contenant les numéros 1 à 28. Genève 1851 S. 54.

[3]) Mémorial S. 26, S. 54 ff.

[4]) Mémorial S. 78, 85 f., 98 f.

gerichtlichen Hypothek in Angriff zu nehmen.[1]) Der Entwurf betreffend die gerichtliche Hypothek wurde seitens der Kommission bald fertig gestellt; er umfaßte nur zwei Artikel, von denen der erste die Abschaffung der gerichtlichen Hypothek aussprach, der zweite die Übergangsvorschriften aufstellte.[2])

Am 28. Dezember 1850 wurden die Verhandlungen des Plenums über den Entwurf, der eine dreimalige Lesung zu passieren hatte,[3]) mit einem Berichte des Abgeordneten Raisin[4]) eröffnet. Bei den darauf folgenden Debatten trat kein Redner für die Beibehaltung der gerichtlichen Hypothek ein; die Diskussion drehte sich fast ausschließlich um die Frage, ob der gegenwärtige Zeitpunkt für die Abschaffung des Instituts geeignet sei. Jedoch weder die Anträge, die eine Vertagung der Entscheidung bis zur Vorlage eines Gesetzentwurfs über die Begründung der vertragsmäßigen Hypotheken[5]) oder bis zur Fertigstellung des in Aussicht stehenden Gesetzentwurfs über die Abänderung einzelner zivilprozessualer Vorschriften[6]) verlangten, noch auch der Antrag des Abgeordneten Amberny, der eine die Begründung der Konventionalhypotheken erleichternde Zusatzbestimmung zu Art. 1 des Gesetzentwurfs in Vorschlag brachte,[7]) fanden beim Plenum Beifall. Am 6. Januar 1851 wurde die Vorlage vom Großen Rate unverändert angenommen[8]) und damit die gerichtliche Hypothek auch aus dem Genfer Rechte endgültig verbannt.

c) *Neuenburg.*

Der Kanton Neuenburg war, da niemals Bestandteil des französischen Reiches,[9]) auch niemals der Herrschaft des Code Napoléon unmittelbar unterworfen. Der bürgerliche Rechts-

[1]) Mémorial S. 165.
[2]) Mémorial S. 175f.
[3]) Mémorial S. 176ff. (erste Lesung); S. 190ff., 206 (zweite Lesung); S. 238ff. (dritte Lesung).
[4]) Mémorial S. 165ff.
[5]) Mémorial S. 185, 189.
[6]) Mémorial S. 253.
[7]) Mémorial S. 190f., 193, 254.
[8]) Mémorial S. 254.
[9]) Das Fürstentum Neuenburg wurde zwar 1806 an Frankreich abgetreten, Napoleon I. belehnte aber damit den Marschall Berthier als souveränen Fürsten.

verkehr beruhte hier bis um die Mitte des vorigen Jahrhunderts auf einigen wenigen gewohnheitsrechtlichen Vorschriften, sog. coutumes, die, soweit sie versagten, ihre Ergänzung durch das gemeine Recht fanden.[1]) Daß dieser Rechtszustand, namentlich auf dem Gebiete des Hypothekenwesens,[2]) auf die Dauer nicht genügen konnte, lag auf der Hand. Deshalb war schon im Art. 69 der Verfassungsurkunde vom Jahre 1848 die Bestimmung getroffen, daß eine Revision und Verbesserung des Hypothekenwesens in Angriff genommen werde.[3])

In Ausführung der genannten Verfassungsnorm unterbreitete der Staatsrat am 14. Oktober 1850 der Gesetzgebungskommission mit einem ausführlichen Berichte[4]) zwei Gesetzentwürfe, von denen der erste, betitelt: „Projet de loi sur les hypothèques“, das Hypothekenwesen überhaupt,[5]) der zweite, betitelt „Projet de loi concernant la liquidation des créances hypothécaires par voie d'expropriation“ speziell die Liquidation der Hypothekforderungen im Wege der Zwangsvollstreckung regelte.[6])

Die Grundlage der Entwürfe bildete das Hypothekenrecht des Code civil; doch waren in vielen Punkten namhafte Abweichungen von dem französischen Vorbilde vorgesehen. Dies zeigte sich namentlich bei der gerichtlichen Hypothek, deren Aufnahme der erste der beiden genannten Entwürfe vorschlug.

---

[1]) Martin im Livre du centenaire Bd. II S. 893. Vgl. ferner Bulletin officiel des délibérations du Grand-Conseil de la République et Canton de Neuchâtel, publié par ordre de l'Assemblée, Bd. II S. 103ff.; Bd. XIII. S. 81ff.

Im Bulletin Bd. XIII S. 87 ist auf eine Schrift von Osterwald hingewiesen, in welcher der Versuch einer Kodifikation des älteren Neuenburger Rechtes gemacht wurde.

[2]) Bulletin Bd. VII S. 151; Bd. XIII S. 82.

[3]) Der Große Rat nahm noch am 15. Juni 1848 einen Gesetzentwurf an, der wenigstens die gröbsten Mißstände des bisherigen Rechtszustandes durch die Anordnung einer genauen Aufzeichnung aller vorhandenen Immobiliarlasten beseitigte. Vgl. Bulletin Bd. I S. 71ff., S. 202ff.

[4]) Bulletin Bd. VII S. 151ff.

[5]) Bulletin Bd. VII S. 117ff.

[6]) Bulletin Bd. VII S. 138ff.

Die gerichtliche Hypothek war in dem Entwurfe zum Unterschiede vom französischen Rechte nur an definitive Urteile und Schiedssprüche unter Ausschluß aller gerichtlichen Akte geknüpft. Sie sollte nicht ohne weiteres kraft Gesetzes mit dem Erlasse des Erkenntnisses ins Leben treten, sondern nur entstehen auf Grund einer im Urteile getroffenen Spezialanordnung des Richters,[1]) die auch die hypothekarisch sicherzustellende Forderung genau zu bezeichnen hat. Schiedssprüche sollten eine gerichtliche Hypothek nur dann begründen, wenn sie in ein bei der Gerichtsschreiberei des Appellationsgerichtshofs zu führendes Register wörtlich aufgenommen worden waren.[2]) Für ausländische Urteile war als Voraussetzung für die Entstehung der gerichtlichen Hypothek noch die Forderung aufgestellt, daß sie den für inländische Urteile geltenden Vorschriften entsprechen und in Ermanglung abweichender Staatsgesetze oder Verträge durch die zuständige einheimische Behörde für vollstreckbar erklärt werden mußten.[3])

In der Gesetzgebungskommission entbrannte um die gerichtliche Hypothek ein heißer Kampf, der sich derart zuspitzte, daß eine Einigung nicht erzielt werden konnte. Die Kommission griff deshalb zu dem Auswege, die für und gegen die Einführung der gerichtlichen Hypothek vorgebrachten Bedenken aufzuzeichnen, die Entscheidung über das Schicksal des Instituts aber dem Großen Rate zu überlassen und für den Fall der Aufnahme der gerichtlichen

---

[1]) Der Bericht des Staatsrats (Bulletin Bd. VII S. 157) bemerkte hiezu: „Il a paru nécessaire de laisser au tribunal le soin d'apprécier la convenance de conférer ce droit .... Dans certains cas, ce tribunal peut trouver juste de ne point accorder de privilége et de laisser le porteur du jugement soumis aux prescriptions ordinaires de la loi sur les poursuites; dans d'autres cas, le tribunal peut juger utile au débiteur et utile au créancier d'accorder à ce dernier une garantie éventuelle au moyen de laquelle il pourra attendre patiemment son paiment. Cette disposition de la loi peut donc produire de bons effets sans être susceptible de porter préjudice à des tiers".

[2]) Der Zweck dieser Bestimmung war nach dem Staatsratsberichte (Bulletin Bd. VII S. 157) „assurer la conservation du titre."

[3]) Vgl. Art. 3, Art. 4 Abs. 1, Art. 11 mit 13 des Entwurfs.

Hypothek einige Abänderungen des Regierungsentwurfs in Anregung zu bringen.[1]) Die Modifikationsvorschläge waren:

a) Ausschluß der gerichtlichen Hypothek bei allen geringfügigen, d. i. die Summe von 200 Franken nicht übersteigenden Forderungen,

b) Ausdehnung der urteilsmäßigen Spezialanordnung auf die zu belastenden Grundstücke,

c) Beseitigung der Schiedssprüche als Entstehungstitel für die gerichtliche Hypothek,

d) ausschließliche Regelung durch Staatsgesetze und Staatsverträge in Ansehung der Frage, ob ausländische Urteile eine gerichtliche Hypothek begründen.

Im Großen Rate fanden die Diskussionen über die beiden Hypothekgesetzentwürfe in den Sitzungen vom 19. bis 22. November 1850 statt.[2]) Bei der Generaldebatte machten sich mehrere Stimmen gegen die Aufnahme der gerichtlichen Hypothek geltend, die insbesondere darauf hinwiesen, daß die in Aussicht genommene, eine rasche Befriedigung des Gläubigers anstrebende Regelung des Zwangsvollstreckungswesens das Institut der gerichtlichen Hypothek entbehrlich erscheinen lasse.[3]) Die am Schlusse der Generaldebatte vorgenommene Abstimmung ergab jedoch eine starke Majorität für die Einführung der gerichtlichen Hypothek.[4]) Bei der sich anschließenden Spezialdebatte wurde der Abschnitt über die gerichtliche Hypothek mit allen von der Gesetzgebungskommission vorgeschlagenen Änderungen angenommen.[5]) So hielt die gerichtliche Hypothek, beschränkt auf Urteile mit Forderungen über 200 Franken, spezialisiert in Ansehung von Forderung und Pfandobjekt, abhängig in der Entstehung von einer ausdrücklichen Verfügung des Richters, ihren Einzug in das Neuenburger Recht.

Die spätere Kantonalgesetzgebung brachte eine sachliche Änderung bezüglich der gerichtlichen Hypothek nicht mehr.

[1]) Bulletin Bd. VII S. 177ff.
[2]) Bulletin Bd. VII S. 116ff.
[3]) Bulletin Bd. VII S. 189.
[4]) Bulletin Bd. VII S. 193.
[5]) Bulletin Bd. VII S. 196.

Die Bestimmungen des Hypothekengesetzes wurden unverändert in den Entwurf eines Bürgerlichen Gesetzbuchs für den Kanton Neuenburg, der in den Jahren 1854 und 1855 in drei Partien an die Volksvertretung zur Vorlage kam, übernommen und vom Großen Rate in der Sitzung vom 25. Januar 1855 ohne weitere Debatte angenommen.[1]) Der Text dieses Bürgerlichen Gesetzbuchs hat, soweit er die gerichtliche Hypothek betraf, folgenden Wortlaut:[2])

Art. 1713. L'hypothèque est judiciaire ou conventionnelle.

Art. 1714 Abs. 1. L'hypothèque judiciaire est celle qui résulte d'un jugement.

Art. 1721. L'hypothèque judiciaire résulte de tout jugement définitif qui, par une disposition spéciale, donne à celui en faveur duquel le jugement est rendu le droit de prendre hypothèque pour sûreté de l'exécution des condamnations.

Quand la condamnation n'excède pas deux cents francs en capital, il n'y a jamais lieu à hypothèque.

Art. 1722. Le jugement doit sous peine de nullité en ce qui touche le droit d'hypothèque, déterminer en termes précis la somme pour sûreté de laquelle et l'immeuble sur lequel l'hypothèque pourra être prise.

Art. 1723. L'hypothèque judiciaire ne peut résulter des jugements rendus hors du canton, sans préjudice aux prescriptions contraires qui pourraient se trouver dans les lois politiques ou dans les traités.

d) Tessin.

Im Kanton Tessin wurde am 13. Juni 1837 ein Bürgerliches Gesetzbuch[3]) durch den Großen Rat angenommen, das

---

[1]) Bulletin Bd. XV S. 189ff., S. 473.

[2]) Vgl. Le code civil neuchâtelois modifié avec les lois et décrets qui s'y rapportent, 1884, S. 394ff.

[3]) Vgl. Codice civile della Repubblica e Cantone del Ticino colle leggi di modificazione e d'aggiunta dal 1º gennaio 1838 al 1880, edizione officiale, Locarno 1880; ferner Collezione completa dei moderni codici civili degli stati d'Italia secondo l'ordine chronologico della loro pubblicazione, Torino 1845, S. 515ff.

am 1. Januar 1838 in Kraft trat und mit den bisher geltenden Statutar- und Gewohnheitsrechten aufräumte.[1]) Dieses Gesetzbuch beruhte fast vollständig auf dem Code civil, nahm aber auch mehrfach Ideen der Kodifikationen von Österreich und Parma in sich auf.[2]) Die gerichtliche Hypothek (l'ipoteca giudiziale) wurde nach dem Vorbilde Frankreichs übernommen, jedoch mit zwei Abweichungen: Die Hypothek aus den gerichtlichen Akten wurde vom Tessiner Gesetzgeber überhaupt nicht anerkannt, die aus Urteilen nur insoweit, als es sich dabei um wirkliche Streiterkenntnisse handelt.[3])

Das Hypothekenrecht des Kantons Tessin wurde in der Folge neu geordnet durch das Hypothekengesetz vom 21. Oktober 1891,[4]) das in Anlehnung an die italienische Gesetzgebung hauptsächlich das Spezialitätsprinzip zur Durchführung brachte.[5]) Diesem Prinzipe wurde insbesondere auch die gerichtliche Hypothek unterworfen. Der § 22 des Gesetzes bestimmte, daß die Einschreibung einer gerichtlichen Hypothek zunächst nur für die dem Schuldner zurzeit des Urteilserlasses gehörenden, einzeln angeführten Grundstücke erfolgen dürfe, auf späterhin dem Schuldner zugefallene Liegenschaften aber nur, soweit sie jeweils in das Eigentum des Schuldners gelangt sind, erstreckt werden könne. Auch sonst

---

[1]) Codice civile Art. 1317 u. 1318.

[2]) Collezione S. XI.

[3]) Codice civile Art. 1144, 1153.

[4]) Vgl. Codice civile della Repubblica e Cantone del Ticino del 15 novembre 1882 completamente riveduto con indice analitico-alfabetico, edizione officiale, Bellinzona 1903, S. 201 ff.

Bei der Beratung des Hypothekengesetzes im Großen Rate wurde die Frage der Existenzberechtigung der gerichtlichen Hypothek nur gelegentlich gestreift; den Schwerpunkt der Debatte bildete die Frage, ob und inwieweit Schiedssprüche und Urteile fremder Gerichtsbarkeit eine gerichtliche Hypothek erzeugen sollen. Vgl. Processi verbali del Gran Consiglio della Repubblica e Cantone del Ticino, sessione straordinaria dell'ottobre 1891, Bellinzona 1893, S. 15ff.

[5]) Vgl. die Botschaft des Staatsrats vom 14. April 1891 und den Kommissionsbericht vom 19. Oktober 1891 (Processi verbali S. 49, S. 50).

Bezüglich der Ausgestaltung des Publizitätsprinzips durch das Hypothekengesetz vom 21. Oktober 1891 vgl. Bonzanigo, Della pubblicità delle ipoteche nel diritto Ticinise, Bellinzona 1893.

erfuhren die früheren Vorschriften über die gerichtliche Hypothek mehrfache Abänderungen, die in vielfacher Nachahmung des italienischen Hypothekenrechts teils eine Erweiterung, teils eine Einschränkung des Anwendungsgebiets brachten. Die gerichtliche Hypothek wurde nunmehr zugelassen für alle Erkenntnisse, die eine Verurteilung zur Zahlung einer Geldsumme, zur Herausgabe einer beweglichen Sache oder zur Erfüllung einer Forderung, die sich in die Verpflichtung zur Schadensersatzleistung verwandeln kann, enthielten, ferner auch für provisorische Urteile, bei letzteren jedoch nur unter der Verpflichtung zur Löschung oder Minderung je nach dem Ausgange der Definitiventscheidung. Dagegen wurde die gerichtliche Hypothek ausgeschlossen für Schiedssprüche sowie gegenüber Grundstücken, die zu einer hereditas jacens gehören; sie wurde beschränkt in Ansehung der Urteile ausländischer Gerichtshöfe, insofern als zur Begründung der Hypothek hier die Verkündung auf Grund kontradiktorischer Verhandlung gefordert wurde.[1])

Eine weitere Änderung des Hypothekenwesens im Wege der kantonalen Gesetzgebung erfolgte in Tessin ebensowenig wie in Neuenburg. Beide Kantone waren die einzigen Bundesglieder, welche die gerichtliche Hypothek, wenn auch in einer vom französischen Rechte abweichenden Gestalt, besaßen, als die Schweiz daran ging, das Zivilrecht für das ganze Bundesgebiet einheitlich zu regeln. Kein Wunder, wenn das Schweizerische Zivilgesetzbuch vom 10. Dezember 1907, das zudem dem mächtigen Einflusse der Napoleonischen Kodifikation nicht mehr unterstand, das Institut nicht aufnahm.[2])

§ 5.
Italien.

In Italien, das von Napoleon als Königreich konstituiert wurde, trat der Code civil in einer italienischen Über-

---

[1]) Hyp. Ges. Art. 8 mit 10.

[2]) Bereits die kleine, aber ausgezeichnete Schrift von Eugen Huber „Betrachtungen über die Vereinheitlichung und Reform des Schweizerischen Grundpfandrechtes, Basel 1898“ ließ die gerichtliche Hypothek bei ihren Vorschlägen vollständig außer Acht.

setzung[1]) zufolge Dekrets vom 30. März 1806 in Kraft.[2]) Damit erlangte auch in Italien das Institut der gerichtlichen Hypothek Geltung, das übrigens schon zuvor in den im Jahre 1770 in Piemont verkündeten königlichen Konstitutionen und in den von Franz III. von Modena am 26. April 1771 erlassenen Konstitutionen, offensichtlich unter dem Einflusse der Gesetzgebung des französischen Nachbarreichs, Eingang gefunden hatte.[3])

Das französische Recht behauptete seine Stellung, als Italien schon nach kurzer Zeit dem französischen Reiche politisch wieder verloren ging. Sowohl auf die Kodifikationen der neu erstandenen Partikularstaaten wie auf die Gesetzgebung des späterhin geeinten Königreichs Italien übte es einen mächtigen Einfluß aus, dem auch die kleinen, bis heute selbständig gebliebenen Staaten von Monaco und San Marino sich nicht zu entziehen vermochten.[4])

---

[1]) Ein Abdruck dieser Übersetzung findet sich in der Collezione completa dei moderni codici civili degli stati d'Italia secondo l'ordine chronologico della loro pubblicazione, Torino 1845, S. 1ff.

[2]) Collezione S. VIIf. — Auch in Neapel erlangte der Code civil Gesetzeskraft, obschon dieses ein für sich bestehender, mit Frankreich nicht vereinigter Staat war. Zachariae-Crome, Handbuch des französischen Zivilrechts, 8. Aufl. Bd. I. S. 49 Note 2.

[3]) Die Konstitutionen von Piemont behandelten die gerichtliche Hypothek in Buch III Titel 23 § 18, wo es heißt: „I beni del debitore s'intenderanno obligati ed ipotecati a favore del creditore per ogni e qualunque credito, ancorchè di sua natura non fosse ipotecario, ogni volta che sarà condannato a pagarlo; e s'avrà per contratta l'ipoteca dal giorno della pubblicazione della sentenza od ordinanza" (vgl. Lavori preparatori del Codice civile del regno d'Italia, volume V°, seconda edizione riveduta ed ampliata, Roma 1890, S. 623).

Ähnliche Bestimmungen trafen die „Costituzioni del ducato di Modena" (Collezione S. 791ff.) in dem Abschnitte VI des XXII. Titels, der besagt: „Col decreto, o sentenza, benchè emanata in giudizio di mera azione personale, acquisterà il creditore dal giorno dell'emanato decreto, o sentenza l'ipoteca generale sopra i beni del debitore condannato, della quale potrà valersi allorchè la sentenza sarà passata in giudicato."

[4]) Chironi, Le code civil et son influence en Italie, Livre du centenaire Bd. II S. 761ff.

a) Die italienischen Partikularstaaten.

Was zunächst die italienischen Partikularstaaten betrifft, so schuf die Mehrzahl, zum Teil schon sehr bald nach der Befreiung von der französischen Herrschaft, eigene Gesetzbücher. Die Grundlage dieser neuen Kodifikationen bildete durchgehends der Code civil, dessen Hypothekensystem überall ohne wesentliche Änderungen übernommen wurde.

So blieb, abgesehen von der Lombardei und von Venetien, die beide zufolge ihrer Vereinigung mit Österreich dessen Gesetzgebung empfingen, die gerichtliche Hypothek auch nach der Lostrennung von Frankreich in Italien überall bestehen. Unverändert wurde sie beibehalten in dem Herzogtum Lucca, das es bei der französischen Gesetzgebung bewenden ließ und späterhin nur einige Änderungen auf dem Gebiete des Familien- und Erbrechts vornahm;[1]) ebenso in dem Königreiche beider Sizilien und in dem Herzogtum von Parma, Piacenza und Guastalla, deren Gesetzbücher vom 26. März 1819, bzw. vom 23. März 1820 lediglich die Bestimmungen des Code civil über die gerichtliche Hypothek wiedergaben.[2]) Im Kirchenstaate[3]) wurde bei der Regelung des Hypothekenwesens, die zunächst durch ein Motu-Proprio des Papstes Pius VII vom 6. Juli 1816 und späterhin durch das mit Motu-Proprio vom 10. November 1834 veröffentlichte „Regolamento legislativo e giudiziario per gli affari civili" des Papstes Gregor XVI.[4]) erfolgte, an den Grundlagen des französischen Rechtes in Ansehung der gerichtlichen Hypothek gleichfalls nichts geändert und nur in

---

[1]) Vgl. die Sammlung der „Leggi civili pubblicate nel Ducato di Lucca dal 1814 al 1844" in der Collezione S. 937 f.

[2]) Vgl. bezüglich des Königreichs Sizilien Art. 2002, 2003 Abs. 2 und 2009 des Codice pel regno delle due Sicilie parte 1ª leggi civili (Collezione S. 231 ff.), ferner den Artikel von Romanazzi in der Zeitschrift Thémis ou bibliothèque du Jurisconsulte Bd. II S. 13; bezüglich des Herzogtums von Parma, Piacenza und Guastalla Art. 2167 und 2177 des Codice civile per gli stati di Parma, Piacenca e Guastalla (Collezione S. 371 ff.).

[3]) Collezione S. XV f.; Mittermaier im ArchZivPrax. Bd. XVIII S. 454.

[4]) Abgedruckt in der Collezione S. 871 ff.

letzterem Gesetz in besonders eingehender und kasuistischer Weise der Kreis derjenigen Erkenntnisse normiert, welche die gerichtliche Hypothek begründen sollen.[1]) Das Großherzogtum Toscana unterzog die anfangs beibehaltene französische Hypothekengesetzgebung einer gründlicheren Revision; durch das Motu-Proprio vom 2. Mai 1836,[2]) das die Neuordnung des Hypothekenwesens brachte, wurde die Hypothek aus den gerichtlichen Akten beseitigt, im übrigen auch die gerichtliche Hypothek dem Spezialisierungszwang unterworfen und auf das gegenwärtige Liegenschaftsvermögen des Schuldners beschränkt.[3]) Das Bürgerliche Gesetzbuch für die Staaten des Königs von Sardinien, der sog. Codex Albertinus vom 20. Juni 1837,[4]) rührte trotz mancher Neuerungen, vornehmlich im Bereiche des Familienrechts, an den Grundlagen des Hypothekenrechts nicht[5]) und änderte, was die gerichtliche Hypothek insbesondere anbelangt, die französische Gesetzgebung nur in einigen wenigen Punkten, welche die ausländischen Urteile und den Kreis der die Hypothek begründenden Erkenntnisse betrafen.[6]) Der toscanischen Gesetzgebung näherte sich wieder mehr das Bürgerliche Gesetzbuch für die estensischen Staaten vom 25. Oktober 1851,[7]) das ebenfalls wie diese die gerichtliche Hypothek unter Ausschluß der gerichtlichen Akte auf Urteile und Schiedssprüche beschränkte.[8])

---

[1]) Regolamento Nr. 120 mit 124.

[2]) Collezione S. 914ff.

[3]) Vgl. bezüglich der gerichtlichen Hypothek die Art. 57, 61, 67, 68, 79, 81, 89 und 139.

[4]) Collezione S. 587ff.

[5]) Vgl. auch die Abhandlung von Neigebauer „Versuche, die Hypothekengesetzgebung in den königlich sardinischen Staaten zu verbessern" in der Krit. Zeitschr. f. Rechtswissenschaft und Gesetzgebung des Auslandes Bd. XXVI S. 267ff.

[6]) Cod. civ. Art. 2165, 2166 Abs. 2, 2177 mit 2183.

[7]) Codice civile per gli Stati Estensi, seconda edizione, Modena 1852. Das in der Ausgabe abgedruckte Publikationsdekret von Franz V. gibt über die Entstehungsgeschichte des Gesetzbuchs einige Aufschlüsse (vgl. S. 3, 4).

[8]) Die gerichtliche Hypothek ist behandelt in den Art. 2158, 2157, 2161, 2175 mit 2177, 2186, 2210 und 2217 des Gesetzbuchs.

b) *Das Königreich Italien.*

Das Bürgerliche Gesetzbuch für das geeinte Königreich Italien, dessen Vorarbeiten noch vom Königreiche Sardinien begonnen wurden,[1]) ließ im Anschluß an die historische Entwicklung die gerichtliche Hypothek bestehen. Zwar sah der erste, im Jahre 1860 dem Parlamente vorgelegte Entwurf, der sich nur als eine Überarbeitung des Albertinischen Gesetzbuchs darstellte, die Beseitigung vor;[2]) allein diese Maßnahme, die wohl hauptsächlich ihren Grund in der Unverträglichkeit des generellen Charakters mit dem vom Entwurfe strenge durchgeführten Spezialitätsprinzipe hatte, stieß verschiedentlich, namentlich auch bei den um gutachtliche Äußerung angegangenen Gerichten,[3]) auf Widerstand. Infolgedessen wurde bei allen späteren Entwürfen[4]) an dem Institute festgehalten und nur versucht, diese Hypothekform nach Tunlichkeit mit dem Spezialitätsprinzip in Einklang zu bringen und ihr eine die Interessen des Gläubigers wie auch des Schuldners möglichst wahrende Gestalt zu geben.[5])

---

[1]) Bezüglich der Vorarbeiten zum italienischen Zivilgesetzbuche gibt die vom italienischen Justizministerium veröffentlichte Sammlung Lavori preparatori del Codice civile del Regno d'Italia, seconda edizione riveduta ed ampliata, Roma 1886ff., 8 Bde., näheren Aufschluß.

[2]) Der Progetto di revisione del codice civile Albertino, mitgeteilt in Bd. III (anfänglich Volume II Parte I) S. 22ff. der Lavori preparatori, bestimmte in Art. 2167: L'ipoteca è legale o convenzionale."

[3]) Veröffentlicht in Bd. V der Lavori preparatori; in Betracht kommen hauptsächlich die Gutachten des Appellationsgerichts und des Generalprokurators in Genua (vgl. insb. S. 494ff.), des Appellationsgerichts in Casale (vgl. insb. S. 620ff.) und des königlichen Gerichtshofs und der Staatsanwaltschaft in Piacenza (vgl. insb. S. 1055ff.).

[4]) Vgl. Progetto di codice civile per il Regno d'Italia compilato dalla Commissione ministeriale nominata nel aprile 1861 (Lavori preparatori Bd. VI S. 269ff.) Art. 2165, 2167 mit 2169, 2178 und Progetto di codice civile per il Regno d'Italia presentato al Senato dal Ministro della Giustizia, V. Miglietti nella tornata 9 gennaio 1862 (Lavori preparatori Bd. VII S. 1ff.) Art. 2005, 2007 mit 2009, 2018.

[5]) Die Parlamentsverhandlungen sind wiedergegeben in der Taschenausgabe von Sebastiano Gianzana, Codice civile coll'aggiunta delle leggi complementari, Turin 1887ff., 9 Bde. Bd. I bringt die Relazioni Ministeriale e Senatoria. Bd. II die Discussioni alla Camera

Die Regelung, welche die gerichtliche Hypothek hiernach schließlich in dem am 1. Januar 1866 in Kraft gesetzten Zivilgesetzbuche vom 25. Juni 1865[1]) erfuhr, wich in verschiedenen Beziehungen von den bisher in Geltung befindlichen Gesetzgebungen der Einzelstaaten wie auch von der Gesetzgebung des französischen Nachbarreichs ab.

Anlangend die Entstehungsgrundlagen, so ließ das italienische Zivilgesetzbuch nach dem Vorgange von Toscana und der estensischen Staaten die Begründung einer Hypothek aus gerichtlichen Akten nicht zu. Auch den gerichtlichen Erkenntnissen wurde nicht allgemein und ausnahmslos hypothekerzeugende Wirkung beigelegt, vielmehr bestimmt, daß die gerichtliche Hypothek lediglich aus solchen Entscheidungen entsteht, die eine Verurteilung aussprechen, und zwar speziell eine Verurteilung entweder zur Zahlung einer Geldsumme oder zur Herausgabe beweglicher Sachen oder endlich zur Erfüllung irgend einer anderen Obligation, die sich in Zahlung einer Schadensersatzsumme auflösen kann. Schiedssprüche gewähren dem Gläubiger die Hypothek, wenn sie von der zuständigen Gerichtsbehörde bestätigt wurden, ausländische Urteile, abweichende Bestimmungen der Staatsverträge ausgenommen, wenn sie in Italien mit dem Exequatur versehen wurden. In allen Fällen, in denen hiernach an sich die Entstehung einer gerichtlichen Hypothek gegeben wäre, ist diese jedoch ausnahmsweise ausgeschlossen, wenn auf der Schuldnerseite entweder eine ruhende Erbschaft oder eine Erbschaft, die mit der Rechtswohltat des Inventars angetreten wurde, in Betracht kommt.

Bezüglich der Wirkungen der gerichtlichen Hypothek stimmt das italienische Gesetzbuch mit dem Code civil nur insoweit überein, als dem Gläubiger vermöge seines Titels der gesamte Grundbesitz des Schuldners verhaftet wird. Im übrigen weicht es vom französischen Rechte ab dadurch, daß die Eintragung der Hypothek dem Spezialitätsprinzip unter-

---

al Senato, Bd. III die Verbali della Commissione di Coordamento. Wegen der gerichtlichen Hypothek insbesondere vgl. Bd. I S. 131 f. 338; Bd. II S. 44 f.; Bd. III S. 374, 377 ff., 391 ff.

[1]) Abgedruckt bei Gianzana Bd. V.

worfen wird. Die gerichtliche Hypothek des italienischen Rechtes ist, wie dies Huc in seinem Werke Le Code civil italien et le Code Napoleon[1]) treffend ausdrückt, générale quant au titre, spéciale quant à l'inscription. Von Natur aus generell, muß die gerichtliche Hypothek behufs Erhaltung ihrer Wirksamkeit gegen Dritte auf einzelne, je durch Eintragung besonders bezeichnete Grundstücke spezialisiert werden. Die naturgemäße weitere Folge davon ist, daß, wie in dem italienischen Zivilgesetzbuch angeordnet wird, eine Einschreibung auf künftige Liegenschaften erst möglich ist, wenn diese Liegenschaften in das Eigentum des Schuldners übergegangen sind.

Die einzelnen Vorschriften des italienischen Gesetzbuchs, soweit sie hier einschlagen, sind enthalten in den Art. 1968, 1970 mit 1973 und 1986; ihr Wortlaut ist folgender:

Art. 1968. L'ipoteca è legale, giudiziale o convenzionale.

Art. 1970. Ogni sentenza portante condanna al pagamento di una somma, alla consegna di cose mobili o all'adempimento di un'altra obbligazione, la quale possa risolversi nel risarcimento dei danni, produce ipoteca sui beni del debitore a favore di chi l'ha ottenuta.

Art. 1971. Le sentenze di condanna non producono l'ipoteca giudiziale sui beni di un'eredità giacente od accettata con benefizio d'inventario.

Art. 1972. Le sentenze degli arbitri non producono l'ipoteca, se non dal giorno in cui sono rese esecutive con provvedimento dell'autorità giudiziaria competente.

Art. 1973. Le sentenze pronunziate dalle autorità giudiziarie straniere non producono ipoteca sui beni situati nel Regno, se non quando ne sia stata ordinata l'esecuzione dalle autorità giudiziarie del Regno, salve le disposizioni contrarie delle convenzioni internazionali.

Art. 1986. L'ipoteca giudiziale si può iscrivere su qualunque degli immobili appartenenti al debitore, ma quanto

---

[1]) Bd. II (Paris 1868) S. 325, 344.

a quelli che sono da lui acquistati dopo la condanna, la iscrizione non può prendersi se non a misura che essi pervengono al debitore.[1])

c) *Monaco und San Marino.*

Mit dem italienischen, bzw. französischen Rechte im engsten Zusammenhange stehen die Gesetzgebungen der Republik San Marino und des Fürstentums Monaco.

Monaco, das zurzeit der Publikation des Code Napoleon zu Frankreich gehörte, behielt das französische Zivil-

---

[1]) Nach der Hypothekenstatistik, die das italienische Finanzministerium unter dem Titel: „Risultati finali della statistica del debito ipotecario fruttifero al 31 dicembre 1903, Roma 1909" veröffentlichte, betrug am 31. Dezember 1903 für das Königreich die Zahl der Inskriptionen aller Hypothekengattungen 916 694, hievon die Zahl der Inskriptionen gerichtlicher Hypotheken 120 188, d. i. 13,11 %. Der durch diese Inskriptionen gesicherte Geldbetrag belief sich für sämtliche Hypothekengattungen auf 3 666 230 620 Lire, für die gerichtlichen Hypotheken auf 258 900 519 Lire, d. i. 7,06 %. (Vgl. insbesondere S. 14 f., S. 86 f. des angeführten Werkes.)

Über den Zugang an Inskriptionen während der Jahre 1882 mit 1901 orientiert nachstehende, dem Bolletino di statistica e di legislazione comparata 1902/03 — Anno III — Fascicolo I S. 60 f.) entnommene, das Königreich Italien umfassende statistische Tabelle.

Numero delle formalità per iscrizioni ipotecarie state accesse negli anni dal 1882 al 1901

Anni	Totale generale Debito ipotecario fruttifero ed infruttifero		Anni	Totale generale Debito ipotecario fruttifero ed infruttifero	
	Totale	Giudiziale		Totale	Giudiziale
1882	151 123	33 298	1892	135 971	32 406
1883	145 405	32 184	1893	136 321	35 265
1884	140 135	29 432	1894	135 887	38 350
1885	142 114	29 283	1895	136 209	36 729
1886	143 777	31 410	1896	145 052	40 522
1887	143 305	33 939	1897	146 350	39 899
1888	152 990	38 346	1898	147 273	38 888
1889	149 242	37 010	1899	145 168	37 910
1890	136 611	32 593	1900	140 542	38 518
1891	132 064	32 772	1901	131 414	37 156

recht nach Wiedererlangung seiner Selbständigkeit bei.[1]) Die spätere Gesetzgebung, die nur in wenigen Punkten Abänderungen schuf, ließ die gerichtliche Hypothek völlig unberührt. Der heutzutage maßgebende Art. 1961 des Zivilgesetzbuchs für das Fürstentum Monaco deckt sich inhaltlich vollständig mit dem Art. 2123 des Code civil.

In San Marino, das bis in die Mitte des vorigen Jahrhunderts als Privatrechtsquellen nur alte statutarische Vorschriften sowie gemeines Gewohnheitsrecht kannte,[2]) wurde das Hypothekenwesen erstmals durch ein Hypothekengesetz vom 16. März 1854[3]) geordnet. Die Bestimmungen dieses Gesetzes über die gerichtliche Hypothek entsprachen im allgemeinen den Vorschriften des Code civil; doch wurden unter dem Einflusse des toskanischen Hypothekengesetzes vom 2. Mai 1836 die gerichtlichen Akte als Entstehungsgrundlage der gerichtlichen Hypothek nicht zugelassen. Bemerkenswert ist auch, daß das zuweilen lehrbuchartige Gesetz die Wirkungen einer Anfechtung des Urteils auf den Bestand der gerichtlichen Hypothek ausdrücklich regelte und die Einschreibung der Hypothek an dem auf die Verkündung des Erkenntnisses folgenden Tage vorschrieb.[4])

Das Gesetz vom 16. März 1854 wurde in der Folge abgeändert durch das Regolamento delle leggi relative al bollo, registro, ipoteche e censo vom 18. Juni 1868,[5]) das neben eingehenderen Vollzugsvorschriften über die Eintragung ge-

---

[1]) Collezione S. XVI; De Rolland, Le Code civil de 1804 dans la Principauté de Monaco, Livre du centenaire Bd. II S. 805ff.

[2]) Das gesamte öffentliche wie private Recht der Republik, soweit es nicht Gewohnheitsrecht ist, findet sich zusammengestellt in dem Buche „Raccolta delle leggi e decreti della Repubblica di San Marino, prima edizione ufficiale per decreto del consiglio principe e sovrano, coordinata e riveduta dagli avvocati Torquato C. Giannini, commissario delle legge, e Menetto Bonelli, procuratore fiscale, Città di Castello 1900." (Univ.-Bibl. Würzburg).

In dem ersten Teile des auf den wirtschaftlichen Betrieb sich beziehenden Statuto agrario (Raccolta S. 197ff.) sind mehrfach Verse in den Text eingestreut.

[3]) Raccolta S. 251ff.

[4]) Vgl. Art. 33—34, 37—39 und 58 des Gesetzes.

[5]) Raccolta S. 297ff.

richtlicher Hypotheken[1]) die Einführung des Spezialisierungszwanges und die Beschränkung in der Heranziehung künftigen Immobiliarerwerbes brachte. Der Art. 35 des Regolamento bestimmte ausdrücklich, daß die Eintragung einer jeden Generalhypothek durch die genaue Angabe der einzelnen, dem Schuldner gehörenden Grundstücke bedingt und die Ausdehnung einer eingeschriebenen Generalhypothek auf später dem Schuldner zugefallene Liegenschaften nur dann zulässig sei, wenn die bisher verpfändeten Grundstücke dem Gläubiger eine genügende Sicherheit nicht böten.[2])

§ 6.

Russisch-Polen.

In Russisch-Polen, das damals den Titel eines Herzogtums Warschau führte, trat der Code Napoleon zufolge Tit. IX Art. 69 der Verfassungsurkunde mit dem 1. Mai 1808 in Kraft.[3]) Das französische Gesetzbuch wurde späterhin bezüglich verschiedener Materien abgeändert, in der Hauptsache gilt es jedoch noch heute, großenteils sogar in der ursprünglichen Artikelfolge.

Zu denjenigen Teilen des Gesetzbuchs, die schon frühzeitig durch neue Vorschriften ersetzt wurden, gehört das

---

[1]) Art. 33 und 34.

[2]) Weitere die gerichtliche Hypothek betreffende Erlasse sind in der Folge nicht mehr ergangen. Es wurde nur durch die Legge per la rinnovazione delle iscrizioni ipotecarie vom 24. November 1887 (Raccolta S. 333f.) der in Art. 102 des Hypothekengesetzes für die Erneuerung von Hypothekeninskriptionen vorgeschriebene Zeitraum von zehn Jahren durch eine dreißigjährige Frist ersetzt. Die Regierung dachte auch vor nicht zu langer Zeit daran, ein das gesamte Zivilrecht umfassendes Gesetzbuch zu schaffen und arbeitete auch einen diesbezüglichen Gesetzentwurf aus; allein der Plan wurde bald wieder aufgegeben namentlich deshalb, weil die Gründe für eine Kodifikation des gesamten bürgerlichen Rechtes, wie sie bei großen Staaten sich geltend machen, durch die einfachen Lebensverhältnisse dieses kleinen Gemeinwesens ausgeschlossen sind (Raccolta S. X).

[3]) In den Departements, die erst durch den Wiener Frieden vom 14. Oktober 1809 mit dem Herzogtume vereinigt wurden, erlangte der Code Napoléon am 15. August 1810 Gesetzeskraft. Zachariae-Crome, Handbuch des französischen Zivilrechts, 8. Aufl., Bd. I S. 50.

Hypothekenrecht, das durch zwei Gesetze vom Jahre 1818 und 1825 eine Neugestaltung erfuhr.[1]) Die gerichtliche Hypothek betraf nur das erstere Gesetz, welches das Datum vom 14./26. April 1818 trägt. Nach diesem Gesetze wurde die gerichtliche Hypothek unter Beschränkung auf Urteile und Schiedssprüche, sohin unter Ausschluß der Hypothek aus den gerichtlichen Akten, beibehalten.[2]) Der Art. 111, der dem Art. 2123 C. civ. entspricht, bestimmte, daß die gerichtliche Hypothek aus einem rechtskräftigen inländischen Urteile, einem mit gerichtlichem Vollziehungsbefehle versehenen Schiedsspruch und einem durch ein inländisches Gericht für vollstreckbar erklärten ausländischen Urteil entsteht, daß sie in ihrer Wirkung von der Eintragung in die Hypothekenregister abhängig ist und daß, falls die gegenwärtigen Grundstücke des Schuldners zur Tilgung der Schuld nicht hinreichen, der Gläubiger die Hypothek auf künftige Grundstücke einschreiben lassen könne. Eine Neuerung gegenüber dem französischen Rechte war hiernach insbesondere die Beschränkung der Hypothek auf rechtskräftige Erkenntnisse. Doch hatte diese Maßnahme nicht die Tragweite, die man ihr auf den ersten Blick hin vielleicht beimessen könnte. Ihre Bedeutung wurde nämlich wesentlich abgeschwächt durch eine weitere, in Art. 138 des Gesetzes niedergelegte Bestimmung. Darnach kann eine gerichtliche Entscheidung, durch die dem Gläubiger eine persönliche Forderung zugesprochen wird, auch schon vor Eintritt der Rechtskraft in die Hypothekenregister eingeschrieben werden mit der Wirkung, daß der Einschreibung der Rang gewahrt wird, falls nicht das Urteil hinterher eine Abänderung erleidet.

Die Vorschriften des Gesetzes vom Jahre 1818 über die gerichtliche Hypothek wurden in der Folge beibehalten. Einige wenige Modifikationen, welche die Anpassung an die Gerichtsordnungen Kaiser Alexanders II. vom 20. November 1864 betrafen, hatten sachlich keine wesentliche Bedeutung.

---

[1]) Duschkewitsch W., Das polnische Hypothekenrecht, erschienen in polnischer Sprache 1849 zu Warschau, in russischer Übersetzung 1888 in St. Petersburg; nach der letzteren zitiere ich.

[2]) Duschkewitsch S. 408 ff. (§§ 204—207).

§ 7.

Die außereuropäischen Territorien.

Mit den bisher besprochenen Staaten ist der Geltungsbereich der gerichtlichen Hypothek des französischen Rechtes, soweit er Europa mit Ausnahme von Deutschland betrifft, erschöpft.[1]) Es erübrigt nur noch einige außereuropäische Territorien, die in Afrika und Amerika gelegen sind, zu berühren. In Betracht kommen von Afrika: Mauritius und Ägypten, von Amerika: Canada, Louisiana und Mexiko.

a) Mauritius.

Die im indischen Ozean in der Nähe von Madagaskar gelegene Insel Mauritius gelangte nach anfänglich portugiesischer, später holländischer Herrschaft im Jahre 1715 in französischen Besitz und übernahm als französische Kolonie, genannt „île de France“ den Code civil und damit das Institut der gerichtlichen Hypothek. Als Mauritius im Jahre 1810 von den Engländern besetzt und von diesen auch im Wiener Friedensvertrage von 1815 behauptet worden war, blieb das französische Recht zwar bestehen, wurde aber in der Folge mehrfach, insbesondere im Jahre 1864 durch ein Gesetz über die Transskription, modifiziert. Die reformierende legislatorische Tätigkeit ergriff schließlich auch die gerichtliche Hypothek. Nach ungefähr 60jähriger Geltungsdauer wurde

---

[1]) Spanien und Portugal gehören nicht zum Herrschaftsbereiche des Code civil. Für Spanien wurde allerdings bald nach dem Inkrafttreten des französischen Zivilgesetzbuchs eine amtliche Übersetzung unter dem Titel „Codigo Napoleon traducido el Castellano, Madrid 1809“ ausgearbeitet, sie hat jedoch niemals Gesetzeskraft erlangt.

Rumänien, dessen Bürgerliches Gesetzbuch vom 4. Dezember 1864 im allgemeinen auf der Grundlage des Code Napoléon beruht, schloß sich bei der Regelung des Hypothekenwesens ganz an das belgische Gesetz vom 16. Dezember 1851 an. Nach Art. 1748 des rumänischen bürgerlichen Gesetzbuchs gibt es nur gesetzliche und vertragsmäßige Hypotheken; die gerichtliche Hypothek dagegen ist nicht zugelassen. Vgl. auch Dissescou, L'Influence du Code civil français en Roumanie, Livre du centenaire Bd. II S. 847 ff., insbesondere S. 869.

das Institut ohne Schaffung eines Ersatzmittels durch eine Ordonnanz vom Jahre 1866 beseitigt.[1])

b) Ägypten.

In Ägypten hatte das französische Recht bis zum Jahre 1875 lediglich subsidiäre Bedeutung.[2]) Die damals bestehenden besonderen internationalen Handelsgerichte hatten ihren Entscheidungen in erster Linie das ottomanische Handelsgesetzbuch zugrunde zu legen und durften nur, wenn dieses Gesetzbuch Lücken aufwies, den Code civil zur Ergänzung heranziehen. Die untergeordnete Stellung des französischen Rechtes schwand, als im Jahre 1875 die sog. gemischte oder internationale Gerichtsbarkeit eingeführt wurde.[3]) Nunmehr wurde für die neugeschaffenen internationalen Gerichtshöfe ein besonderes bürgerliches Gesetzbuch erlassen, das, aufgebaut auf dem Code Napoleon, soweit als nur möglich die Bestimmungen des französischen Zivilgesetzbuchs wiedergab. Das Gesetzbuch enthielt nach dem Vorgange des französischen Rechtes das Institut der gerichtlichen Hypothek. Doch vermochte sich diese Hypothekform in Ägypten nicht lange zu behaupten. Bereits die einheimischen Gerichtshöfe, die im Jahre 1883 neben den gemischten Gerichten zur Ausübung der Rechtspflege gebildet worden waren, ließen die gerichtliche Hypothek nicht zu, sondern gewährleisteten den Schutz des Gläubigers gegen fraudulose Veräußerungen des Schuldners durch das sog. droit d'affectation, eine Art von Beschlagnahme der Immobilien des Schuldners, die gleich

---

[1]) Die Ordonnanz Nr. 32 von 1866 betr. die Abschaffung der gerichtlichen Hypothek bestimmte:

1. Judicial mortgages as provided in articles 2116, 2117 and 2123 of the Civil Code, shall be and are hereby abolished; but without prejudice to the rights which shall have been acquired in virtue of the judicial mortgages inscribed before this Ordinance shall come into operation.

2. This Ordinance shall come into operation on and from the 1st day of May 1867.

[2]) Arminjon, Le code civil et l'Egypte, Livre du centenaire Bd. II S. 733 ff.

[3]) Vgl. auch das Schriftchen: „La destitution de Lapenna et la réforme judiciaire en Egypte, Genève 1878"; ferner die Ausführungen bei Kaufmann, Das internationale Recht der egyptischen Staatsschuld, Berlin 1891, S. 20 ff.

den „saisies conservatoires“ nur auf Antrag des mit einem Urteile versehenen Gläubigers durch den Vorsitzenden des Gerichts erster Instanz bewilligt wurde. Im Mai 1884 wurde dann der zum Studium verschiedener Reformen eingesetzten internationalen Kommission ein Gesetzentwurf[1]) unterbreitet, der nach dem Vorgange der Gesetzgebung der einheimischen Gerichte auch für den Geltungsbereich der internationalen Gerichtsbarkeit die Ersetzung der gerichtlichen Hypothek durch das Affektationsrecht des Gläubigers vorschlug. Dem Affektationsrechte waren in dem Entwurf im wesentlichen die gleichen Wirkungen wie der Hypothek beigelegt und damit dem Gläubiger ein der gerichtlichen Hypothek ähnlicher Schutz gewährleistet; den Interessen des Schuldners wurde besonders dadurch Rechnung getragen, daß dem Gläubiger lediglich gestattet war, die in der Anordnung des Gerichtsvorsitzenden bezeichneten Grundstücke zu belasten. Der Gesetzentwurf fand am 17. Mai 1884 die Zustimmung der internationalen Kommission und erlangte zwei Jahre darauf durch Dekret vom 5. Dezember 1886[2]) unverändert Gesetzeskraft. Damit verschwand das Institut der gerichtlichen Hypothek endgültig aus ganz Ägypten.

c) *Canada.*

Canada, ehedem la Nouvelle-France genannt, war französischer Kolonialbesitz bis zum Pariser Friedensvertrage von 1763, der die Abtretung des Landes an England verfügte. Mit der englischen Herrschaft hielt in Canada die Gesetzgebung Englands ihren Einzug; nur Nieder-Canada, die heutige Provinz Quebec, vermochte erfolgreich das bisherige Recht zu behaupten, das in der Hauptsache auf der Pariser Coutume und den älteren Ordonnanzen der französischen Könige fußte.[3]) Der Einfluß des fanzösischen

[1]) Projet de loi relatif au droit d'affectation sur les immeubles du débiteur.

[2]) Décret portant modification des dispositions du code civil et du code de procédure civile et commerciale des tribunaux mixtes concernant la matière de l'hypothèque judiciaire, Alexandrie 1887.

[3]) Mignault, Le code civil au Canada, Livre du centenaire, Bd. II S. 723ff. Dankenswerte Aufschlüsse über die Verhältnisse in

Rechtes hat sich in Quebec, das in Tradition und Sprache ganz französisch geblieben ist, bis auf den heutigen Tag erhalten, so daß diese Provinz im Gegensatze zu allen übrigen Teilen des Dominion of Canada steht, die ausschließlich vom common law Englands beherrscht sind. Die nunmehr maßgebende Gesetzgebung des Jahres 1866, die für Quebec eine umfassende Kodifikation des gesamten Privat- und Prozeßrechts brachte, lehnt sich durchweg an die Gesetzbücher Frankreichs an, deren Bestimmungen überall unter tunlichster Wahrung des früheren Rechtes übernommen wurden.

Die gerichtliche Hypothek war in Quebec schon vor der Kodifikation von 1866 heimisch. Ehedem Generalhypothek, wurde sie im Jahre 1860 dem Spezialitätsprinzip unterworfen.

Das Zivilgesetzbuch vom Jahre 1866 behandelt das Institut in Art. 2019, 2020, 2021 und 2034 in Verbindung mit Art. 2026, ferner in den Art. 2035 und 2036, welch letztere beide Übergangsvorschriften vorsehen.[1]) Die gerichtliche Hypothek, die auch Zinsen und Kosten, ohne daß diese be-

Canada erhielt ich auch von dem Professor Langelier an der Universität Quebec.

[1]) Die Art. 2019, 2020, 2021, 2034 mit 2036 des Zivilgesetzbuchs für Quebec, welche die gerichtliche Hypothek behandeln, haben folgenden Wortlaut:

Art. 2019. Elle (l'hypothèque) est ou légale ou judiciaire ou conventionnelle.

Art. 2020. L'hypothèque légale est celle qui résulte de la loi seule. — L'hypothèque judiciaire est celle qui résulte des jugements ou actes judiciaires. — L'hypothèque conventionelle naît de la convention.

Art. 2021. Les jugements et actes judiciaires des tribunaux civils n'acquièrent d'hypothèque par suite de leur enregistrement qu'a compter de celui d'un avis specifiant et désignant les immeubles du débiteur sur lesquels le créancier entend faire valoir son hypothèque. — La même règle s'applique aux créances de la couronne auxquelles la loi attache quelque privilège ou hypothèque tacite.

Art. 2034. L'hypothèque judiciaire résulte des jugements, soit contradictoires, soit par défaut, rendus par les tribunaux du Bas-Canada et portant condamnation à payer une somme fixe de deniers. Le jugement emporte également hypothèque pour les intérets et les frais sans qu'ils y soient liquidés, sous les restrictions contenues au tître de l'enregistrement des droits réels.

Elle résulte aussi de tout acte de cautionnement reçu en justice sonders liquidiert zu werden brauchen, sichert, ist in Quebec nur für solche Ansprüche zugelassen, welche die Verpflichtung des Schuldners zur Zahlung einer bestimmten Geldsumme betreffen. Sie entsteht unter dieser Voraussetzung aus allen Urteilen, die, sei es auf kontradiktorische Verhandlung hin, sei es im Versäumnisverfahren, von den Gerichten der Provinz gefällt werden, ebenso auch aus gerichtlichen Akten, nämlich „de tout acte de cautionnement reçu en justice et de tout autre acte de procédure judiciaire". Der Umfang der Haftung ist in der Weise begrenzt, daß von der gerichtlichen Hypothek ausschließlich die gegenwärtigen Liegenschaften des Schuldners getroffen werden und auch diese nur insoweit, als sie dem Hypothekenbewahrer (régistrateur) bekannt gegeben wurden.

d) Louisiana.

Louisiana, das im Jahre 1812 in die nordamerikanische Union aufgenommen wurde, war bis zum Jahre 1803 französischer Kolonialbesitz.[1]) Daraus erklärt sich, daß das 1825

---

et de tout autre acte de procédure judiciaire créant l'obligation de payer une somme déterminée. Elle est soumise aux règles contenues en l'article 2026.

Art. 2035. L'hypothèque judiciaire acquise avant le trente-unième jour de décembre 1841 affecte tous les biens possédés alors par le débiteur ou depuis.

Art. 2036. L'hypothèque judiciaire acquise depuis le trente-unième jour de décembre 1841 jusqu'au premier jour de septembre 1860 n'a d'effet que sur les biens que possédait le débiteur au temps où le jugement a été rendu ou l'acte judiciaire exécuté.

Der Art. 2026, auf den Art. 2034 verweist, besagt, daß die gesetzliche Hypothek nur diejenigen Grundstücke belastet, die dem Schuldner gehören und dem Hypothekenbewahrer bekannt gegeben sind („l'hypothèque légale n'affecte que les immeubles appartenant au débiteur et décrits dans un avis qui en requiert l'enregistrement, tel que prescrit au titre De l'enregistrement des Droits Réels"). Letztere Vorschrift ist zurückzuführen auf die Bestimmung eines Gesetzes vom Jahre 1860, derzufolge alle Hypotheken, mögen sie gesetzliche, gerichtliche oder vertragsmäßige sein, nur bestimmt bezeichnete Grundstücke treffen.

[1]) Vgl. den Artikel: „Louisiana vor hundert Jahren" in der Neuen Züricher Zeitung vom 14. August 1904 Nr. 225.

neu redigierte Zivilgesetzbuch dieses Staates vom Jahre 1808 auf dem Code civil des französischen Rechtes beruht. Das Gesetzbuch von Louisiana läßt die gerichtliche Hypothek (the judicial mortgage), und zwar gleich dem französischen Vorbild als Generalhypothek zu. Auch die einzelnen auf dieses Institut bezüglichen Vorschriften entsprechen in der Hauptsache vollständig den einschlägigen Bestimmungen der französischen Gesetzgebung; Abweichungen ergeben sich nur aus der eigenartigen Regelung, die das Gesetzbuch von Louisiana in Ansehung des Zeitpunkts der Wirksamkeit der Hypothek bei Urteilen trifft, sowie aus der von dem Gesetzbuche vorgesehenen Beseitigung der Hypothek aus gerichtlichen Akten.[1]) Die Bestimmungen des Gesetzbuchs über die gerichtliche Hypothek wurden später nicht mehr geändert, so daß das Institut in der Gestaltung des Gesetzbuchs von 1808/1825 noch heute existiert.

---

[1]) Die Bestimmungen über die gerichtliche Hypothek sind enthalten in den Art. 3321 mit 3328 des Gesetzbuchs von Louisiana, die lauten:

Art. 3321. The judicial mortgage is that resulting from judgment (whether these be rendered on contested cases or by default, or whether they be final or provisional), in favor of the person obtaining them.

Art. 3322. The judicial mortgage takes effect from the day on which the judgment is recorded in the manner hereinafter directed; provided that judgments, the parish of Orleans excepted, rendered at any term of court, shall have no effect to create a judicial mortgage as between judgment creditors, until from the day of adjournment of the term at which the same was rendered although recorded prior to the adjournment of said term.

Art. 3323. If there be an appeal from the judgment and it is confirmed, the mortgage relates back to the day when the judgment was recorded.

Art. 3324. When on the appeal the judgment has only been reversed in part, the mortgage still exists for that part which has not been altered or reversed.

Art. 3325. The awards of arbitrators give rise to a mortgage only from the day that the homologation has been recorded.

Art. 3326. Mortgages result from the judgment rendered in other States of the Union or in foreign countries, only so far as the execution has been ordered by a tribunal of this State, in the manner prescribed by law.

e) Mexico.

Die Zivilgesetzgebung der Vereinigten Staaten von Mexiko stellt sich nicht lediglich als eine Reproduktion des französischen Rechtes dar. Zwar hat auch auf die Gesetzgebung dieses Landes das französische Recht einen namhaften Einfluß ausgeübt, der nicht selten dazu geführt hat, daß Bestimmungen aus dem Code civil wörtlich übernommen wurden; im großen und ganzen handelt es sich jedoch bei der mexikanischen Kodifikation um ein ziemlich selbständiges Gesetzgebungswerk, das anscheinend auch Ideen des spanischen Rechtes in sich aufgenommen hat.[1])

Die Kodifikationsarbeiten in den Vereinigten Staaten von Mexiko gehen auf das Jahr 1870 zurück. Damals wurde ein Zivilgesetzbuch für den Bundesdistrikt und das Territorium Baja California seitens einer eigens hierfür eingesetzten Kommission fertig gestellt, am 13. Dezember 1870 angenommen und am 1. März 1871 in Wirksamkeit gesetzt. Dieses Gesetzbuch wurde in der Folge auch in den übrigen Territorien eingeführt und erlangte schließlich im ganzen Staatsgebiete Geltung.[2]) Eine lange Dauer war dem ersten mexikanischen Gesetzbuche nicht beschieden; bereits am 31. März 1884 wurde es durch ein neues bürgerliches Gesetzbuch ersetzt, dem am 15. Mai 1884 eine Zivilprozeßordnung folgte.

Art. 3327. Judgments obtained against a person deceased only bear a mortgage on the personal property of the heir from the day on which execution shall have issued against the heir by virtue of such judgments.

Art. 3328. The judicial mortgage may be enforced against all the immovables which the debtor actually owns or may subsequently acquire.

[1]) Otto Mayer rechnet, was als etwas weitgehend erscheint, in seinem Artikel „Zum hundertsten Geburtstage des Code civil", Frankfurter Zeitung, sechstes Morgenblatt Nr. 80 vom 20. März 1904, Mexiko zu denjenigen jüngeren Staatswesen, die, um ihren gleichberechtigten Kulturstand zu bezeugen, sich ein bürgerliches Gesetzbuch auf Grund des Code civil beilegten.

[2]) Vgl. Biblioteca de la revista de los tribunales, legislacion extranjera, coleccion de códigos civiles Americanos y Europeos, tomo I: Código civil de Méjico, Madrid 1879 (Bibliothek des Deutschen Reichstags).

Die neuen Gesetzbücher traten mit dem 1. Juni 1884 in Kraft.[1])

Beide Zivilgesetzbücher kennen nur zwei Arten von Hypotheken, nämlich freiwillige (hipotecas voluntarias) und notwendige oder gesetzliche (hipotecas necesarias). Diese Zweiteilung der Hypothek folgt aus Art. 1980 des alten und Art. 1857 des neuen Bürgerlichen Gesetzbuchs, wo es heißt:[2])

> „Die Hypothek ist niemals geheim (oder generell); ihre Existenz ist stets durch die Eintragung bedingt und ihre Begründung erfolgt entweder freiwillig infolge Vertrags oder notwendig in den Fällen, in denen das Gesetz eine Person zur Bestellung eines Pfandes an bestimmten Grundstücken verpflichtet; im ersten Falle nennt man die Hypothek eine freiwillige, im zweiten eine notwendige."

Damit ist die gerichtliche Hypothek als eigene Hypothekgattung eliminiert. Das Institut als solches ist aber dem mexikanischen Rechte wohl bekannt. Der Art. 2000 des alten und der diesem entsprechende Art. 1875 des neuen Gesetzbuchs, welche beide die Fälle der notwendigen Hypothek aufzählen, gewähren nämlich unter Ziff. 9, bzw. Ziff. VIII, jenen Gläubigern, die zu ihren Gunsten ein für vollstreckbar erklärtes Urteil erstritten haben, behufs Sicherstellung ihrer Forderungen eine notwendige Hypothek an den von ihnen eigens bezeichneten, im freien Besitz ihrer Schuldner befindlichen Grundstücken.[3])

---

[1]) Códigos civil y de procedimientos civiles vigentes en el Distrito y Territorios Federales, promulgados en Marzo 31 y Mayo 15 de 1884 edición revisada y cotejada con la oficial respectiva por la Secretaría de Justicia, México 1899.

[2]) Die betreffenden Artikel lauten:

> „La hipoteca nunca es tácita ni general; para subsistir necesita siempre de registro, y se contrae por la voluntad en los convenios y por necesidad en los casos en que la ley sujeta á alguna persona á prestar esa garantía sobre bienes determinados: en el primer caso se blama voluntaria; en el segundo necesaria."

Die Worte „ni general" finden sich nur im neuen Zivilgesetzbuche.

[3]) Art. 2000 Ziff. 9 des alten und Art. 1875 Ziff. VIII des neuen Bürgerlichen Gesetzbuchs lauten übereinstimmend:

Die gerichtliche Hypothek erscheint also in Mexiko abweichend vom französischen Rechte als eine Unterart der notwendigen oder gesetzlichen Hypothek. Abgesehen von dieser logisch wohl zu rechtfertigenden Klassifizierung hat aber das mexikanische Recht die gerichtliche Hypothek auch noch insoferne verschieden von dem Code civil geregelt, als es die gerichtliche Hypothek dem Spezialitätsprinzip unterstellt und dem Urteilsgläubiger die Hypothek nicht schon mit dem Erlasse, sondern erst mit der Rechtskraft, bzw. mit der Vollstreckbarkeitserklärung einräumt.[1])

---

2. Kapitel.

Die deutschen Länder des französischen Rechtsgebiets.

§ 1.

Die Entwicklung bis zum Erlasse der deutschen Zivilprozeßordnung vom 30. Januar 1877.

Das Geltungsgebiet des französischen Rechtes in Deutschland, in dem der Code civil auch nach dem Zusammenbruche des Napoleonischen Weltreichs seine Herrschaft behauptete,

---

„Tienen derecho de pedir la hipoteca necesaria para seguridad de sus créditos: Los acreedores que hayan obtenido á su favor sentencia que haya causado ejecutoria, sobre los bienes que tuviere libres el deudor y que ellos mismos designen.“

[1]) Im Anschluß an das mexikanische Recht mag hier erwähnt sein, daß das Zivilgesetzbuch von Uruguay (vgl. Coleccion de Códigos civiles Americanos y Europeos, tomo II; Código civil de la República Oriental del Uruguay, Madrid 1879) und das Zivilgesetzbuch von Guatemala (vgl. Colleccion de Códigos civiles Americanos y Europeos, tomo III: Código civil de la República de Guatemala 1877, Madrid 1880) die gerichtliche Hypothek auch als Unterart der gesetzlichen Hypothek nicht kennen. Das Bürgerliche Gesetzbuch von Uruguay erwähnt nur vertragsmäßige Hypotheken (Art. 2278—2301), das Bürgerliche Gesetzbuch von Guatemala dagegen führt neben den vertragsmäßigen (Art. 2043—2049) auch gesetzliche Hypotheken an, unter denen sich jedoch die Urteilshypothek nicht findet (Art. 2043, 2050—2063, 349—351, 429, 1123 und 1150).

umfaßt die im Jahre 1814 und 1815 von Frankreich zurückgegebenen deutschen Länder links des Rheins sowie das Großherzogtum Baden, den ehemaligen Nachbarstaat des französischen Kaiserreichs. Von diesen Landesteilen brach das zum Großherzogtum Oldenburg gehörende Fürstentum Birkenfeld schon sehr bald mit dem französischen Hypothekenrechte. In Oldenburg wurde nämlich am 11. Oktober 1814 eine Hypotheken-, Konkurs- und Vergantungsordnung erlassen, die auch in Birkenfeld zur Einführung gelangte.[1]) Das Gesetz, das auf dem sog. Ingrossationssysteme mit strikter Durchführung des Publizitätsprinzips beruhte, kannte die gerichtliche Hypothek nicht.

In den übrigen Ländern des französischen Rechtsgebiets dagegen verblieb es vor der politischen Einigung Deutschlands im wesentlichen bei dem Hypothekensysteme des französischen Zivilgesetzbuchs, wenn es auch an Versuchen, das Hypothekenrecht zu modifizieren, nirgends gefehlt hat. Auf diese Reformversuche, die zum Teil auf eine Beseitigung, zum Teil auf eine Änderung der Bestimmungen über die gerichtliche Hypothek hinausliefen, soll im folgenden näher eingegangen werden. Die Länder, die hierbei in Betracht kommen, sind Rheinpreußen, die bayerische Rheinpfalz, Rheinhessen und das Großherzogtum Baden.

a) Rheinpreussen.

In Rheinpreußen erwachte der Wunsch nach einer Reform des Hypothekenwesens schon wenige Jahre nach der Befreiung von der Napoleonischen Herrschaft.[2]) Die ersten Ver-

---

[1]) Die Hypothekenordnung vom 11. Oktober 1814 ist nicht in der Gesetzsammlung, sondern in einem Sonderabdruck (Univ.-Bibl. München) publiziert worden. Sie ist auch unter Weglassung der damals nicht mehr gültigen Vergantungsordnung (§§ 71—113) und der transitorischen Bestimmungen (§§ 114—123) abgedruckt in der Jansenschen Sammlung der im Herzogtum Oldenburg geltenden Gesetze, Verordnungen und Bekanntmachungen aus der Zeit vom 1. Dezember 1813 bis zum 1. Januar 1852, Oldenburg 1868 S. 161 ff.

[2]) Bereits im Jahre 1820 erschien in den Jahrbüchern für die preußische Gesetzgebung, Rechtswissenschaft und Rechtsverwaltung, der Zeitschrift des bekannten Reaktionärs Karl Albert von Kamptz,

besserungsvorschläge bewegten sich in der Richtung einer Anlehnung an das altpreußische Hypothekensystem, wobei insbesondere angeregt wurde, die Grundsteuermutterrolle zu einem Ersatze für das Grundbuch einzurichten. Irgend welcher Erfolg war diesen Versuchen jedoch nicht beschieden, da ihre Ausführung an der zu erwartenden hohen Kostenlast scheiterte.

Die späteren Reformvorschläge beschränkten sich darauf, die Beseitigung der wichtigsten zutage getretenen Mängel im Wege einer Änderung der geltenden Gesetzgebung zu fordern. Praktische Gestalt gewannen diese Bestrebungen erst im Jahre 1850. Die 20. Generalversammlung des landwirtschaftlichen Vereins für Rheinpreußen, die im Herbste des Jahres 1850 in Duisburg tagte, kam auf die mißlichen Hypothekenverhältnisse des Landes zu sprechen und beschloß, eine durchgreifende Reform des Rheinischen Hypotheken- und Kreditsystems in die Wege zu leiten. Zu diesem Behufe wurde durch den Präsidenten und den Generalsekretär des Vereins eine aus Juristen, Landwirten und sonstigen Sachverständigen bestehende Kommission von 12 Mitgliedern eingesetzt.[1]) Berichterstatter dieser Kommission war der auch als Politiker bekannte Appellationsgerichtsrat Peter Franz Reichensperger, der, ein Kind der Rheinlande und ein erfahrener Jurist, mit den Hypothekenverhältnissen seiner Heimat aufs beste vertraut war.[2])

Die Kommission gewann auf Grund mehrfacher Beratungen die Anschauung, daß die Mißstände in dem rhei-

---

Bd. XV, Berlin, S. 117 ff. ein längerer Artikel eines namentlich nicht genannten Verfassers, der unter vergleichsweiser Heranziehung des preußischen Rechtes auf die bedeutendsten Gebrechen der französischen Hypothekenverfassung aufmerksam machte und sich dabei auch in tadelnder Weise über die auf die gerichtliche Hypothek bezüglichen Vorschriften des französischen Zivilgesetzbuchs äußerte (vgl. S. 153—158).

[1]) Havenstein, Der Landwirtschaftliche Verein für Rheinpreußen und seine Wirksamkeit, Festschrift zur Feier seines fünfzigjährigen Bestehens, Bonn 1883 S. 288 ff.; Zeitschrift des landwirtschaftlichen Vereins für Rheinpreußen 18. Jahrg. (1850) S. 408 f. und 19. Jahrg. (1851) S. 217.

[2]) Der von Reichensperger am 27. April 1851 erstattete Bericht ist abgedruckt in der Zeitschrift des landwirtschaftlichen Vereins für Rheinpreußen 19. Jahrg. (1851) S. 217 ff.

nischen Hypothekenwesen vor allem auf die Unsicherheit des Immobiliareigentums, dann aber auch auf die mit gewissen Hypothekgattungen verbundene Klaudestinität und Generalität, endlich auf das Institut der gerichtlichen Hypothek zurückzuführen seien. Sie forderte deshalb Klarstellung der Eigentumsverhältnisse durch die obligatorische Transskription aller Erwerbsurkunden sowie durch die Beschränkung des Rechtes zur Resolutionsklage, ferner strikte und ausnahmslose Durchführung des Publizitäts- und Spezialitätsprinzips sowie vollständige Beseitigung der gerichtlichen Hypothek.[1]) Eine Anregung des Landrats Thilmany, zur Behebung der Unsicherheit des Immobiliareigentums Grundbücher nach dem Systeme der Realfolien einzurichten, wies die Kommission mit der Begründung zurück, daß eine derartige Maßnahme sich nicht durchführen lasse.

Die Reformvorschläge der Kommission wurden in einer von dem landwirtschaftlichen Vereine genehmigten Adresse niedergelegt, die dem Staatsministerium mit der Bitte um baldige Abhilfe vorgelegt wurde.[2])

Die Adresse verfehlte ihre Wirkung nicht. Reichensperger erhielt von dem Justizminister den Auftrag, den Entwurf eines Gesetzes betreffend das Hypothekenwesen auszuarbeiten. Er entledigte sich dieses Auftrags schon nach kurzer Zeit. Sein anfangs September 1851 vorgelegter Entwurf[3]) mit Motiven brachte die Verwirklichung aller jener

---

[1]) Bezüglich der Stellungnahme der Kommission in der Frage der gerichtlichen Hypothek vgl. den Bericht Reichenspergers a. a. O. S. 225 ff.

[2]) Die Adresse ist abgedruckt in der Zeitschrift des landwirtschaftlichen Vereins für Rheinpreußen 19. Jahrg. (1851) S. 229 ff. Wegen der gerichtlichen Hypothek vgl. insbesondere S. 231 f.

[3]) Der Entwurf erschien im Buchhandel und zwar im Verlage der Firma J. u. W. Boisserée in Köln unter dem Titel: „Entwurf eines Hypothekengesetzes für den Bezirk des Rheinischen Appellations-Gerichts-Hofes nebst Motiven. Im Auftrage des Königl. Justizministeriums ausgearbeitet von P. Fr. Reichensperger, Königl. Appellationsgerichts-Rat, Köln 1851" (Stadtbibl. Köln). Das Schriftchen enthält den Entwurf eines Hypothekengesetzes in 105 Artikeln, die an die Stelle der Art. 2092—2203 des Rheinischen Zivilgesetzbuchs treten sollten und demgemäß auch mit Art. 2092 ff. bezeichnet sind (S. 3—35), den Entwurf

Reformideen, die seitens der Kommission des landwirtschaftlichen Vereins für Rheinpreußen vorgeschlagen worden waren. Insbesondere war in dem Entwurfe Reichenspergers auch die vollständige Beseitigung der gerichtlichen Hypothek ohne Bereitstellung eines Ersatzmittels vorgesehen.[1])

Die Stellungnahme Reichenspergers in der Frage der gerichtlichen Hypothek, die den Bruch mit einer fast fünfzigjährigen Vergangenheit bedeutete, ist in den Motiven des Entwurfs[2]) ausführlich begründet. Mit beredter Sprache sind hier die zahlreichen Übelstände, die dem Institut in Rheinpreußen wie in den anderen Ländern des französischen Rechtsgebiets vorgeworfen wurden, vorgetragen und als schwerster Mißstand das durch die gerichtliche Hypothek hervorgerufene Gläubigerwettrennen im Zusammenhalte mit der das Vermögen des bedrückten Schuldners gänzlich aufzehrenden Mehrung der Gerichtskosten namhaft gemacht. Eine Unterwerfung der gerichtlichen Hypothek unter das Spezialitätsprinzip wird von Reichensperger als ungenügend und wegen der damit verbundenen Gefahr endloser Kollusionen und zahlreicher Klagen praktisch kaum durchführbar abgelehnt. Auch eine Autorisation des Gerichts, auf Antrag des Klägers mit dem Urteil in der Hauptsache eine Spezialhypothek zuzuerkennen, wird ausdrücklich verworfen mit der Begründung, daß bei dieser Einrichtung das Ende des Hauptprozesses meistenteils den Anfangspunkt eines langwierigen, um die gerichtliche Hypothek geführten Nebenprozesses bilde. Am schärfsten bekämpft Reichensperger das System der Opposition, auch Protestation oder Pränotation genannt, das dem Inhaber eines gerichtlichen Urteils das

---

von Einführungs- und Übergangsbestimmungen in 16 Artikeln (S. 35—38), die Motive zum Entwurf eines Hypothekengesetzes, die zunächst die Hauptgesichtspunkte der Reform darlegen und daran anschließend Erläuterungen zu den einzelnen Bestimmungen geben (S. 39—119), endlich die Motive zum Entwurfe von Einführungs- und Übergangsbestimmungen mit kürzeren Detailerörterungen (S. 119—124).

[1]) Der dem Art. 2116 des Rheinischen Zivilgesetzbuchs entsprechende Art. 2118 des Entwurfs lautet: „Sie (nämlich die Hypothek) ist entweder eine gesetzliche oder eine vertragsmäßige“.

[2]) Vgl. S. 63 ff.

Recht einräumt, durch Eintragung eines Vermerkes in die Hypothekenregister jede weitere Bestellung einer Hypothek und jeden Verkauf seitens des Schuldners absolut oder zum Nachteile des Opponenten auszuschließen; es wird von ihm geradezu als der Urquell faktischer und rechtlicher Verwicklungen und als eine im Vergleich zu der gerichtlichen Hypothek noch weit verwerflichere Institution gebrandmarkt.

Der Hypothekengesetzentwurf Reichenspergers wurde, da eine Änderung des rheinischen Rechtes in einem sehr wichtigen Zweige in Frage stand, dem auf den 28. September 1851 nach Düsseldorf einberufenen Rheinischen Provinziallandtage zur Begutachtung vorgelegt.[1]) Die Vorlage begleitete eine Denkschrift des Justizministers Dr. Simons vom 8. September 1851, die in kurzen Zügen die Hauptprobleme des Reformwerkes markierte und dabei die Notwendigkeit der Aufhebung der gerichtlichen Hypothek unter besonderem Hinweis auf die durch diese Hypothekgattung hervorgerufene Lähmung des Kredits der Schuldner, die übermäßige Anhäufung der Prozeßkosten und die erschwerte Auseinandersetzung unter den verschiedenen Gläubigern betonte.

Der Provinziallandtag verwies den Gesetzentwurf zur Prüfung und Berichterstattung an den dritten Ausschuß, dessen Vorsitzender der Vizemarschall Herman Joseph Stupp, Justizrat und Bürgermeister in Köln, war.[2]) In diesem Ausschusse, dessen Beratungen der Verfasser des Entwurfs, Appellationsgerichtsrat Reichensperger, beiwohnte, fanden die in dem Entwurfe vorgesehenen Neuerungen im allgemeinen beifällige Aufnahme; nur mit der vorgeschlagenen Abschaffung der gerichtlichen Hypothek war man nicht einverstanden.

---

[1]) Vgl. das Allerhöchste Propositionsdekret vom 21. September 1851. Dasselbe ist, soweit es auf die Hypothekenreform Bezug hat, wörtlich mitgeteilt in der Kölnischen Zeitung Jahrg. 1851 Nr. 230 I. Ausg. S. 2.

Betreffs der Schicksale des Reichenspergerschen Entwurfs vor dem Provinziallandtage geben schätzenswerte Auskünfte die Akten des Archivs der Provinzialstände der Rheinprovinz über das Hypothekengesetz von 1851 (Abt. IV Ziff. 8 Nr. 64 Lit. f.).

[2]) Sitzungsprotokolle des neunten Rheinischen Provinzial-Landtags, abgehalten zu Düsseldorf im Ständehaus, Koblenz 1851 S. 5.

Der Ausschuß stellte sich auf den Standpunkt, daß die gerichtliche Hypothek als ein wirksames Palliativ gegen sofortige Subhastationen beibehalten werden müsse, und erblickte eine ausreichende Abhilfe gegen die der Institution vorgeworfenen Mängel in der Unterwerfung der Hypothek unter das Spezialitätsprinzip. Dieses Prinzip sollte sich regelmäßig auf Pfandobjekt wie auf Forderung beziehen; doch erachtete der Ausschuß für gewisse Fälle, namentlich bei erheblicheren Schadensersatzansprüchen oder bei Gefahr auf Verzug auch die Zulassung einer unbestimmten Forderung für geboten. Im letzteren Falle sollte dem Richter die Befugnis zustehen, auf den Antrag des Klägers vorläufig eine Summe festzusetzen, die dieser zur Wahrung seiner Rechte auf bestimmte Immobilien des Schuldners eintragen lassen dürfe.

Entsprechend dieser Stellungnahme sprach sich der Ausschuß in seinem Bericht an das Plenum vom 18. Oktober 1851 für die Beibehaltung der gerichtlichen Hypothek, jedoch unter Wegfall des Generalcharakters, aus und beantragte:

a) in den Art. 2118, 2119 des Entwurfs, die gleich den Art. 2116, 2117 des Rheinischen Zivilgesetzbuchs von den Arten der Hypothek handelten, die gerichtlichen Hypotheken beizufügen,

b) nach dem Abschnitt über die vertragsmäßigen Hypotheken einen weiteren Abschnitt, betitelt „Von den gerichtlichen Hypotheken“ einzuschalten, der folgende dem Art. 2123 des Rheinischen Zivilgesetzbuchs und dem Art. 1 des französischen Gesetzes vom 3. September 1807[1]) entsprechende Bestimmungen enthält:

> „Die gerichtliche Hypothek entsteht aus Urteilen, wodurch der Schuldner zur Zahlung einer bestimmten Geldsumme verurteilt wird. Sie entsteht ferner aus Urteilen, durch welche die Anerkennung der Unterschrift des Schuldners auf einem für eine bestimmte Geldsumme ausgestellten Privatschuldbekenntnisse beurkundet oder für

[1]) Die Bestimmungen dieses Gesetzes sind in dem Ausschußantrag insoferne modifiziert, als eine abweichende Vereinbarung durch die Parteien nicht zugelassen ist.

verifiziert erklärt wird. In diesem Falle darf die Eintragung gleichwohl erst dann geschehen, wenn die Schuld fällig ist. Wird ein unbestimmter Anspruch zuerkannt, so kann der Richter auf den Antrag des Klägers nach den Umständen provisorisch eine Summe bestimmen und den Kläger ermächtigen, für diese Summe eine Hypothekeneintragung zu nehmen.

Auf schiedsrichterliche Entscheidungen darf eine Eintragung nicht erwirkt werden, so lange sie nicht exekutorisch erklärt sind.

Desgleichen entsteht aus einem in dem Ausland gesprochenen Urteil erst dann eine Hypothek, wenn dasselbe von einem preußischen Richter exekutorisch erklärt worden ist."

Im Plenum des Provinziallandtags kam die Hypothekenreform in der 10. Sitzung vom 20. Oktober 1851 zur Sprache.[1]) Die Verhandlung verlief im allgemeinen sehr ruhig, und nur die Frage der gerichtlichen Hypothek, in der das Ausschußgutachten vom Entwurf abwich, rief eine längere Debatte hervor. Es traten Redner teils für, teils gegen die gerichtliche Hypothek, insbesondere aus dem Kreis der Abgeordneten der Ritterschaft auf, die jedoch keine wesentlich neuen Gesichtspunkte zur Sache vorbrachten. Das Endergebnis war, daß die Beibehaltung der gerichtlichen Hypothek und ihre Beschränkung auf das gegenwärtige Vermögen des Schuldners mit einer an Einstimmigkeit grenzenden Majorität beschlossen wurde.

Die Ergebnisse der Beratungen des Provinziallandtags wurden in einer Denkschrift, die sich nach Form und Inhalt fast vollständig an den Bericht des dritten Ausschusses anlehnte, niedergelegt und der Staatsregierung unter Beifügung einer an den König gerichteten Adresse unterbreitet.[2]) Dem Provinziallandtage wurde daraufhin durch Allerhöchste Kabinettsordre vom 29. Oktober 1851 eröffnet, daß zu einer definitiven Redaktion des Gesetzentwurfs erst dann geschritten

[1]) Sitzungsprotokolle S. 33 ff.; Kölnische Zeitung Jahrg. 1851 Nr. 257 I. Ausg. S. 4.

[2]) Sitzungsprotokolle S. 47.

werden könne, wenn die von den rheinischen Gerichten eingeforderten Gutachten eingetroffen seien, und daß zurzeit sich noch nicht übersehen lasse, ob schon in der nächsten Sitzungsperiode den Kammern ein Gesetzentwurf vorgelegt werden könne.[1])

Um diese Zeit nahmen auch mehrere Praktiker Veranlassung, zu dem Reichenspergerschen Gesetzentwurfe Stellung zu nehmen. Im November des Jahres 1851 erschien unter dem Titel „Reform des Hypothekensystems in der Rheinprovinz“ in der Kölnischen Zeitung eine Serie von 5 Artikeln, die den Advokat-Anwalt am Rheinischen Appellationsgerichtshof A. Bessel zum Verfasser hat.[2]) Bessel sprach sich, wie der Provinziallandtag, für die Beibehaltung der gerichtlichen Hypothek aus; er forderte, daß die gerichtliche Hypothek nur aus den auf Zahlung einer bestimmten Geldsumme lautenden Urteilen entstehen und ausschließlich das gegenwärtige Vermögen des Schuldners belasten solle. Außerdem lenkte aber Bessel noch die Aufmerksamkeit auf einen weiteren Punkt, der weder in dem Reichenspergerschen Entwurfe noch bei den Verhandlungen des Provinziallandtags berührt wurde. An der Hand eines dem kaufmännischen Leben entnommenen Falles wies er darauf hin, zu welchen Kreditschädigungen die Verknüpfung der Entstehung der gerichtlichen Hypothek mit dem Urteilserlasse führe, wenn das den Schuldner verurteilende Erkenntnis erster Instanz durch eine Entscheidung des Appellationsgerichtshofs wieder aufgehoben werde, und reihte daran den bemerkenswerten Vorschlag, daß die gerichtliche Hypothek nicht mehr wie bisher mit dem Erlasse des

---

[1]) Vgl. die Übersicht der von dem Provinziallandtage gestellten Anträge und der darauf erlassenen Entscheidungen vom 15. September 1852 Lit. A Ziff. 7 in den Sitzungsprotokollen des zehnten Rheinischen Provinziallandtags, abgehalten zu Düsseldorf im Ständehaus, Koblenz 1852 S. 6.

[2]) Kölnische Zeitung, Jahrg. 1851: Nr. 262 I. Ausg. S. 4, Nr. 264 I. Ausg. S. 3, Nr. 266 Beil. S. 1, Nr. 268 I. Ausg. S. 4 und Nr. 271 I. Ausg. S. 3–4. Hier kommt namentlich der dritte Artikel in Betracht, der von den Änderungen innerhalb des Hypothekensystems und insbesondere von der gerichtlichen Hypothek handelt.

Urteils, sondern erst mit dessen Rechtskraft ins Leben treten solle. Auch die Broschüre, die der Advokat-Anwalt und Notar R. Reymann im Dezember des Jahres 1851 veröffentlichte,[1]) polemisierte gegen die von Reichensperger vorgesehene Abschaffung der gerichtlichen Hypothek. Merkwürdigerweise trat jedoch dieser Praktiker für die Beibehaltung des Instituts in seinem bisherigen Bestand ein; selbst die Generalität und zwar in ihrer schärfsten Form, nämlich mit Verhaftung des künftigen Vermögens, fand in ihm einen beredten Verteidiger.[2]) Der konservative und, wie die Begründung zeigt, allzu engherzig auf die Interessen des Gläubigers gerichtete Standpunkt erscheint um so befremdlicher, als Reymann im übrigen manchem originellen Gedanken geschickten Ausdruck verlieh.[3])

Das Staatsministerium hatte mittlerweile die eingeforderten Gutachten der Gerichte erhalten. Diese erklärten sich vielfach mit den geplanten Neuerungen nicht einverstanden; namentlich sprach sich die Mehrheit der Gerichte gegen die Abschaffung der gerichtlichen Hypothek aus.[4]) Das Staatsministerium beschloß darauf, von einem

---

[1]) Die im Verlage von Franz Karl Eisen in Köln erschienene, 52 Seiten umfassende Schrift führt den Titel „Kritik des von dem Königlichen Appellations-Gerichts-Rate Herrn P. Fr. Reichensperger ausgearbeiteten Entwurfs eines Hypothekengesetzes für den Bezirk des Rheinischen Appellations-Gerichts-Hofs“ (Stadtbibl. Köln).

[2]) S. 18 und insbesondere S. 31– 34.

[3]) Interessant ist — um nur einen Punkt herauszugreifen — der Vorschlag, durch den Reymann das mit Rücksicht auf die Rheinischen Bodenverhältnisse abgelehnte Realfoliensystem ersetzt wissen wollte. Er regte auf S. 13 seiner Schrift an, die Führung der Grundgüterrollen mit der Hypothekenregisterführung zu verbinden und in den Grundgüterrollen eine eigene Spalte anzulegen, in der bei jedem Grundstück die die einschlägigen Eintragungen enthaltenden Stellen des Hypothekenregisters nach Band und Nummer notiert werden.

[4]) Die Gutachten der Gerichte sind gesammelt in den „Akten des preußischen Justizministeriums betr. gutachtliche Äußerungen über den Entwurf eines Hypothekengesetzes für die Rheinprovinz, 1852, Adhibendum II zu Rh. Generalia Nr. 1, drei Bände.“ Diese Akten wurden durch die Liberalität des preußischen Justizministeriums zur Benützung im Kreisarchive Würzburg überlassen.

weiteren Vorgehen Umgang zu nehmen. Der Reichenspergersche Entwurf, sowie Denkschrift und Gutachten wurden als schätzbares Material beiseite gelegt.

Im Jahre 1860 schien es, als sollte das Reformwerk noch einmal aufgegriffen werden. Das Justizministerium kündigte im Abgeordnetenhaus eine Reform als bevorstehend an. Jedoch es blieb bei dieser Ankündigung; eine Vorlage ging den Kammern nicht zu.[1])

Bemerkenswert ist, daß um die gleiche Zeit eine Schrift des um die Theorie und Praxis des Rheinischen Rechtes hochverdienten Landgerichtspräsidenten Philippi erschien,[2]) die das ganze System des französischen Hypothekenrechts, seine Mängel und deren Hebung aufs eingehendste und mit großem Scharfsinne beleuchtete. Auch in dieser Schrift wurde der Beibehaltung der gerichtlichen Hypothek das Wort geredet. Der Verfasser regte nur die Rückkehr zu dem Gesetze vom 11. Brumaire VII an und wünschte eine Spezialisierung der gerichtlichen Hypothek auf bestimmte, dem Schuldner am wenigsten notwendige Grundstücke, jedoch vorbehaltlich des Rechtes des Gläubigers, bei eintretender Verschlechterung der zuerst hypothekarisch belasteten Grundstücke sein Urteil nachträglich auf weitere Grundstücke des Schuldners eintragen zu lassen.

b) Die bayerische Rheinpfalz.

In der bayerischen Rheinpfalz — bis zum Jahre 1838 „Rheinkreis“ genannt — hatten die Bestrebungen zugunsten einer Änderung des französischen Hypothekensystems, die kurze Zeit nach der am 1. Mai 1816 erfolgten Vereinigung

---

[1]) Haus der Abgeordneten, Session 1860, Drucksachen Nr. 77 und 217; Verhandlungen, 50. Sitzung vom 12. Mai 1860; vgl. ferner die Abhandlung von Gorius, Das Privilegien- und Hypothekenrecht in der preußischen Rheinprovinz (dem Bezirke des Rheinischen Appellationsgerichts zu Köln) in Puchelt, Das Rheinisch-französische Privilegien- und Hypothekenrecht, Leipzig 1876, II. Abteilung S. 31 ff., insbesondere S. 83.

[2]) Philippi, Versuch über das Hypothekenrecht in der preußischen Rheinprovinz, seine Entstehung, Entwicklung und Verbesserung, Elberfeld 1860.

mit dem Königreiche Bayern einsetzten, zunächst keinen Erfolg.[1]) Die Regierung konnte sich des theoretischen Bedenkens nicht entschlagen, daß die Neuregelung einer einzelnen Materie des Bürgerlichen Gesetzbuchs leicht das Gefüge des ganzen Systems ins Wanken bringe; außerdem ließ die in Titel VIII § 7 der Verfassungsurkunde vom 26. Mai 1818 gegebene Zusage, daß ein und dasselbe Bürgerliche Gesetzbuch für das Königreich Bayern bestehen solle, die vorzeitige Erlassung einer Novelle nicht als wünschenswert erscheinen.[2])

Die Klagen der pfälzischen Bevölkerung über die französische Hypothekengesetzgebung wurden wieder lebhafter zu Beginn der dreißiger Jahre unter dem Einflusse der von Frankreich ausgehenden Reformbewegung[3]) und nahmen schließlich eine derartige Heftigkeit an, daß die Regierung aus der bisher beobachteten zurückhaltenden Stellung heraustreten mußte. Im Jahre 1833 erteilte der König dem Präsidium des Appellationsgerichts Zweibrücken den Auftrag, im Einvernehmen mit dem Regierungspräsidenten der Pfalz durch eine Kommission den Entwurf eines umfassenden Hypothekengesetzes für den Rheinkreis oder, soferne dessen Herstellung bis zur nächsten Ständeversammlung nicht möglich sei, wenigstens den Entwurf eines die hauptsächlichsten Lücken des bisherigen Rechtes beseitigenden Gesetzes nebst ausführlichen Motiven ausarbeiten zu lassen. Die hierauf unter dem Vorsitze des Staatsrats und Appellationsgerichtspräsidenten von Koch aus mehreren Mitgliedern des Appellationsgerichts und einigen anderen sachkundigen Mitgliedern gebildete Kommission überzeugte sich bald davon, daß für die Ausarbeitung eines umfassenden Gesetzentwurfs die Zeit zu kurz sei; sie beschränkte deshalb ihre Tätigkeit auf die zweite Alternative des ihr zuteil gewordenen Auftrags und

---

[1]) Thoma, Das Privilegien- und Hypothekenrecht in der kgl. bayerischen Pfalz, in Puchelt, Das Rheinisch-französische Privilegien- und Hypothekenrecht, Leipzig 1876 II. Abteilung S. 197 ff.

[2]) Vgl. darüber die Drucksache „Entwürfe zu einem verbesserten Hypotheken- und Zwangsveräußerungsgesetz für Rheinbayern nebst Motiven und Beilagen, Zweibrücken 1835," S. 186 f.

[3]) Ebenda S. 190 ff.

legte am 24. April 1834 zwei Gesetzentwürfe, die Verbesserung des Hypothekenwesens und die Sicherstellung des Immobiliareigentums im Rheinkreise betreffend, vor, denen eingehende Motive beigegeben waren.[1])

Der erste, 34 Artikel umfassende Entwurf forderte die Verbriefung durch authentische Urkunden und die Transskription als ausnahmslose Bedingung einer jeden gültigen Übertragung von Immobilien, wies die bisher den Hypothekenbewahrern obliegende Führung der Transskriptionsbücher den Rentämtern zu und beschränkte das bedenkliche Resolutionsrecht des Verkäufers durch die Verpflichtung zur Inskription des Rechtes nach Ablauf von fünf Jahren. Dagegen änderte der Entwurf nichts an dem Bestande der stillschweigenden und generellen Hypotheken und ließ auch die Vorschriften des Zivilgesetzbuchs über die gerichtlichen Hypotheken unberührt.

Der zweite Entwurf mit 23 Artikeln hatte nur subsidiäre Bedeutung. Er war für den Fall ausgearbeitet, daß die im ersten Projekte hinsichtlich der Realisierung des Prinzips der Authentizität und der Publizität sowie hinsichtlich der Führung der Transskriptionsbücher gemachten Vorschläge wegen der durch sie hervorgerufenen Aufhebung der Transskriptionsgebühren auf Schwierigkeiten stoßen sollten, und unterschied sich daher von dem ersten Entwurfe nur dadurch, daß die Verpflichtung zur authentischen Verbriefung und zur Transskription nicht aufgenommen war.

Beide Entwürfe samt Motiven wurden an die Regierung des Rheinkreises zur Begutachtung geleitet.

Der Berichterstatter der Regierung, Regierungsrat Alwens, regte in seinem ausführlichen Referate vom 23. Mai 1834[2]) die Anlegung gemeindlicher, der Aufsicht der Rentämter unterliegender Besitzstandsregister zur Festhaltung der Identität und Spezialität der Unterpfänder an. Bei Besprechung des Spezialitätsprinzips ging er auch auf die gerichtliche Hypothek näher ein und nahm dabei, ohne die Existenzberechtigung

---

[1]) Entwürfe S. 1 ff. (Entwurf I), S. 21 ff. (Entwurf II) und S. 33 ff. (Motive).

[2]) Entwürfe S. 185 ff., insbesondere S. 212 f.

der Institution irgendwie in Zweifel zu ziehen, hauptsächlich gegen die dieser Hypothekform anhaftende Generalität Stellung, die seiner Ansicht nach eine große Beschwerlichkeit für den Schuldner und eine unverdiente Begünstigung für den Gläubiger bedeutete.[1])

Bei der am 23. und 24. Mai 1834 abgehaltenen Beratung des Plenums,[2]) das unter anderem sein Einverständnis mit der vorgeschlagenen Anlegung gemeindlicher Besitzstandsregister erklärte, griff der Regierungsrat Kurz die Frage der gerichtlichen Hypothek auf. Er anerkannte ausdrücklich die gerichtliche Hypothek als eine billige und gerechte Institution, bekämpfte aber gleich dem Berichterstatter Alwens mit aller Entschiedenheit deren Generalcharakter. Zur Abhilfe gegen die aus der Generalität der gerichtlichen Hypothek entspringenden mißlichen Folgen brachte Kurz die Aufnahme einer Gesetzesbestimmung in Vorschlag, die unter Belassung der Möglichkeit einer Heranziehung des künftigen Immobiliarvermögens dem Richter die Bestimmung der Zahl der zu belastenden Grundstücke des Schuldners überträgt. Der Gesetzesvorschlag hatte folgenden Wortlaut:[3])

> „Die gerichtlichen Hypotheken können künftig nicht mehr unbedingt auf alle Immobilien des Schuldners geltend gemacht werden. Der Gläubiger, welcher ein Urteil, und infolge desselben eine Hypothek gegen seinen Schuldner zu erlangen beabsichtigt, hat dem Gerichte in der Sitzung, in welcher über seine Forderung verhandelt wird, ein aus dem Güterbesitzstandsbuch ausgezogenes, gehörig beglaubigtes Verzeichnis der Immobilien seines Schuldners mit der Wertbestimmung derselben und einen Auszug aus dem Hypothekenregister über die gegen denselben bestehenden

---

[1]) Außerdem beanstandete Alwens, daß die auf Art. 7 der Bürgerlichen Prozeßordnung gegründeten sog. Kompetenzerweiterungsurteile der Friedensrichter eine gerichtliche Hypothek begründeten, und zwar deshalb, weil diese Erkenntnisse eigentlich nur eine einfache Anerkennung enthielten und folglich den Anerkennungen vor dem Vermittlungsamte, denen nach Art. 54 der Bürgerlichen Prozeßordnung eine hypothekarische Wirkung nicht zukomme, gleichzustellen wären.

[2]) Entwürfe S. 255 ff.

[3]) Entwürfe S. 267 ff.

Hypothekareinschreibungen vorzulegen und die Immobilien zu bezeichnen, auf welche er Hypothekarrechte zur Sicherung seiner Forderung an Kapital, Zinsen und Kosten verlangt.

Das Gericht hat nach der Entscheidung über die Hauptsache, nach Anhörung des Schuldners, auch über diesen Punkt zu erkennen, und dabei die Hypothekarrechte auf so viele Immobilien zu beschränken, als unter Berücksichtigung des Wertes derselben und der allenfallsigen schon darauf haftenden Privilegien und Hypotheken zur Sicherung des Kapitals, der Zinsen und Kosten erforderlich sind. Im Falle der Unzulänglichkeit der wirklichen Immobilien des Schuldners ermächtigt das Gericht den Gläubiger, in der Folge Spezialhypotheken auf diejenigen Immobilien inskribieren zu lassen, welche der Schuldner künftig erwerben könnte."

Die Gesetzentwürfe samt den Motiven und dem Gutachten der Regierung wurden durch den Druck veröffentlicht, um eine allseitige Prüfung der in Aussicht genommenen Änderungen und die Einholung der Urteile von Sachverständigen zu ermöglichen.[1])

Das Material, das in der Folge noch eine Mehrung durch zum Teil sehr schätzenswerte Bemerkungen pfälzischer Beamter wie auch durch mehr oder weniger ausführliche Erörterungen in juristischen Fachschriften[2]) erfuhr, wurde einer bei dem Justizministerium gebildeten Kommission überwiesen,

---

[1]) Die bereits mehrfach erwähnten „Entwürfe zu einem verbesserten Hypotheken- und Zwangsveräußerungsgesetz für Rheinbayern" enthalten außer den das Hypothekenwesen betreffenden Aktenstücken auch verschiedene wertvolle Beiträge zu einem verbesserten Zwangsveräußerungsgesetze (S. 271 ff.) und im Anhang eine Übersetzung des auf das Hypothekenwesen sich beziehenden Teiles des Niederländischen Gesetzbuchs sowie einen der Kritischen Zeitschrift für Rechtswissenschaft und Gesetzgebung des Auslandes entnommenen Auszug aus dem niederländischen Gesetz über das Hypothekenwesen vom 28. April 1834 (S. 515 ff.).

[2]) Vgl. Mittermaier im Archiv für die zivilistische Praxis Bd. 18 S. 457 ff.: Foelix in der Revue étrangère Jahrg. III (1836) S. 77 ff.

der auch mehrere durch langjährige Amtsübung mit den Gesetzen und Verhältnissen des Rheinkreises vertraute Mitglieder des obersten Gerichtshofs angehörten. Die Kommission arbeitete nach Sichtung und Prüfung des Materials eine neue Gesetzesvorlage unter dem Titel „Entwurf eines Gesetzes, die Verbesserung des Hypothekenwesens und die Sicherstellung des Immobiliareigentums betr." aus. Dieser Entwurf sah, was die gerichtliche Hypothek anbelangt, eine Änderung des seitherigen Rechtes in zweifacher Richtung vor. Er griff auch seinerseits den von dem Regierungsrate Kurz angeregten Gedanken einer Spezialisierung auf, suchte ihn jedoch, da eine richterliche Festsetzung der zur Sicherung des Gläubigers erforderlichen Unterpfänder als ein zu kostspieliges und zu Weiterungen führendes Verfahren erachtet wurde, in der Weise zu verwirklichen, daß dem Gläubiger anheimgestellt wurde, nach Erlaß des Urteils die Einschreibung der Hypothek auf bestimmte Immobilien zu erwirken. Gleichzeitig beschränkte der Entwurf im Interesse der Hintanhaltung einer wucherischen Ausbeutung des Schuldners die Zulässigkeit der Einschreibung einer gerichtlichen Hypothek auf solche Forderungen, deren vor Gericht anerkannte oder durch richterlichen Ausspruch festgesetzte Summe an Kapital, verfallenen Zinsen und Kosten wenigstens 60 Gulden beträgt.[1])

---

[1]) Art. 42 und 71 des Entwurfs. Hinsichtlich der Beschränkung auf größere Forderungen, die auch bei der Ausgestaltung der deutschen Zwangshypothek eine Rolle spielte, bemerken die Motive des Entwurfs: „Für kleine Forderungen ist die gerichtliche Hypothek zu versagen. Häufig kommen solche Generalhypothekareinschreibungen für ganz geringe Beträge, oft nur von etlichen Gulden vor. Diese Klasse von Hypothekareinträgen aber trifft hauptsächlich der oben entwickelte Vorwurf wucherischer Zwecke. Auf der anderen Seite ist die Gefahr, daß der Gläubiger ohne weitere Nachsicht zur Exekution schreiten möchte, hier nicht so bedenklich, weil der Schuldner, wenn seine Lage nicht ohnehin ganz rettungslos, einen so geringen Betrag schon aufzutreiben imstande ist; ja es dürfte manchem heilsamer sein, desfalls mit Strenge zur Berichtigung der Schuld angehalten zu werden, als daß er durch Belastung seines Vermögens mit Generalhypothek wohl augenblicklich Ruhe erhält, sein Kredit aber gelähmt und sein Ruin in die Hände eines wucherischen Gläubigers gegeben ist."

Die Plenarversammlung der pfälzischen Regierung, die zur gutachtlichen Äußerung über den Entwurf der Ministerialkommission aufgefordert wurde, stimmte der in dem Entwurfe vorgesehenen Regelung der gerichtlichen Hypothek zu und regte nur die Herabsetzung der für die einzuschreibenden Forderungen festgesetzten Mindestsumme von 60 Gulden auf 25 Gulden an, da anderenfalls nach der damaligen Kompetenzordnung die Erkenntnisse der Friedensgerichte zum Nachteile des Gewerbestandes von der gerichtlichen Hypothek ausgeschlossen worden wären.[1])

Nach dem Eingange des Gutachtens der Kreisregierung wurde das Reformwerk zunächst einige Zeit bei Seite gelegt,

[1]) Art. 62, 67 Abs. 2 und 88 des dem Berichte des Referenten, Regierungsrat Alwens, beigefügten Entwurfs. Der vom 8. Juni 1837 datierte Bericht bringt u. a. eine statistische Übersicht, die, zunächst als Grundlage eines die Einrichtung von Hypothekenämtern nach Kantonen oder Gemeinden bezweckenden Vorschlags gedacht, zugleich die damalige Verbreitung der gerichtlichen Hypothek ersehen läßt. Diese Statistik beruht auf amtlichen Erhebungen und legt den Durchschnitt der für den größeren oder geringeren wirtschaftlichen Verkehr des Rheinkreises besonders bedeutungsvollen Jahre 1818, 1824, 1827, 1831 und 1836 zugrunde: ihr Ergebnis ist folgendes:

Bezirke:	Durchschnittszahl der Einschreibungen per Jahr	Hiervon sind: Generalhypotheken		Spezialhypotheken		
		gerichtliche	gesetzliche	Zahl	Dabei wurden verpfändet: ganze Güterkomplexe	einzelne Grundstücke
Zweibrücken .	1923	714	390	819	—	10063
Kaiserslautern	1981	819	435	727	14	3858
Frankenthal .	3306	1028	364	1914	5	13335
Landau . . .	3022	701	776	1545	1	8154
	10232	3262	1965	5005	20	35410
		5227				

Nach dieser statistischen Tabelle beträgt die Zahl der eingeschriebenen gerichtlichen Hypotheken im ganzen Rheinkreise 31,88 %, d. i. nicht ganz ein Drittel aller Hypothekarinskriptionen. Betrachtet man die vier Bezirke des Rheinkreises für sich, so unterliegt der Prozentsatz erheblichen Schwankungen; er berechnet sich für Zweibrücken auf 37,13 %, für Kaiserslautern auf 41,34 %, für Frankenthal auf 31,09 % und für Landau auf 23,19 %.

hauptsächlich um deswillen, weil die vorgeschlagene Herabsetzung oder Aufhebung gewisser Registrierungs- und Transskriptionsgebühren einen Ausfall in den Staatseinnahmen befürchten ließ. Bereits im Jahre 1839 wurden jedoch die Arbeiten wieder aufgenommen, da nicht nur der Landtag, sondern auch der pfälzische Landrat auf Fortführung der Reform drängte.[1])

Nunmehr wurde das Appellationsgericht Zweibrücken mit der Abgabe eines Gutachtens beauftragt. Der Gerichtshof, der erst nach mehrfachen Hindernissen am 13., 14. und 15. April 1841 zu einer Plenarversammlung zusammentreten konnte, nahm bezüglich der Frage der gerichtlichen Hypothek eine von dem Entwurfe der Ministerialkommission und dem Gutachten der Kreisregierung völlig abweichende Stellung ein. Er lehnte sowohl die Spezialisierung der gerichtlichen Hypothek als auch deren Beschränkung auf größere Forderungen ab, und zwar erstere, weil sie nur wenig Vorteile bringe und ihre Durchführung mit zu großen Schwierigkeiten verbunden sei, letztere, weil sie den armen Gläubiger schlechter als den reichen Kapitalisten stelle.[2])

Die Kreisregierung ließ sich hierdurch von ihrer bisherigen Auffassung nicht abbringen. Die unter dem Vorsitze des Regierungspräsidenten Fürst von Wrede zur erneuten Beratung des Entwurfs gebildete Kommission erklärte am 7. Juni 1842, daß in Ansehung der gerichtlichen Hypothek bei dem Entwurfe der Ministerialkommission zu beharren sei. Ja, die Kommission der Kreisregierung ging sogar noch weiter. Sie beschloß die Ausarbeitung eines neuerlichen Entwurfs, der unter Durchführung des Prinzips der Publizität und der Spezialität ohne zu tiefen Eingriff in das geltende Zivilrecht eine Annäherung an das Hypothekengesetz der rechtsrheinischen Kreise anstrebte. Betreffs der Regelung der gerichtlichen Hypothek in diesem neuen Entwurf einigte sich die Kommission weiter dahin, daß die Hypothek nur

---

[1]) Verhandl. d. Kamm. d. Abg. 1837 Prot. Bd. XIV S. 478 ff., Bd. XVIII S. 107; Verhandl. d. Kamm. d. Reichsräte 1837 Bd. IV S. 75 f., 154 f.

[2]) Register der Beratschlagungen des Kgl. Appellationsgerichts der Pfalz von den Jahren 1837 bis 1846 S. 173 ff.

mehr durch die Eintragung der Forderung im Hypothekenbuche, nicht schon mit dem Urteilserlaß entstehen, ferner daß nur auf Grund rechtskräftiger Urteile eine Eintragung, auf Grund sonstiger Urteile dagegen nur eine Vormerkung stattfinden solle.[1])

Der Entwurf, den der Regierungsdirektor Alwens auf Grund der Kommissionsbeschlüsse fertig stellte, fand, obschon er den hauptsächlichsten, gegen das pfälzische Hypothekenrecht bisher vorgebrachten Beschwerden in ausgiebigem Maße Rechnung trug, weder bei den pfälzischen Gerichten noch bei den sonstigen sachkundigen Kreisen beifällige Aufnahme. Die Klagen über die Mängel der Gesetzgebung wurden hier als übertrieben und in der Erfahrung nicht begründet bezeichnet, und gerade diejenigen Besonderheiten, die bis dahin als wesentliche Gebrechen angefochten worden waren, die stillschweigenden Hypotheken der Mündel und Ehefrauen und die generelle Wirkung der gesetzlichen und gerichtlichen Hypotheken, fanden jetzt beredte Verteidiger.

Infolge davon ruhte die Angelegenheit längere Zeit. Im Jahre 1845 wurde der Entwurf, nachdem er in Einzelheiten eine Umarbeitung erfahren hatte, nochmals einer aus Ministerialbeamten und Mitgliedern des pfälzischen Kassationshofs gebildeten Kommission vorgelegt, die nach eingehenden Beratungen gleichfalls zu dem Ergebnisse gelangte, daß die Hypothekengesetzgebung der Pfalz einer Umgestaltung nicht bedürfe, und daß insbesondere auch zur Aufhebung der stillschweigenden Hypotheken und zur Beseitigung der Generalhypotheken kein genügender Grund vorliege. Bei diesem Stande der Dinge vermochte die Regierung auf den von ihr während eines Zeitraums von 12 Jahren verfolgten Reformversuchen nicht länger zu beharren.

Eine von Erfolg gekrönte Reform, die sich jedoch in sehr bescheidenen Grenzen hielt, erfuhr das pfälzische Hypothekenrecht Ende der sechziger Jahre des vorigen Jahrhunderts. Am 12. Dezember 1867 brachte die Staatsregierung bei der

[1]) Art. 27, 28, 30, 36 und 70.

Kammer der Abgeordneten einen Entwurf ein, der mit mehrfachen Änderungen am 16. Mai 1868 als Gesetz, die Abänderung einiger Bestimmungen des in der Pfalz geltenden Zivilgesetzbuchs über Privilegien und Hypotheken betreffend, die königliche Sanktion erlangte.[1]) Das Gesetz beschäftigte sich mit der gerichtlichen Hypothek überhaupt nicht; es beschränkte sich darauf, die Subrogation der Gläubiger in die gesetzliche Hypothek der Ehefrau der Einschreibung zu unterwerfen und die Verjährungsbestimmung des Art. 2180 Abs. 3 des C. civ. abzuändern.

Auch die am 1. Juli 1870 in der Rheinpfalz in Kraft getretene bayerische bürgerliche Prozeßordnung vom 29. April 1869[2]) ließ die gerichtliche Hypothek völlig unberührt. Sie äußerte nur insofern einen gewissen Einfluß auf die Institution, als durch Art. 553 ff. das aus dem gemeinen Mandatsprozeß übernommene, auf Forderungen im Höchstbetrage von 150 Gulden beschränkte Verfahren mittels bedingter Zahlungsbefehle in das pfälzische Recht neu eingeführt wurde. Die Frage, ob der auf Grund des Zahlungsbefehls nach Ablauf der Zahlungsfrist gemäß Art. 561 erlassene Vollstrekkungsbeschluß die gerichtliche Hypothek begründete, war in der Theorie bestritten,[3]) obschon der Umstand, daß dem Vollstreckungsbeschluß allgemein die Bedeutung eines rechtskräftigen Versäumnisurteils beigelegt wurde,[4]) deren Bejahung

---

[1]) Vgl. Verh. d. Kamm. d. Abg. 1866/68 Beil. Bd. III S. 293 ff. S. 457 ff.; Beil. Bd. IV S. 128 f. S. 505 f.; Sten. Ber. Bd. II S. 285, S. 387; Bd. III S. 101 ff. S. 113; Bd. IV S. 230, S. 233 f.; Verh. d. Kamm. der Reichsr. 1867/68 Beil. Bd. IV S. 35 ff., 77 ff., 80 ff.; Prot. Bd. V S. 180 ff.

Das Gesetz ist veröffentlicht im Gesetzblatte für das Königreich Bayern 1866/69 S. 609 ff. und im Kreisamtsblatte der Pfalz 1868 S. 1026 ff.

[2]) Prozeßordnung in bürgerlichen Rechtsstreitigkeiten für das Königreich Bayern. Amtliche Ausgabe. München 1869. Vgl. auch Gesetz vom 29. April 1869, die Einführung einer Prozeßordnung in bürgerlichen Rechtsstreitigkeiten für das Königreich Bayern betreffend. Amtliche Ausgabe. München 1869.

[3]) Die Frage wurde bejaht von Petersen in der Zeitschr. für franz. Zivilrecht Bd. 12 S. 402 f. und von Wernz, ebenda Bd. 12 S. 403*; in verneinendem Sinne äußerte sich Zoeller ebenda Bd. 12 S. 126 f. Vgl. ferner die Ausführungen von David ebenda Bd. 11 S. 526 f.

[4]) Wernz, Kommentar zur Prozeßordnung in bürgerlichen Rechtsstreitigkeiten für das Königreich Bayern, München 1871/72 Abt. I S. 523

erforderte. In der Praxis spielte die Frage keine weitere Rolle, da von dem Verfahren mittels bedingter Zahlungsbefehle in dem linksrheinischen Gebietsteile Bayerns fast kein Gebrauch gemacht wurde.

c) *Rheinhessen.*

Die Regierung der Großherzogtums Hessen sah sich angesichts der Verschiedenheit der Gesetzgebung, die in den einzelnen Gebietsteilen bestand, veranlaßt, die Stellung der Einheimischen wie der Landesfremden in den einzelnen Rechtsgebieten näher zu regeln. Diesem Zwecke diente unter anderem eine Verordnung vom 21. Juni 1817, welche die auf dem linken Rheinufer rücksichtlich der Fremden bestehenden Gesetze, sowie die Wirkung ausländischer Gerichte, Kontrakte und Urteile im Großherzogtum zum Gegenstand hatte[1]) und auch Anordnungen darüber traf, unter welchen Umständen in der linksrheinischen Provinz Urteile, die nicht in Rheinhessen gefällt worden waren, eine gerichtliche Hypothek sollten begründen können.[2])

Eine zufriedenstellende Lösung ließ sich jedoch bei den vielen Unzuträglichkeiten, welche die Verschiedenheit der Gesetzgebung insbesondere für den nicht unbeträchtlichen Verkehr der einzelnen Landesteile unter einander im Gefolge hatte, auf diesem Wege nicht erzielen. Kein Wunder, daß nach Einführung der landständischen Verfassung im Jahre 1820 gleich der erste Landtag dem Verlangen nach einer verbesserten, das ganze Staatsgebiet umfassenden Hypothekengesetzgebung Ausdruck verlieh.[3]) Der Landtagsabschied vom 8. Juli 1821 stellte auch in § 28 die Vorlage eines dementsprechenden Gesetzentwurfs in Aussicht; allein es verstrich,

---

Note 2 zu Art. 564; G. Schmitt, Der bayerische Zivilprozeß, Bamberg 1870/72 Bd. II S. 533 Note 26.

[1]) Archiv der großherzoglich-hessischen Gesetze und Verordnungen, unter Leitung der Ministerien hrsg., Darmstadt 1834/39 Bd. II S. 401 ff.

[2]) Vgl. §§ 8, 15 der Verordnung.

[3]) Lippold, Das Privilegien- und Hypothekenrecht in Rheinhessen, in Puchelt, Das Rheinisch-französische Privilegien- und Hypothekenrecht, Leipzig 1876, II. Abteilung S. 224 ff.

wiewohl fast auf jedem der folgenden Landtage das Bedürfnis nach einer Änderung des geltenden Hypothekenrechts zur Sprache gebracht wurde, ein Jahr um das andere, ohne daß die Zusage in Erfüllung ging.[1]) Das Bedenken, ob es wirklich tunlich sei, dem in Art. 103 der Verfassung angekündigten Zivilgesetzbuch ein neues Hypothekengesetz vorangehen zu lassen, wie auch die schwer zu beseitigenden Hindernisse, welche die geplante Einheitlichkeit der Hypothekenordnung für die verschiedenen Rechtsgebiete darbot, bestimmten die Regierung immer wieder, die Vorlegung des versprochenen Entwurfs zu verzögern.

In Fluß kam die Reformbewegung erst im Jahre 1830.[2]) Am 29. Oktober dieses Jahres wurde ein die Sicherheit des Grundeigentums betreffendes Gesetz erlassen, das die Grundlage für die Neuordnung des Pfandrechts bilden sollte.[3]) Im Anschluß an dieses Gesetz arbeitete im Jahre 1832 der geheime Staatsrat Eigenbrodt im Auftrage der großherzoglichen Regierung auch einen das Hypothekenwesen betreffenden Gesetzentwurf aus, der bestimmt sein sollte, dem Lande ein einheitliches Hypothekenrecht zu geben. Dieser aus 319 Artikeln bestehende Gesetzentwurf[4]) knüpfte an das Hypothekensystem des Code civil an, brachte jedoch auch eine Reihe deutschrechtlicher Gedanken zur Aufnahme, unter denen sich besonders die Verlegung der Entstehung der Hypothek auf den Zeitpunkt der Einschreibung in das Hypothekenbuch befand.[5]) Die gerichtliche Hypothek, die eine

---

[1]) Baur, Alphabetisches Repertorium über die Verhandlungen der zehn ersten Ständeversammlungen des Großherzogtums Hessen, von den Jahren 1820—1847, Darmstadt 1848 S. 339 ff.

[2]) Vgl. auch Müller, Das Pfandrecht nach dem großherzoglich-hessischen Gesetze vom 15. September 1858, Darmstadt 1871 S. 17 ff.

[3]) Vgl. Müller, Die Ingrossation des Grundeigentums nach dem großherzoglich-hessischen Gesetze vom 21. Februar 1852, Darmstadt 1855 S. 13 ff.

[4]) Der Titel des Gesetzentwurfs lautete: „Entwurf eines Gesetzes über die Hypothek und die übrigen Vorzugsrechte der Gläubiger, bestimmt, dem Großherzoglichen Staatsrat zur Prüfung und endlichen Redaktion übergeben zu werden, Darmstadt 1832“.

[5]) Art. 15 Abs. 2 und 3 des Entwurfs.

besondere Einrichtung Rheinhessens bildete und den rechtsrheinischen Provinzen Oberhessen und Starkenburg fremd war, fand sich in dem Entwurfe nicht vor. Vergeblich sucht man in den dem Entwurfe beigegebenen Motiven, genannt Andeutungen,[1]) nach einer tiefer gehenden Begründung für die Nichtaufnahme der gerichtlichen Hypothek; mit der kurzen Bemerkung, daß „die praktischen Folgen dieses Rechtsinstituts als nachteilig für die Gläubiger im Ganzen und als fürchterlich für den Schuldner erscheinen" wurde die Stellungnahme des Entwurfs in dieser Frage zu rechtfertigen versucht.[2])

Der Eigenbrodtsche Entwurf wurde zunächst den bestehenden Vorschriften gemäß am 16. November 1832 dem Geheimen Staatsrate vorgelegt. Dieser erklärte sich mit den allgemeinen Prinzipien des Entwurfs durchaus einverstanden, nahm auch an dem Fehlen der gerichtlichen Hypothek keinen weiteren Anstoß und sah nur einige wenige Änderungen von mehr untergeordneter Bedeutung vor.[3])

Den Landständen ging der Entwurf am 5. Januar 1836 zu.[4]) Doch kam es hier zu keiner Abstimmung, da die Staatsregierung einem von den vereinigten Ausschüssen beider Kammern geäußerten Wunsche entsprechend im Jahre 1838 die Zurücknahme des Entwurfs verfügte. Der Grund für diese Maßnahme lag darin, daß man einerseits die Fertigstellung der für die Annahme des Entwurfs für erforderlich erachteten Grundbücher abwarten wollte, andererseits aber auch das baldige Zustandekommen eines Bürger-

---

[1]) Die Motive bildeten ein separat erschienenes, 49 Seiten umfassendes Schriftchen, dessen vollständiger Titel lautete: „Andeutungen zu dem Entwurf eines Gesetzes über die Hypothek und die übrigen Vorzugsrechte der Gläubiger, Darmstadt 1832".

[2]) Andeutungen S. 15 f.

[3]) Der Entwurf in der Fassung der Beschlüsse des Staatsrats gelangte zum Abdruck in der Beilage Nr. 347 zum 103. Protokoll.

[4]) Bei der Vorlage des Entwurfs an die Landstände hielt der Geheime Staatsrat Dr. Knapp eine erläuternde Ansprache (abgedruckt in Beilage 346 zum 103. Protokoll), die jedoch auch nur konstatierte, daß der Entwurf die in Rheinhessen aus Urteilen entspringenden Hypotheken nicht aufgenommen habe.

lichen Gesetzbuchs für das Großherzogtum als gesichert erachtete.

Tatsächlich machten auch nach der Zurückziehung des Eigenbrodtschen Gesetzentwurfs die Arbeiten für die Einrichtung der Grundbücher wie für die Redaktion des neuen Zivilgesetzbuchs erfreuliche Fortschritte. Noch im Jahre 1847 durfte man mit der baldigen Einführung eines neuen bürgerlichen Rechtes rechnen,[1]) da brach das Revolutionsjahr 1848 herein und machte alle Hoffnungen zunichte. Durch ein Edikt vom 6. März dieses Jahres wurden der Provinz Rheinhessen ihre Institutionen und Gesetze bis zur Einführung einer allgemeinen deutschen Gesetzgebung garantiert.[2]) Damit aber war der Gedanke einer das ganze Staatsgebiet umfassenden Kodifikation zu Grabe getragen.

Das legislative Streben der Folgezeit ging nunmehr dahin, den zum Teil veralteten, zum Teil mangelhaften Rechtszustand auf dem Gebiete des Hypothekenwesens in den rechts- und linksrheinischen Gebietsteilen gesondert einer Besserung zuzuführen.

Den Anfang machten die beiden älteren, diesrheinischen Provinzen. Durch ein Gesetz vom 21. Februar 1852 wurden für Starkenburg und Oberhessen die bisherigen Vorschriften über die Erwerbung des Grundeigentums und die besonderen rechtlichen Folgen der Eintragung eines Erwerbstitels im Grundbuch (Ingrossation) in umfassender Weise umgestaltet und dabei auch das deutsch-rechtliche Institut der gerichtlichen Auflassung zu einer seinem Zwecke angemessenen

---

[1]) Im Jahre 1846 wurde den Ständen der Entwurf der ersten Abteilung des Bürgerlichen Gesetzbuchs für das Großherzogtum Hessen unterbreitet, welcher die Beurkundung des Personenstandes, das Eherecht, das Elternrecht und das Vormundschaftsrecht umfaßte. Der Entwurf ist abgedruckt in den Verhandlungen der zweiten Kammer des Großherzogtums Hessen im Jahre 1844/46, Beil. Bd. III Nr. 228. — Vgl. auch Vortrag des Ministerialrats Breidenbach bei Übergabe des Entwurfs, abgedruckt a. a. O. Beil. Bd. III Nr. 227; Motive zum hessischen Entwurf, abgedruckt a. a. O. Beil. Bd. III Nr. 229; Bericht des Ausschusses beider Kammern zur Begutachtung des Entwurfs, abgedruckt a. a. O. Beil. Bd. IV Nr. 230.

[2]) Müller, Pfandrecht S. 20.

Bedeutung erhoben.[1]) Mit diesem sog. Ingrossationsgesetze war die Grundlage für das spätere Pfandgesetz vom 15. September 1858 geschaffen, das eine Reorganisation auf der Grundlage der Prinzipien der Öffentlichkeit und der Spezialität brachte.[2]) In der Frage der Begründung der Hypothek stellte sich das Pfandgesetz im wesentlichen auf den Standpunkt des Eigenbrodtschen Entwurfs; es anerkannte nur Hypothektitel, als welche Gesetz, Vertrag und letztwillige Verfügungen, nicht aber Urteile zugelassen waren.[3])

In der Provinz Rheinhessen wurde die Reform des Hypothekenwesens erst wieder im Jahre 1869 in die Wege geleitet. Auf dem 19. Landtage begehrten die Stände des Großherzogtums in einem auf den Antrag des Abgeordneten Dumont gefaßten Beschlusse beider Kammern die Vorlegung eines Gesetzentwurfs, der in Nachahmung des französischen Gesetzes vom 23. März 1855 und unter Berücksichtigung der im übrigen Staatsgebiete hinsichtlich der Grundbücher und ihrer Fortführung erlassenen Gesetze und Verordnungen eine Besserung der rheinischen Gesetzgebung über die Übertragung des Grundeigentums und das Hypothekenwesen erstrebte. Diesem Beschluß entsprechend teilte die Staatsregierung am 29. November 1869 einen umfassenden Gesetzentwurf, betreffend die Erwerbung des Grundeigentums und verschiedener anderer Rechte an Liegenschaften sowie das

---

[1]) Das hessische Gesetz vom 21. Februar 1852 hat eine sehr gute dogmatische Bearbeitung erfahren durch die schon angeführte Schrift von Müller „Die Ingrossation des Grundeigentums nach dem großherzoglich-hessischen Gesetze vom 21. Februar 1852 in betreff der Erwerbung des Grundeigentums und der besonderen rechtlichen Folgen des Eintrags eines Erwerbtitels in dem Grundbuche mit vergleichender Rücksicht auf gemeines deutsches Zivilrecht, Darmstadt 1855".

[2]) Eine treffliche Erläuterung dieses Gesetzes bietet das bereits mehrfach angezogene Buch von Müller: „Das Pfandrecht nach dem großherzoglich-hessischen Gesetze vom 15. September 1858, Darmstadt 1871".

[3]) Art. 14 des Pfandgesetzes. Wegen des Ausschlusses der gerichtlichen Hypothektitel vgl. noch insbesondere: Müller, Pfandrecht S. 89 Anm. 1 und S. 98 Anm. 6.

Hypothekenwesen in der Provinz Rheinhessen, nebst Motiven zur ständischen Beratung und Beschlußfassung mit.[1])

In dem Entwurfe[2]) war die gerichtliche Hypothek gleichfalls und zwar ohne jeglichen Ersatz gestrichen.[3]) Der Art. 98 Abs. 1 besagte:

„Die Bestimmungen des Gesetzes (Art. 2116 und 2123 BGB.), wonach Hypotheken aus Urteilen der Gerichte oder gerichtlichen Akten entspringen, sind aufgehoben."

Der Entwurf wurde im Ausschusse der zweiten Kammer einer eingehenden Beratung unterzogen. Der Berichterstatter, Abgeordneter Becker, einer der gründlichsten Kenner des französischen Rechtes, konnte sich mit der vollständigen und unbedingten Beseitigung der gerichtlichen Hypothek nicht befreunden. Er beleuchtete in ausführlicher Begründung die aus der Abschaffung der gerichtlichen Hypothek hervorgehenden Mängel sowie die Unzulänglichkeit und Undurchführbarkeit etwaiger Ersatzmittel, insbesondere des Instituts der Immobiliaropposition. Demgemäß empfahl Becker eine Modifikation der bisher geltenden Vorschriften in der Weise, daß als Entstehungsquelle der gerichtlichen Hypothek nur mehr vollstreckbare, eine liquide Kondemnation aussprechende Urteile gelten und die Unterpfänder speziell und grundbuchmäßig auf Immobilien, die bereits auf den Namen des Schuldners eingetragen sind, eingeschrieben werden. Sein Antrag ging dahin, den ersten Absatz des Art. 98 zu streichen und an dessen Stelle folgende Bestimmungen anzunehmen:

„Die gerichtliche Hypothek entspringt:

a) aus jedem in der Provinz Rheinhessen erlassenen oder in Rheinhessen vollziehbar erklärten Urteil, welches die Verurteilung zu einer bestimmten Geldsumme ausspricht, mit Ausnahme der in Gemäßheit des Art. 7 BGB. erlassenen Urteile;

---

[1]) Beilage Nr. 317 zum 58. Protokoll vom 1. Dezember 1869.

[2]) Beilage Nr. 318 zum 58. Protokoll vom 1. Dezember 1869.

[3]) Die Gründe für diese Maßnahme sind in den Motiven zu dem Entwurf eingehend dargelegt. Vgl. Beilage Nr. 319 zum 58. Protokoll vom 1. Dezember 1869 S. 25 und S. 44–50.

b) aus schiedsrichterlichen Urteilen, wenn sie nach Vorschrift des Art. 1020 BPO. vollziehbar erklärt worden sind;

c) aus den Kosten-Exekutorien, welche von Bezirksgerichts-Präsidenten in Gemäßheit der Verordnung vom 27. August 1827 Art. 26 und 27 oder der Verordnung vom 26. November 1841 erlassen worden.

Dieser Hypothekentitel erstreckt sich zwar auf das dermalige und das künftige Immobiliarvermögen des Schuldners, allein kraft desselben kann eine Einschreibung gültig nur auf Liegenschaften vorgenommen werden, welche zur Zeit der Einschreibung schon im Grundbuche, bzw. in dem Mutationsverzeichnisse auf den Namen des Schuldners eingetragen sind. Dieselben sind in dem Einschreibungsgesuche (Art. 2148 BGB.) speziell und grundbuchmäßig zu bezeichnen.

Eine in dem Urteile aus Billigkeitsgründen bewilligte Zahlungsfrist (Art. 1244 BGB., 122 BPO.) steht der Einschreibung nicht entgegen.

Bei Verurteilung zum Früchte- oder Schadensersatz oder zu andern, noch zu liquidierenden Leistungen können die Gerichte eine Geldsumme bestimmen, bis zu welcher die Einschreibung genommen werden darf."

Diesem Antrage stimmten jedoch nur die beiden anderen rheinhessischen Mitglieder des Ausschusses bei. Die Majorität dagegen sprach sich für die Regierungsvorlage aus und erklärte nur eventuell, falls die gerichtliche Hypothek nicht ganz beseitigt werden sollte, dem Antrage der Minorität beitreten zu wollen.[1])

Eine weitere Verhandlung über den Entwurf fand nicht mehr statt. Die Umgestaltung der politischen Verhältnisse im Jahr 1870 und die Ausdehnung der Kompetenz des Reiches auf das gesamte bürgerliche Recht entzogen der Absicht, den Entwurf zum Gesetze zu erheben, jede Aussicht auf Verwirklichung.

---

[1]) Beilage Nr. 424 zum 83. Protokoll. S. 153 ff.

d) Baden.

Das Großherzogtum Baden nahm unter den deutschen Ländern französischen Rechtes von Anfang an eine Sonderstellung ein. Der Code civil war hier nicht unmittelbar, sondern in etwas erweiterter und veränderter Gestalt als Badisches Landrecht übernommen. Außerdem hatte — und das konnte für die Entwicklung der gerichtlichen Hypothek nicht ohne Einfluß bleiben — das französische Zivilprozeßrecht in Baden niemals Eingang gefunden.[1])

Das am 1. Januar 1810 in Kraft getretene Badische Landrecht enthielt die gerichtliche Hypothek nicht. Das zweite Einführungsedikt vom 22. Dezember 1809[2]) nahm in Art. 26 Abs. 3 das richterliche Unterpfandrecht, wie die hypothèque judiciaire des französischen Rechtes genannt wurde, ausdrücklich aus. Dies geschah offensichtlich in Anlehnung an das bisherige Recht, dem ein der gerichtlichen Hypothek entsprechendes Gebilde völlig fremd war.[3]) Der Ausschluß der gerichtlichen Hypothek währte jedoch nicht lange. Kaum war ein Jahr verstrichen, da führte eine landesherrliche Verordnung vom 8. Mai 1811[4]) die gerichtliche Hypothek ein. Die Gründe für diese Maßnahme sind nicht weiter bekannt; Staatsrat Brauer, der berühmte Kommentator des Badischen Landrechts, der übrigens, wie nebenbei erwähnt sein mag, der neuen Einrichtung des richterlichen Unterpfandrechts keineswegs geneigt war, leitete die Notwendigkeit der Ein-

---

[1]) Die erste einheitliche, die vielen Partikularrechte ersetzende Zivilprozeßordnung war die Obergerichtsordnung von 1803, die sich trotz ihrer Unzulänglichkeit bis zur Einführung der bürgerlichen Prozeßordnung von 1831 behauptete. Die Prozeßordnung von 1831 wurde bereits nach zwanzig Jahren durch die Prozeßordnung von 1851 ersetzt, an deren Stelle dann die unter Benützung des Hannoverschen Entwurfs erster Lesung ausgearbeitete Zivilprozeßordnung vom 28. März 1864 trat.

[2]) RegBl. 1809 Nr. LIII S. 502.

[3]) Die wohl dem gemeinen Rechte entstammenden sog. Einweisungsbefehle der früheren Gesetzgebung, die übrigens damals längst abgeschafft waren, hatten mit der gerichtlichen Hypothek zweifellos nichts zu tun. Vgl. Verh. d. Ständevers. d. Großh. Baden 1854, Prot. d. II. Kammer u. deren Beilagen, V. Beil. H. S. 193.

[4]) Reg. Bl. 1811 Nr. XIII S. 53.

führung aus dem damaligen vielfachen Verkehre zwischen badischen und französischen Untertanen ab.[1]) Die einzelnen Vorschriften über gerichtliche Hypothek gewähren kein besonderes Interesse, da sie wörtlich dem französischen Zivilgesetzbuch entnommen waren. Bemerkenswert ist nur der in das Landrecht eingefügte Satz 2218a Ziff. 4, der in Abweichung von der vom Code civil aufgestellten Rangordnung der Gläubiger zwischen die in der dritten Klasse zum Zuge gelangenden Vorzugs- und Unterpfandsgläubiger und die in die fünfte Klasse versetzten Handschriftsgläubiger als vierte Klasse die nicht eingetragenen Vorzugs- und Pfandgläubiger einschob. Die Anwendbarkeit dieser Bestimmung auf das richterliche Unterpfand hat merkwürdigerweise zu Zweifeln Anlaß gegeben; jedoch war der richtige Sinn der Gesetzesstelle offenbar der, daß anders wie im französischen Rechte das nicht eingetragene richterliche Unterpfand, obwohl nach den eingetragenen Unterpfändern, doch noch vor den Handschriftsgläubigern in eine vorzügliche Klasse kam.[2])

Das richterliche Unterpfand bürgerte sich in der Folgezeit rasch ein und gewann schließlich eine Ausdehnung, wie sie in den übrigen Ländern des französischen Rechtes nicht anzutreffen war. Schuld hieran war das in der badischen Prozeßordnung vorgesehene, in Frankreich unbekannte sog. bedingte Mandatsverfahren, das in seinem, dem Vollstreckungsbefehle der deutschen Zivilprozeßordnung entsprechenden Liquiderkenntnis einen bequem und rasch zu erwirkenden, das richterliche Unterpfand begründenden Titel bot.[3])

---

[1]) Brauer, Erläuterungen über den Code Napoléon, Karlsruhe 1809 ff., Bd. IV S. 179, Erl. z. LR. S. 2123.

[2]) Vgl. die Verordnung und Rechtsbelehrung vom 28. Dezember 1811 (RegBl. 1812 Nr. II), Brauer a. a. O. Bd. IV S. 178 f. und Bd. VI. S. 781 f., ferner den Aufsatz von Bayer „Von dem richterlichen Unterpfand" im Arch. f. Rechtspflege u. Gesetzgebung im Großh. Baden Bd. II (1832) S. 14 ff. sowie die anonym erschienene Abhandlung „Beitrag zur Berichtigung der Frage: Ob und wie das nicht eingetragene richterliche Unterpfandsrecht Vorrang in vierter Gantordnung wirke?" in der nämlichen Zeitschrift Bd. II S. 410 ff.

[3]) Nach der Statistik für die Jahre 1840/43 beliefen sich die bedingten Zahlungsbefehle im Durchschnitt auf etwa 130000 im Jahre;

Im Jahre 1839 wurde zum ersten Male eine Reform der Hypothekenordnung in die Wege geleitet, nachdem bereits auf verschiedenen Landtagen, besonders auf dem von 1831, eine wesentliche Änderung der Hypothekenbewahrung ohne Erfolg angeregt worden war. Durch Entschließung des großherzoglichen Justizministeriums vom 11. Oktober 1839 wurden den Gerichten zwei Fragen zur gutachtlichen Äußerung vorgelegt. Die eine dieser Fragen betraf die gerichtliche Hypothek und lautete dahin, ob die Beibehaltung der richterlichen Unterpfänder überhaupt und insbesondere mit der Wirkung, daß sie alle gegenwärtigen und künftigen Liegenschaften des Schuldners ergreifen, rätlich erscheine, oder ob der Landrechtssatz 2123 aufzuheben, bzw. zu modifizieren sei. In dem beigefügten Vortrage des Ministerialreferenten war hierzu bemerkt, daß das richterliche Unterpfand als mit Rechtsprinzipien in Widerspruch stehend und auch dem Zwecke nicht entsprechend schlechthin zur Aufhebung geeignet, zum mindesten aber als wesentlicher Modifikationen bedürftig erscheine. Die Gutachten der Gerichte fielen verschieden aus, sprachen sich jedoch in der Mehrzahl für teilweise Abänderung des bisherigen Rechtes aus. Die immerhin vorhandenen Meinungsverschiedenheiten bestimmten schließlich die Staatsregierung, die Sache nicht weiter zu verfolgen.[1])

Der Reformgedanke erwachte wieder unter dem Einflusse der um die Mitte des vorigen Jahrhunderts in Frankreich entbrannten Reformbewegung. Den Anstoß gab eine Motion des Abgeordneten Hofrat Mayer in der Sitzung der ersten Kammer vom 7. Februar 1854. Die Motion begehrte die

---

auf Grund dieser 130 000 Zahlungsbefehle erfolgten mindestens 100 000 Liquiderkenntnisse, von denen die Mehrzahl zum Eintrag im Pfandbuche kam. Eigentliche Urteile auf förmliches Verfahren hin ergingen dagegen nur etwa 12 000 im Jahre, wovon nur der kleinere Teil in das Pfandbuch eingetragen wurde. Vgl. Verh. d. Ständevers. 1854, Prot. d. II. Kammer, V. Beil. H. S. 196.

[1]) Vgl. die Abhandlung von Zentner: „Beitrag zur Hypothekarreform im Großherzogtum Baden mit Rücksicht auf die Verbesserungsversuche in anderen Ländern des Code civil, besonders in Frankreich und Belgien“ im Magazin für bad. Rechtspfl. und Verwaltung Bd. I (1854) S. 254 ff.

Abfassung einer Adresse, in der die Regierung unter Angabe der einzelnen reformbedürftigen Punkte um die Vorlage eines Gesetzentwurfs zur Verbesserung der Grund- und Pfandbücher gebeten werden sollte. In Ansehung der gerichtlichen Hypothek forderte der Motionssteller, daß diese künftighin nicht mehr unmittelbar aus den Urteilen, sondern erst aus der Vollstreckungsverfügung auf Liegenschaften entspringen solle.[1])

Zur Vorberatung über die Motion wurde eine Kommission eingesetzt, die am 3. März 1854 durch den Abgeordneten Zoepfl, den bekannten Heidelberger Staatsrechtslehrer, Bericht erstattete.[2]) Dem Antrage dieser Kommission entsprechend wurde die Abfassung einer Adresse abgelehnt, jedoch die Motion samt dem Kommissionsberichte der Staatsregierung zur geeigneten Berücksichtigung überwiesen.

Die Staatsregierung legte daraufhin bereits am 10. März 1854 der zweiten Kammer den Entwurf eines Gesetzes über einige Abänderungen des Pfand- und Vollstreckungswesens zur Beratung und Zustimmung vor.[3]) Der Entwurf ging in der Frage der gerichtlichen Hypothek über die Anregung des Abgeordneten Mayer, der nur eine Einschränkung des Instituts angestrebt hatte, hinaus und verfügte in § 1 die vollständige Aufhebung des richterlichen Unterpfandes. In der Begründung des Gesetzentwurfs wurden in knappen Umrissen die wesentlichen Gesichtspunkte, die vom rechtlichen und vom volkswirtschaftlichen Standpunkte gegen das richterliche Unterpfand sprechen, vorgeführt; dabei wurde auch auf die schlimmen Folgen der Liquiderkenntnisse hingewiesen, die sich in der Praxis als ein dem größten Mißbrauch ausgesetztes Mittel zum Zwecke der Erlangung richterlicher Unterpfänder erwiesen hätten.

Die mit der Vorberatung des Entwurfs betraute Kommission der zweiten Kammer, namens deren der Abgeordnete Betzinger in der Sitzung vom 28. März 1854 Bericht erstattete,[4])

---

[1]) Verh. d. Ständevers. 1854, Prot. d. I. Kammer, Beil. H. S. 112 ff.
[2]) Verh. d. Ständevers. 1854, Prot. d. I. Kammer, Beil. H. S. 200 ff.
[3]) Verh. d. Ständevers. 1854, Prot. d. II. Kammer, V. Beil. H. S. 159 ff.
[4]) Verh. d. Ständevers. 1854, Prot. d. II. Kammer, V. Beil. H. S. 193 ff.

war in Ansehung der gerichtlichen Hypothek geteilter Meinung. Die Mehrheit trat dem Vorschlage der Staatsregierung unbedingt bei; die Minderheit dagegen wünschte den Fortbestand der gerichtlichen Hypothek wenigstens solange, als nicht eine durchgreifende Revision des gesamten Hypothekenwesens in Angriff genommen würde. Bei den Beratungen wurden namentlich auch die schweren Mißstände besprochen, die das bedingte Mandatsverfahren mit seinem leicht zu beschaffenden Vollstreckungstitel im Gefolge hatte. Zum ersten Male tauchte der für die spätere Entwicklung bedeutsame Gedanke auf, die Entstehung des richterlichen Unterpfandrechts unter Ausschluß der im Mandatsverfahren ergehenden Liquiderkenntnisse auf die im förmlichen Verfahren erlassenen Urteile zu beschränken. Doch konnte die Kommission sich zur Verwirklichung dieser Idee nicht entschließen aus Furcht, es möchte einerseits die Anwendbarkeit des im übrigen bewährten bedingten Mandatsverfahrens unterbunden, andererseits eine mißbräuchliche, die Gerichte belästigende Ausnützung der Urteile herbeigeführt werden.

Die Staatsregierung forderte auch die Gerichte zur Erstattung von Gutachten über den Entwurf auf. Die Mehrzahl sprach sich gegen die Gesetzesvorlage aus, nicht etwa weil eine vorherrschende Geneigtheit für das richterliche Unterpfandsrecht bestand, sondern weil, wie namentlich das Gutachten des obersten Gerichtshofs ersehen ließ, es für bedenklich erachtet wurde, aus einem geschlossenen Ganzen einen einzelnen Teil herauszureißen, andere nicht minder bedeutende Mängel aber fortbestehen zu lassen.[1])

Die vorwiegend ablehnende Haltung der Gerichte und der in naher Aussicht stehende Schluß des Landtags bestimmten die Regierung, die Gesetzesvorlage noch vor der Beratung im Plenum zurückzuziehen.[2])

Damit war auch diese zweite Reformbewegung zum Stillstande gekommen. Zwar entschloß sich die Regierung, nachdem mittlerweile noch die juristische Fachpresse in ver-

---

[1]) Zentner a. a. O. S. 256 u. 275.

[2]) Zentner a. a. O. S. 275.

schiedenen, zum Teil sehr guten Abhandlungen, zu den Reformfragen Stellung genommen hatte,[1]) im Jahre 1855 noch einmal zu einer Überarbeitung des Entwurfs. Allein dieser überarbeitete Entwurf,[2]) der in der Hauptsache nur wenige Änderungen und Zusätze brachte, wurde dem Landtag überhaupt nicht vorgelegt.[3])

Die neue badische Zivilprozeßordnung vom 28. März 1864 führte gleichfalls keine Änderungen betreffs der Vorschriften über die gerichtliche Hypothek herbei; auch sie erkannte die Liquiderkenntnisse als Grundlage des richterlichen Unterpfandes gemäß Landrechtsatz 2123 an.[4]) Bei der Beratung des Gesetzes hatte zwar der Abgeordnete Walli beantragt, den Liquiderkenntnissen die Begründung eines Unterpfandrechts zu versagen, eventuell das durch ein Liquiderkenntnis bewirkte Unterpfandrecht einer kurzen Verjährungsfrist von

---

[1]) Vgl. die mehrfach erwähnte Abhandlung von Zentner, der die Abschaffung der gerichtlichen Hypothek — jedoch nur im Zusammenhange mit einer umfassenden Regelung des gesamten Hypothekenwesens — empfahl, und den Aufsatz von Hermanuz: „Gedanken über die Notwendigkeit und Ausführbarkeit einer baldigen Reform des badischen Grund- und Pfandbuchwesens in ob- und subjektiver Hinsicht" im Magazin f. bad. Rechtspfl. und Verwaltung Bd. I (1854) S. 359 ff., woselbst strenge Durchführung des Grundsatzes der Publizität und Spezialität sowie ein gesetzliches Beschränkungsverfahren für die älteren generellen, namentlich richterlichen Pfandrechte gefordert wird. — Die im Entwurfe vorgeschlagene Aufhebung der gerichtlichen Hypothek führte noch zu einer heftigen Polemik zwischen einem nicht weiter bekannten Anhänger des Entwurfs und dem Mitgliede der ersten Kammer Frhr. von Goeler, die ihren Niederschlag in einer Serie von Artikeln im bad. Zentr. Bl. für Staats- und Gemeindeinteressen (Jahrg. 1855 S. 49 ff., 75 ff., 108 ff., 141 f. und 149 f.) fand, wesentlich neue Ergebnisse jedoch nicht zeitigte.

[2]) Abgedruckt im bad. Zentr. Bl. für Staats- und Gemeindeinteressen Jahrg. 1855 S. 209 ff. und S. 217 f.

[3]) Die Gründe, die hierfür maßgebend waren, sind nicht weiter bekannt.

[4]) § 641 der badischen Zivilprozeßordnung von 1864. Vgl. auch Stempf, Prozeßordnung in bürgerlichen Rechtsstreitigkeiten für das Großherzogtum Baden, mit den Motiven, Kommissionsberichten und den landständischen Verhandlungen, Mannheim 1864 S. 163; Betzinger, Die auf den Zivilprozeß bezüglichen Normen des badischen Landesrechts, Freiburg i. Br. und Leipzig 1895 S. 48.

etwa drei Monaten, höchstens einem Jahre zu unterwerfen; allein es war ihm nicht gelungen, mit seinem Antrage durchzudringen.[1])

§ 2.

Die Entwicklung nach dem Erlasse der deutschen Zivilprozeßordnung vom 30. Januar 1877 bis zur Ausarbeitung eines Bürgerlichen Gesetzbuchs für das Deutsche Reich.

Die deutsche Zivilprozeßordnung vom 30. Januar 1877, die das Verfahren in bürgerlichen Rechtsstreitigkeiten für das Reichsgebiet einheitlich ordnete, zog die gerichtliche Hypothek nicht in den Bereich ihrer Regelung. Bei der Verschiedenheit der damals in Deutschland herrschenden Hypothekensysteme[2]) mußte sie, wie überhaupt das ganze Gebiet der Zwangsvollstreckung in das unbewegliche Vermögen,[3]) so auch diese Materie der Landesgesetzgebung überlassen.[4])

Damit war in den deutschen Ländern des französischen Rechtsgebiets, zu denen sich infolge des Frankfurter Friedensvertrags vom 10. Mai 1871 noch das Reichsland Elsaß-Lothringen gesellt hatte, den Bestimmungen des bisherigen Rechtes über die gerichtliche Hypothek der Fortbestand gesichert. Gleichwohl konnte nicht ausbleiben, daß die neue Prozeßordnung in verschiedenen Beziehungen ihren Einfluß auf das Institut äußerte. Die Zivilprozeßordnung wie

---

[1]) Vgl. Stempf a. a. O. S. 163 Anm. *) und die Ausführungen auf S. 157—162.

[2]) Hahn, Die gesamten Materialien zu den Reichs-Justizgesetzen, Bd. II (Zivilprozeßordnung), Berlin 1880 Abt. I S. 462.

[3]) Die Zivilprozeßordnung beschränkte sich in Ansehung der Zwangsvollstreckung in das unbewegliche Vermögen darauf, in den §§ 755—757 einige wenige Bestimmungen über die Zuständigkeit und das Verteilungsverfahren zu treffen; im übrigen wurde das ganze Gebiet der Immobiliarexekution der landesgesetzlichen Regelung überwiesen.

[4]) Vgl. § 757 Abs. II der Zivilprozeßordnung, der lautete:

„Nach den Landesgesetzen bestimmt sich insbesondere auch ..... inwiefern der Gläubiger berechtigt ist, seine Forderungen in das Hypothekenbuch eintragen zu lassen, und wie die Eintragung zu bewirken ist.“

auch die anderen mit ihr am 1. Oktober 1879 in Kraft getretenen Reichsjustizgesetze, darunter die Konkursordnung vom 10. Februar 1877, brachten insbesondere eine Reihe bisher unbekannter richterlicher Akte — man denke nur z. B. an das bedingte Endurteil oder an die Feststellung von Forderungen durch Eintragung in die Konkurstabelle —, bezüglich deren sich nunmehr die Frage erhob, ob sie als ein die gerichtliche Hypothek begründendes „jugement" im Sinne des Art. 2123 C. civ. zu erachten seien. Die meisten hier einschlägigen Streitfälle wurden durch die wissenschaftliche Erörterung wie namentlich auch durch die Rechtsprechung sehr bald ihrer Lösung zugeführt.

Größeren Schwierigkeiten begegnete der im Mahnverfahren ergangene Vollstreckungsbefehl.

Das ganze Mahnverfahren,[1]) das die Zivilprozeßordnung dem Mandatsprozesse des gemeinen Rechtes entnommen hatte, war eine dem französischen Prozeßverfahren völlig fremde und unter den Ländern des Code civil bisher nur in Baden und in der bayerischen Rheinpfalz bekannte Prozeßart, welche dem Gläubiger die rasche und billige Geltendmachung eines die Zahlung einer bestimmten Geldsumme oder die Leistung einer bestimmten Quantität anderer vertretbarer Sachen oder Wertpapiere betreffenden Anspruchs ermöglichen wollte. Auf ein bloß mündliches oder auf ein schriftliches, wenn auch nur in gewöhnlicher Briefform ohne Zuziehung eines Anwalts eingesendetes Gesuch konnte nunmehr seitens des Gerichts ein Zahlungsbefehl an den Schuldner erlassen und dieser Zahlungsbefehl späterhin für vollstreckbar erklärt werden, wenn der Schuldner nicht binnen gesetzlich bestimmter Frist Widerspruch erhob. Dem Vollstreckungsbefehle war durch § 640 der Zivilprozeßordnung vom 30. Januar 1877 die Gleichstellung mit einem für vorläufig vollstreckbar erklärten, auf Versäumnis erlassenen Endurteil eingeräumt.

Die Frage, ob dem Vollstreckungsbefehle des Mahnverfahrens Hypothek begründende Wirkung gemäß Art. 2123

[1]) ZPO. §§ 628 ff.

des französischen Zivilgesetzbuchs beizulegen sei, wurde in der Tagespresse wie auch in den juristischen Zeitschriften lebhaft besprochen.

Die verneinende Ansicht, deren Hauptvertreter die pfälzischen Juristen David[1]) und Zoeller[2]) waren, ging davon aus, daß die Reichsgesetzgebnng in das Hypothekenrecht der Einzelstaaten nicht habe eingreifen wollen, daß der Vollstreckungsbefehl zwar einem für vorläufig vollstreckbar erklärten Versäumnisurteile gleichgestellt worden, deswegen aber noch lange kein Urteil sei und daß nur auf Grund einer in der Form eines wirklichen Urteils ergangenen Entscheidung Hypothekareinschreibung genommen werden könne.

Die Anhänger der bejahenden Anschauung, von denen besonders der elsaß-lothringische Landgerichtsdirektor Petersen den vorgenannten beiden pfälzischen Juristen entgegentrat,[3]) beriefen sich darauf, daß der Vollstreckungsbefehl eine gerichtliche Anerkennung und Feststellung der in Frage stehenden Verbindlichkeit enthalte und, da auf die Form der Verfügung nichts ankomme, schon deshalb als ein jugement im Sinne des Art. 2123 C. civ. gelten müsse, auch wenn die Vorschrift des § 640 der Zivilprozeßordnung nicht bestünde.

Die Urteile der Gerichte, die alsbald zu der Frage Stellung nehmen mußten, fielen gleichfalls in verschiedenem Sinne aus. Weitaus die Mehrzahl trat für die Bejahung der Frage ein; namentlich in Rheinpreußen und in Elsaß-Lothringen wurde fast durchgehends den Vollstreckungsbefehlen hypothekbegründende Wirkung zugesprochen. Auch das hessische Oberlandesgericht zu Darmstadt erkannte als Revisionsinstanz in einem Urteile vom 8. Juli 1882, daß der Vollstreckungsbefehl des Mahnverfahrens die gerichtliche Hypothek erzeugt.[4]) Dagegen vermochte in der bayerischen Rhein-

---

[1]) Vgl. die Artikel in Puchelts Zeitschrift für französisches Zivilrecht Bd. XI S. 526 ff. u. Bd. XII S. 139 ff.

[2]) Vgl. die Artikel ebenda Bd. XII S. 125 ff. u. Bd. XIII S. 115 ff.

[3]) Ebenda Bd. XI S. 536 ff.; Bd. XII S. 385 ff.; Bd. XIII S. 141 ff.

[4]) Ebenda Bd. XIV S. 279 ff.

pfalz die bejahende Anschauung, die von den Landgerichten Frankenthal, Kaiserslautern und Landau verfochten wurde, sich nicht zu behaupten. Das Oberlandesgericht Zweibrücken entschied in einem Erkenntnisse vom 15. November 1881, daß Vollstreckungsbefehle nicht als Urteile im Sinne des Art. 2123 C. civ. zu gelten hätten.[1])

Bei diesem Zwiespalte der Meinungen war nicht zu verwundern, wenn in einzelnen Gebieten auch der Gedanke einer landesgesetzlichen Regelung auftauchte, für die der § 757 Abs. II der Zivilprozeßordnung eine Handhabe bot. Schritte zur Lösung der Streitfrage in diesem Sinne wurden in Elsaß-Lothringen, in der bayerischen Rheinpfalz und im Großherzogtum Baden unternommen, allerdings nicht mit dem gleichen Erfolge. In Elsaß-Lothringen blieb es bei einer bloßen Anregung; in den beiden anderen Gebietsteilen hingegen fand der Gedanke auch praktische Verwirklichung in dem Erlasse von Landesgesetzen, die merkwürdigerweise zu völlig verschiedenen Ergebnissen führten.

a) Elsaß-Lothringen.

In den Reichslanden wurde eine Regelung der besprochenen Streitfrage im Wege landesgesetzlicher Anordnung im Jahre 1880 angeregt. Der Notar Kleinklaus kam am 9. April 1880 im elsaß-lothringischen Landesausschuß auf den Vollstreckungsbefehl zu sprechen und meinte, man müsse die Begründung der gerichtlichen Hypothek durch Vollstreckungsbefehle gesetzlich ausdrücklich aussprechen, da die bisher vertretene Anschauung, daß der Vollstrekkungsbefehl nach dem Code civil eine Hypothek mit sich führe, in der Pfalz bestritten werde. Allein der Regierungsvertreter Ministerialrat Hoseus, ein früheres Mitglied des Reichsjustizamtes, lehnte ein legislatorisches Einschreiten mit der Begründung ab, daß seiner Ansicht nach der Vollstreckungsbefehl die gerichtliche Hypothek unzweifelhaft begründe, und daß hierüber auch nirgends ein Streit bestehe außer in der Rheinpfalz, wo man sich eben nicht an den

---

[1]) Puchelts Zeitschr. f. franz. Zivilrecht Bd. XIII S. 450ff.

Gedanken gewöhnen könne, daß etwas Urteil sein und eine Urteilshypothek begründen könne, das nicht auf Grund eines mündlichen Verfahrens vor dem Richter ergehe.[1])

b) Die bayerische Rheinpfalz.

In der bayerischen Pfalz stieß die Stellungnahme des Oberlandesgerichts Zweibrücken bei der Bevölkerung alsbald auf Widerspruch. Die Abneigung, die das Mahnverfahren hier unter der Herrschaft der bayerischen Prozeßordnung anfänglich gefunden hatte, war nach dem Inkrafttreten der deutschen Zivilprozeßordnung geschwunden, und die Institution wurde wegen ihrer Billigkeit und Schnelligkeit immer mehr geschätzt. Da nun Gefahr bestand, es würde die durch das Erkenntnis des Oberlandesgerichts zum Ausdrucke gelangte Rechtsanschauung zur allgemeinen Gerichtspraxis erhoben und so das Mahnverfahren im Rechtsleben der Pfalz an Boden verlieren, brachten die Abgeordneten Julius Müller, Kuby und Genossen am 30. Januar 1882 im Landtag einen Gesetzentwurf ein, in dem mit rückwirkender Kraft ausgesprochen wurde, daß die im Mahnverfahren erlassenen Vollstreckungsbefehle richterliche Unterpfandsrechte begründen.[2])

Der Entwurf wurde in der Kammer der Abgeordneten am 14. und 17. Februar 1882[3]) und in der Kammer der Reichsräte am 11. März 1882[4]) beraten und unverändert angenommen. Diesem Gesamtbeschlusse des Landtags entsprechend[5]) erhielt er die königliche Sanktion und wurde

[1]) Damit war die Frage in Elsaß-Lothringen endgültig abgetan. In der von einer Kommission angesehener elsaß-lothringischer Juristen auf Anregung des früheren Oberpräsidenten von Möller herausgegebenen Sammlung der in Elsaß-Lothringen geltenden Gesetze (Straßburg 1880 ff.) wurde in Bd. I S. 160 Note 705 Abs. 1 zu Art. 2123 C. civ. ausdrücklich bemerkt, daß die in diesem Artikel vorgesehene gerichtliche Hypothek auch durch den im Mahnverfahren ergehenden Vollstreckungsbefehl begründet werde.

[2]) Verh. d. Kamm. der Abg. 1881/82, Beil. Bd. II S. 530 f.

[3]) Verh. d. Kamm. der Abg. 1882, Sten. Ber. Bd. II S. 65 ff. 105 ff.

[4]) Verh. d. Kamm. der Reichsräte 1881/82, Prot. Bd. I S. 628, Prot. Bd. II S. 737 ff., Beil. Bd. I S. 688.

[5]) Verh. d. Kamm. der Abg. 1882, Beil. Bd. III S. 256; Verh. d. Kamm. d. Reichsräte 1881/82, Beil. Bd. I S. 691.

als Gesetz vom 20. März 1882, die Vollstreckungsbefehle in der Pfalz betreffend, im Gesetz- und Verordnungsblatte 1882 S. 106 veröffentlicht.[1])

Das Gesetz enthielt nur einen Artikel, der lautete:

„In der Pfalz begründen die im Mahnverfahren erlassenen Vollstreckungsbefehle (§§ 639, 640 der RZPO.) richterliche Unterpfandsrechte (Art. 2123 des BGB.).

Diese Bestimmung erstreckt sich auch auf die seit dem 1. Oktober 1879 bereits ergangenen Vollstreckungsbefehle."

c) *Baden.*

Die großherzoglich badische Regierung hatte sich in ihrem dem Landtage vorgelegten Gesetzentwurf über die Einführung der Reichsjustizgesetze im Großherzogtum Baden auf den Standpunkt der früheren badischen Gesetzgebung gestellt; sie wollte die Gleichstellung der Vollstreckungsbefehle mit den Urteilen hinsichtlich der Erzeugung des richterlichen Unterpfandes erhalten wissen und glaubte, von einer die Frage des Vollstreckungsbefehls regelnden landesgesetzlichen Vorschrift absehen zu können. Der Standpunkt der Regierung wurde in der Justizkommission der zweiten Kammer auf das entschiedenste bekämpft und der Ausschluß des richterlichen Pfandrechts für die Vollstreckungsbefehle beantragt. In dem von dem Abgeordneten Näf namens der Kommission erstatteten Berichte, der um so bedeutungsvoller erscheint, als bei den Beratungen über die Zwangshypothek des deutschen Reichsrechts auf die Stellungnahme des badischen Landtags in der Frage der Behandlung des Vollstreckungsbefehls mehrfach zurückgegriffen wurde, war zur Begründung des Antrags wörtlich folgendes ausgeführt:[2])

„In Baden haben die Liquiderkenntnisse auch in Hinsicht auf LR. S. 2123 die Eigenschaft eines richterlichen

---

[1]) Vgl. auch § 17 des Landtagsabschieds vom 28. April 1882 (Verh. d. Kamm. d. Abg. 1882, Sten. Ber. Bd. III S. 553).

[2]) Bingner, Das badische Einführungsgesetz zu den Reichsjustizgesetzen mit Erläuterungen aus den Regierungsmotiven und Landtagsverhandlungen, Heidelberg 1879 S. 56 f.

Urteils. Ohne Zweifel konnte bisher in Baden im Wege der Gesetzgebung diese Eigenschaft wieder aufgehoben werden, und es wurden hiezu im Laufe der Zeiten verschiedene Anläufe genommen.

Nach § 14 des EinfG. zur RZPO. treten die prozeßrechtlichen Vorschriften der Landesgesetze außer Kraft. Da nun der LR. S. 2123 keine prozeßrechtliche Vorschrift ist, der § 640 der RZPO. dem Vollstreckungsbefehl die gleiche Wirksamkeit beilegt, wie Baden einem Liquiderkenntnisse, ja sogar in Beziehung auf vorläufige Vollstreckbarkeit noch eine stärkere, so müßte ohne Einschreiten der Landesgesetzgebung einem solchen Vollstreckungsbefehl ebenfalls die Kraft eines richterlichen Pfandrechts beigelegt werden. Das Landesgesetz ist daher nie mit stärkeren Bestimmungsgründen aufgefordert gewesen, sich über diese Frage zu entscheiden. Daß die Aufhebung des Pfandrechts von Vollstreckungsbefehlen in den Befugnissen der Landesgesetzgebung liegt, soweit es sich um Liegenschaften handelt, kann keinem Zweifel unterliegen. Die §§ 708 bis 711 der RZPO. handeln nur von der Zwangsvollstreckung in das bewegliche Vermögen. Der § 757 überweist die Bestimmung: „inwiefern der Gläubiger berechtigt ist, seine Forderung in das Hypothekenbuch eintragen zu lassen und wie die Eintragung zu bewirken ist", insbesondere den Landesgesetzen zu. Das Landesgesetz ist daher auch befugt, zu verbieten, daß der Vollstreckungsbefehl in das Hypothekenbuch eingetragen werden solle. Ohne solchen Eintrag wird aber das richterliche Pfandrecht nicht gewahrt (Motive des Entwurfs der ZPO. S. 438).

Die Gründe hiezu sind aber gleichwertig mit den bisherigen Gründen zur Aufhebung des richterlichen Pfandrechts der Liquiderkenntnisse. Es gibt keinen Praktiker im Lande, der nicht betrübende Erfahrungen bei diesem Pfandrecht gemacht hat.

Der Zweck des Mahnverfahrens, nämlich eine rasche Rechtshilfe für unbestrittene Forderungen zu erhalten, wird nicht erreicht, ja nicht einmal verfolgt, sondern sehr oft geradezu mißbraucht. Auf die wenigsten Liquiderkenntnisse ist bisher ein Vollstreckungsgesuch gefolgt, nicht etwa weil inzwischen Zahlung geleistet wurde, sondern weil es dem Gläubiger gar nicht um die Vollstreckung zu tun war, weil es ihm bloß um Erlangung eines richterlichen Pfands auf Liegenschaften zu tun war. Diese Liquiderkenntnisse sind nicht bloß eine Landplage für die Pfandgerichte, der Grund der Unordnung für die Pfandbücher, sondern geradezu ein Mittel für den Schuldner, die Zahlung ohne alles Ziel zu verschieben und weitere leichtsinnige Schulden zu kontrahieren, für den unredlichen oder wucherlichen Gläubiger aber, den Schuldner dazu zu verleiten, ihn in Sicherheit einzuwiegen, so lange das liegenschaftliche Vermögen mit Pfandrechten noch nicht überbürdet ist, dann aber mit schonungsloser Härte den Schuldner von Haus und Hof zu vertreiben. Oft bekam der Schuldner solche richterliche Verfügungen gar nicht zu Gesicht. Es wurden dieselben nicht allzu selten im Einverständnis mit dem Gerichtsvollzieher den Hausgenossen zugestellt, die solche aus Leichtfertigkeit oder Unerfahrenheit dem Familienhaupt zu übergeben vergaßen oder unterließen. Es kam vor, daß der Gläubiger eine und dieselbe Forderung zwei und mehrere Male zum Pfandbuch eintragen ließ, bald eine einzelne Forderung, bald mehrere zusammen, bald die Gesamtheit aller, so daß der Schuldner meist weder die Größe seiner Schuld noch die Belastung seines Liegenschaftsvermögens mehr zu erkennen vermochte. So sind die richterlichen Pfandrechte auf Liquiderkenntnisse eine wahre Geißel und eine Quelle der Verarmung und Entsittlichung für das Landvolk geworden.

Einem solchen Unheil gegenüber und der Wahrnehmung, wie viele, weder fleißige, noch intellektuell hervorragende Menschen durch das Liquiderkenntnis plötzlich zu Reichtum gelangt sind, sollte man in Baden nicht länger zögern, die Quelle dieses Unheils, das richterliche Pfandrecht des Liquiderkenntnisses, zu verstopfen und dadurch das Mahnverfahren seinem eigentlichen wohltätigen Zwecke zurückzugeben.

Man kann wohl sagen, in den Ländern des richterlichen Pfandrechts kennt man das Mahnverfahren und in den Ländern des Mahnverfahrens kennt man das richterliche Pfandrecht nicht, bloß in Baden vereinigten sich beide zum gemeinschaftlichen Fluch für die Landbevölkerung. Das richterliche Pfandrecht hängt mit der Rechtskraft des Urteils nicht zusammen; es kann vor aller Rechtskraft erlangt werden.

Man darf auch nicht einwenden, daß anderenfalls mit der Erwirkung des Pfandrechts größere Kosten verbunden wären. Die Pfandbestellung soll unter diesen Erfahrungen nicht erleichtert, sondern erschwert werden. Gerade der Kredit der Landbevölkerung bei schlauen und verschwiegenen Wucherern ist viel schädlicher und verderblicher, als selbst die gänzliche Kreditlosigkeit."

Das Plenum der zweiten Kammer trat der Anschauung seiner Kommission in vollem Umfange bei und beschloß die Aufnahme einer Bestimmung, derzufolge die im Mahnverfahren ergangenen Vollstreckungsbefehle ein richterliches Unterpfandsrecht nicht begründen sollten.

Das Vorgehen der zweiten Kammer blieb nicht ohne Widerspruch. Insbesondere in den Annalen der badischen Gerichte [1]) wurde gegen den Vorschlag einer Abschaffung des richterlichen Pfandrechts für Vollstreckungsbefehle entschieden Stellung genommen und bemerkt, daß, falls dieser Vorschlag zur Annahme gelange, das Gute weggeworfen würde, ohne das Schlimme zu beseitigen.

Auch die Justizkommission der badischen ersten Kammer war mit dem Beschlusse der zweiten Kammer keineswegs einverstanden. Sie bestritt, daß ein genügender Anlaß bestehe zu einer so tief einschneidenden Änderung des geltenden Rechtes, auf die auch nicht eine Vorschrift der Reichsgesetzgebung nur andeutungsweise hinleite. Die angeführten Schädigungen von Schuldnern wurden als übertrieben bezeichnet und die Beibehaltung des Unterpfandes der Vollstreckungsbefehle als ein großer Vorzug für diejenigen

[1]) Bd. 44 S. 239 ff.

Schuldner erachtet, die ohne ihr Verschulden lediglich durch Unglücksfälle vorübergehend in Vermögensverlegenheiten kommen, aus denen sie nur durch Inanspruchnahme des Kredits gerettet werden können. Auch wurde hervorgehoben, daß die in nicht allzu ferner Zeit zu erwartende reichsrechtliche Regelung des bürgerlichen Rechtes mahne, in den Gebieten der Einzelstaaten nicht Teile des bürgerlichen Rechtes zum Gegenstande legislatorischer Arbeiten zu machen.[1])

Allein das Plenum der ersten Kammer teilte die Auffassung seiner Kommission nicht. Vielmehr wurde in der Sitzung vom 31. Januar 1879 ein Antrag des Frhrn. von Marschall auf Beibehaltung des Vorschlags der zweiten Kammer mit Mehrheitsbeschluß angenommen, obschon der Präsident des Justizministeriums diesem Antrag energisch entgegengetreten war.[2])

So entstand der § 26 des badischen Gesetzes vom 3. März 1879, die Einführung der Reichsjustizgesetze im Großherzogtum Baden betreffend,[3]) der anordnete:

„Die im Mahnverfahren ergangenen Vollstreckungsbefehle (§§ 639, 640 der ZPO.) begründen kein richterliches Unterpfandsrecht.“

§ 3.

Die letzte Entwicklungsphase der gerichtlichen Hypothek in den deutschen Ländern des französischen Rechtsgebiets.

Die letzte Entwicklungsphase der gerichtlichen Hypothek in den deutschen Ländern des französischen Rechtsgebiets stand unter dem Einflusse der mittlerweile in An-

---

[1]) (Erster) Bericht der Justizkommission der ersten Kammer über den Gesetzentwurf, die Einführung der Reichsjustizgesetze im Großherzogtum Baden betreffend. Erstattet von Hofrat Dr. Behaghel, S. 9—13. Auszugsweise ist der Bericht mitgeteilt bei Bingner a. a. O. S. 57 ff.

[2]) Vgl. die Beilage zum Protokolle der 81. öffentlichen Sitzung der zweiten Kammer vom 1. Februar 1879 und Bingner a. a. O. S. 61 Anm.

[3]) GVBl. 1879 S. 91—129. Ein Abdruck des Gesetzes in der Fassung gemäß GVBl. 1882 S. 44 und 1886 S. 161 findet sich bei Betzinger, Die auf den Zivilprozeß bezüglichen Normen des badischen Landrechts, Freiburg i. Br. und Leipzig 1895 S. 87—106.

griff genommenen Ausarbeitung eines bürgerlichen Gesetzbuchs für das Deutsche Reich. Die Vorarbeiten für dieses Gesetzbuch ließen mit Sicherheit darauf schließen, daß das bereits in einem großen Teile Deutschlands bestehende Grundbuchsystem die Grundlage des künftigen einheitlichen Immobiliarsachenrechts abgeben werde. Das bedeutete aber für die Länder des französischen Rechtsgebiets bei der Verschiedenheit, die das moderne Grundbuchrecht gegenüber dem französischen Hypothekenrecht aufweist, eine einschneidende Umgestaltung, die es als wünschenswert erscheinen ließ, der Einführung des Grundbuchsystems schon geraume Zeit vor dem Inkrafttreten des großen Gesetzgebungswerkes die Wege zu ebnen. Damit entstand eine neue Reformbewegung, deren Ziel die Anpassung des geltenden Rechtes an die Grundsätze des in Aussicht genommenen Grundbuchsystems bildete.

a) Rheinpreußen.

Für die preußische Rheinprovinz wurde die neue Bewegung im Jahre 1883 in die Wege geleitet. In der Sitzung des preußischen Abgeordnetenhauses vom 17. Februar 1883 stellte der Abgeordnete für Köln von Kesseler die Anfrage, ob es in der Absicht der Staatsregierung liege, bald und schon vor Publikation des in Bearbeitung begriffenen deutschen Zivilgesetzbuchs eine neue Hypothekenordnung für den Geltungsbereich des Rheinischen Zivilrechts vorzulegen. Auf diese Anregung hin arbeitete die Regierung einen Gesetzentwurf aus, der sich darauf beschränkte, ohne tiefere Eingriffe in das System des Rheinischen Rechtes den Übergang zu dem Grundbuchsysteme vorzubereiten. Der Entwurf führte zu dem Gesetz über die Veräußerung und hypothekarische Belastung von Grundstücken im Geltungsbereiche des Rheinischen Rechtes vom 20. Mai 1885,[1]) das am 1. Juli 1885 in Kraft trat.

---

[1]) GesSamml. 1885 S. 139. Bezüglich der Materialien zu dem Gesetze vgl. Haus der Abgeordneten, 15. Legislaturperiode, III. Session, 1885, Drucksachen Nr. 34 (Entwurf nebst Begründung), Nr. 125 (Kommissionsbericht), Verhandlungen Nr. 141 S. 269 ff. (erste Be-

Das neue Gesetz brachte den Grundsatz der Spezialität aller Hypotheken rücksichtslos zur Geltung. Für sämtliche Gattungen von Hypotheken, die nach dem 1. Juli 1885 begründet wurden, war in den §§ 4 und 5 gleichmäßig angeordnet, daß sie nur durch Einschreibung in die Register des Hypothekenbewahrers wirksam werden, sich nur auf die in der Eintragung nach ihrer katastermäßigen Bezeichnung genau anzugebenden Grundstücke erstrecken[1]) und in keinem Falle einen früheren Rang als vom Tage der Eintragung haben.

Das Spezialitätsprinzip äußerte aber, was insbesondere die gerichtlichen Hypotheken anbelangt, auch seine Wirkung auf die bereits vor dem 1. Juli 1885 eingetragenen Hypotheken insofern, als für sie eine wenigstens allmähliche Anpassung an die neuen Vorschriften vorgesehen war. In § 8 war nämlich bestimmt, daß die vor dem Inkrafttreten des Gesetzes begründeten gerichtlichen Hypotheken in Ansehung der erst nach diesem Zeitpunkte von den Schuldnern erworbenen Grundstücke nur wirksam werden sollten, wenn dieserhalb eine neue Eintragung erfolgte; der Rang der Hypotheken sollte bezüglich der neuen Grundstücke erst vom Tage der erneuten Einschreibung datieren. Ferner war in § 10 Abs. 3 des Gesetzes angeordnet, daß gerichtliche Hypotheken nur noch einmal und zwar innerhalb einer 10jährigen Frist nach der Einschreibung oder letzten Erneuerung erneuert zu werden brauchen. Diese Erneuerung mußte zufolge § 7 in der gleichen Weise erfolgen wie die Einschreibung der nach dem 1. Juli 1885 begründeten Hypotheken; d. h. es mußten nunmehr die einzelnen verhafteten Grundstücke

ratung), Nr. 152 S. 1176 f. (zweite Beratung) und Nr. 156, S. 1214 ff. (dritte Beratung); Herrenhaus, Session 1885, Drucksachen Nr. 69, Nr. 95 (Kommissionsbericht) und Verhandlungen Nr. 105 S. 219 ff.

[1]) Nach der ausdrücklichen Anordnung des § 5 war der Hypothekenbewahrer gehalten, die Einschreibungsgesuche unerledigt zurückzugeben, wenn weder in denselben die einzelnen Grundstücke nach dem Grundsteuerkataster bezeichnet waren, noch eine Bescheinigung des zuständigen Beamten vorgelegt wurde, derzufolge die zutreffende Bezeichnung der Grundstücke nach dem Grundsteuerkataster nicht ausführbar ist.

genau angegeben werden. Auf diese Weise sollte erreicht werden, daß spätestens mit dem 30. Juni 1895 die Unbestimmtheit aller vor dem 1. Juli 1885 eingetragenen gerichtlichen Hypotheken schwand.[1])

Das Gesetz vom 20. Mai 1885 war kaum in Kraft getreten, da wurde schon wieder der Wunsch nach weitergehenden Maßnahmen laut. Insbesondere mehrten sich die Stimmen, welche die unmittelbare Einführung des Grundbuchsystems für die Rheinprovinz begehrten. Die Regierung verhielt sich diesen Forderungen gegenüber anfangs ablehnend, veranstaltete aber dann doch Erhebungen und legte, als diese günstig ausgefallen waren, dem Landtag am 13. Februar 1888 einen Gesetzentwurf vor, der mit nicht sehr erheblichen Änderungen am 12. April 1888 als Gesetz, betreffend das Grundbuchwesen und die Zwangsvollstreckung in das unbewegliche Vermögen im Geltungsbereiche des Rheinischen Rechtes die königliche Sanktion erlangte.[2])

Durch dieses Gesetz wurde die in dem übrigen Teile Preußens mit Ausnahme einiger weniger Bezirke bereits geltende altpreußische Grundbuchgesetzgebung, insbesondere

---

[1]) Die Bestimmungen des Gesetzes erfuhren alsbald noch eine Erweiterung durch das Gesetz vom 24. Mai 1887 betr. die Ergänzung des Gesetzes über die Veräußerung und hypothekarische Belastung von Grundstücken im Geltungsbereich des Rheinischen Rechtes vom 20. Mai 1885 (GesSamml. 1887 S. 161). Nach diesem Ergänzungsgesetze, das die Art. 834 und 835 der Rheinischen bürgerlichen Prozeßordnung aufhob, war weiterhin die Transskription des Erwerbstitels für den Erwerber eines Grundstücks nicht mehr notwendig, um die weitere Eintragung der gegen den Veräußerer begründeten Hypotheken unmöglich zu machen. Ihre Einschreibung konnte künftig nur noch innerhalb vierzehn Tagen nach dem Vertragsabschlusse mit Rechtswirksamkeit erfolgen (Art. I § 15).

[2]) GesSamml. 1888 S. 52; vgl. ferner: Die Gesetzgebung über das Grundbuchwesen und die Zwangsvollstreckung in das unbewegliche Vermögen im Geltungsbereiche des Rheinischen Rechts, in amtl. Auftr. hrsg., Berlin 1888; Mügel, Das Rheinische Grundbuchrecht, 2. Aufl. Berlin 1892; Daub, Das Rheinische Grundbuchrecht mit Ausnahme der Zwangsvollstreckung in das unbewegliche Vermögen, Trier 1890.

das Gesetz vom 5. Mai 1872, betr. den Eigentumserwerb und die dingliche Belastung der Grundstücke, Bergwerke und selbständigen Gerechtigkeiten, die Grundbuchordnung vom gleichen Tage, das Gesetz über die Zwangsvollstreckung in das unbewegliche Vermögen vom 13. Juli 1883 sowie die zu diesen Gesetzen erlassenen Kosten- und Stempelgesetze auf das Gebiet des früheren Appellationsgerichtshofs Köln mit entsprechenden Ergänzungs- und Abänderungsbestimmungen übertragen und zugleich das Verfahren bei der ersten Anlegung des Grundbuchs unter Beifügung verschiedener allgemeiner Vorschriften und Übergangsbestimmungen geregelt. Das Gesetz trat am 1. Januar 1889 in Kraft. Die eingeführten altpreußischen Gesetze aber konnten, weil in der praktischen Anwendbarkeit durch das Bestehen eines Grundbuchs bedingt, nicht auch schon in diesem Zeitpunkte Wirksamkeit erlangen; ihr Inkrafttreten erfolgte vielmehr grundstücksweise nach dem Fortschreiten der bezirksweise in Angriff genommenen Anlegungsarbeiten, so daß das bisherige Recht nur allmählich im Laufe der Jahre durch das Recht der altpreußischen Gesetze verdrängt wurde.

Von der gerichtlichen Hypothek handelte § 11 Abs. 2 des Gesetzes vom 12. April 1888, der bestimmte:

> „Die Eintragung einer gerichtlichen Hypothek (Art. 2123 des BGB.) findet nur nach Maßgabe der §§ 6 bis 12 des Gesetzes, betreffend die Zwangsvollstreckung in das unbewegliche Vermögen, statt.“

Damit war verordnet, daß für die Grundstücke, für die das Grundbuch angelegt war, an Stelle der Vorschriften des bisherigen Rechtes über die gerichtliche Hypothek die Bestimmungen des altpreußischen Rechtes über die Eintragung einer vollstreckbaren Forderung in das Grundbuch zu treten haben.

Die Vorschriften des hiernach allmählich an die Stelle des bisherigen Rechtes tretenden Zwangsvollstreckungsgesetzes vom 13. Juli 1883[1]) wichen aber, was die Eintragung

---

[1]) GesSammI. 1883 S. 131 ff; vgl. auch Stegemann, Die Materialien zum Gesetze vom 13. Juli 1883, betreffend die Zwangsvollstreckung in das unbewegliche Vermögen, Berlin 1883.

einer vollstreckbaren Forderung in das Grundbuch anbelangt, nicht nur von den Sätzen des französischen Zivilgesetzbuchs über die gerichtliche Hypothek, sondern auch von den diese modifizierenden Anordnungen des Gesetzes vom 20. Mai 1885 erheblich ab. Hier sollen nur die hauptsächlichsten Neuerungen angeführt werden.

Die Eintragung einer vollstreckbaren Forderung in das Grundbuch bildete nach dem ausdrücklichen Wortlaute des Zwangsvollstreckungsgesetzes eine besondere Art der Zwangsvollstreckung in Grundstücke, die neben den Bestimmungen dieses Gesetzes auch den allgemeinen Vorschriften der Zivilprozeßordnung unterlag und vom Gläubiger nach seiner Wahl entweder allein oder in Verbindung mit der Zwangsversteigerung oder der Zwangsverwaltung vorgenommen werden konnte. Die Hypothek, deren Einschreibung auf den einseitigen, beim Grundbuchamte gestellten Antrag des Gläubigers erfolgte, war nicht nur auf Grund eines Urteils oder gerichtlichen Aktes, sondern auf Grund eines jeden Vollstreckungstitels zugelassen, durch den der eingetragene Eigentümer zur Zahlung einer bestimmten, in gesetzlicher Währung ausgedrückten Geldsumme verpflichtet wurde. In allen Fällen, also sowohl dem Schuldner wie dritten Personen gegenüber, wurde die Hypothek erst mit dem Augenblicke der Eintragung wirksam. Jedoch nicht jeder vollstreckbare Titel führte unmittelbar zu einer definitiven Eintragung. Die große Gefahr, die dem Schuldner im Falle der Abtretung der Hypothek durch den Gläubiger zufolge des jeder endgültigen Eintragung innewohnenden öffentlichen Glaubens des Grundbuchs erwachsen konnte, ließ es angezeigt erscheinen, in allen jenen Fällen, in denen entweder eine rechtskräftige Entscheidung noch nicht vorliegt und die Forderung sich noch in der Schwebe befindet oder wegen der Leichtigkeit der Begründung des Titels zu besorgen ist, daß der Verpflichtete bei Eingehung der Verpflichtung nicht die volle Kenntnis von deren rechtlichen Folgen gehabt hat, nur die Eintragung einer Vormerkung zu gestatten. Damit war unter genügender Sicherung des Schuldners dem Gläubiger im allgemeinen dieselbe Sicherheit gegeben, da der Tag der Vormerkung den Rang der

Hypothek bestimmte, die später an die Stelle der Vormerkung trat, wenn der vollstreckbare Titel eine die endgültige Eintragung gestattende Form angenommen hatte. Eine vormerkungsweise Eintragung war nach dem Gesetze geboten, wenn

a) die Forderung nur vorläufig[1]) oder nur gegen Sicherheitsleistung vollstreckbar war,

b) als Schuldtitel eine vollstreckbare Urkunde oder ein vollstreckbarer, nicht unter § 702 Nr. 1 und 2 der ZPO. vom 30. Januar 1877 fallender Vergleich[2]) in Betracht kam,

c) der Schuldtitel auf Inhaber- oder Ordrepapiere sich gründete und die einschlägigen Urkunden nicht vorgelegt wurden.[3])

Der Umfang der zwangsweise eingetragenen Hypothek war der nämliche, wie der Umfang einer gerichtlichen Hypothek nach dem Gesetze vom 20. Mai 1885. Die Hypothek konnte, wie bisher, sofort auf sämtliche, dem Schuldner gehörende Grundstücke ungeteilt eingetragen und, wenn der Schuldner in der Zukunft noch weitere Immobilien erwarb, auf diese durch besondere Eintragung ausgedehnt werden. Im Falle der Übermäßigkeit der für eine Forderung durch die Eintragung entstandenen Sicherheit war dem Schuldner ein Anspruch auf Einschränkung der Sicherheit eingeräumt; doch war im Gegensatze zum bisherigen Rechte die Beurteilung der Übermäßigkeit der Sicherheit lediglich in das richterliche Ermessen gestellt, und es konnte der Schuldner neben der Befreiung einzelner Grundstücke von der Hypothek auch die Verteilung der Forderung auf einzelne Grundstücke verlangen.

b) Elsass-Lothringen.

In Elsaß-Lothringen setzte schon bald, nachdem diese Provinzen dem Deutschen Reiche wiedergewonnen waren,

---

[1]) Dies trifft auch für die im Mahnverfahren ergehenden Vollstreckungsbefehle zu.

[2]) Gemeint sind hier die schiedsmännischen oder vor der Vergleichskammer des Rheinischen Gewerbegerichts geschlossenen Vergleiche.

[3]) Die Anordnung der Vorlegung der Urkunden bezweckte, eine doppelte Geltendmachung der Forderung unmöglich zu machen.

eine Reformbewegung ein, deren Ziel die Verbesserung des geltenden französischen Immobiliarsachenrechts bildete. Der Statthalter unterbreitete am 9. Januar 1885 dem Landesausschuß drei Gesetzentwürfe betreffend

a) die Rechtsgeschäfte über Grundeigentum und Nießbrauch sowie das Hypothekenwesen,

b) den Erwerb und die Belastung der Grundstücke und Bergwerke sowie die Einführung von Grundbüchern,

c) die Ausstellung gerichtlicher Erbbescheinigungen und die Zuständigkeit der Amtsgerichte.

Die Entwürfe bauten das Hypothekenwesen gemäß den Grundsätzen des öffentlichen Glaubens und der formalen Bedeutung des Buchinhaltes auf und sahen unter anderem auch die Beseitigung, bezw. Änderung der Vorschriften über die gerichtliche Hypothek vor.

Die Spezialkommission des Landesausschusses, an welche die Entwürfe zunächst verwiesen wurden, teilte zwar die Anschauung der Regierung, daß die mißliche Kreditlage des Grundbesitzes durch die mangelhafte Rechtslage mitverschuldet sei, konnte sich jedoch dessenungeachtet nicht zur Annahme der Entwürfe entschließen. Bestimmend für diese ablehnende Haltung war hauptsächlich die Befürchtung, ein dem zu erwartenden Bürgerlichen Gesetzbuche für das Deutsche Reich zuwiderlaufendes Zwischenrecht zu schaffen.[1]) Infolge davon wurde von einer Verhandlung über die Gesetzentwürfe im Plenum des Landesausschusses für die Session des Jahres 1885 abgesehen.

In der nächsten Session brachte die Regierung nur den Gesetzentwurf betreffend die Ausstellung gerichtlicher Erbbescheinigungen und die Zuständigkeit der Amtsgerichte wieder ein. Die Bedeutung dieses Entwurfs lag vor allem darin, daß er einen authentischen Nachweis über den Rechtserwerb durch Erbgang vorsah und damit eine zuverlässige Grundlage für die Eintragung des Erben gewinnen ließ. Der Entwurf

---

[1]) Vgl. den Bericht, den der Berichterstatter der Spezialkommission Dr. Gunzert erstattete. Der Bericht ist im wesentlichen veröffentlicht in der Jurist. Zeitschrift f. d. Reichsland Elsaß-Lothringen, Jahrg. 1885 Beil. Heft; ebenso in der Not. Zeitschrift f. Els.-Lothr. Jahrg. 1885 S. 241 ff.

erlangte die Zustimmung des Landesausschusses und des Bundesrats und wurde am 10. Mai 1886 als Gesetz veröffentlicht.[1])

Im Jahre 1889 wurde sodann dem Landesausschusse der Entwurf eines Gesetzes betreffend das Grundeigentum und Hypothekenwesen vorgelegt. Auch diese Materie, für die rechtspolitisch und volkswirtschaftlich das dringendste Reformbedürfnis vorlag, fand schließlich eine befriedigende Lösung. Der Entwurf führte zu dem Gesetze vom 24. Juli 1889,[2]) nachdem verschiedene Abänderungsvorschläge angenommen worden waren, welche die zur Beratung niedergesetzte Spezialkommission gemacht hatte.

Das Gesetz vom 24. Juli 1889 räumte mit der Heimlichkeit und der Allgemeinheit sämtlicher Hypotheken auf. Der § 9 verordnete, daß alle Hypotheken, also auch die gerichtlichen Hypotheken, nur insoweit wirksam sein sollten, als sie für bestimmt bezeichnete Grundstücke und für bestimmte Beträge eingetragen waren.[3]) Außerdem schränkte das Gesetz das Anwendungsgebiet der gerichtlichen Hypothek noch dadurch ein, daß es diese Hypothekgattung nur mehr zuließ aus vollstreckbaren Geldforderungen, deren Betrag in gesetzlicher Währung ausgedrückt ist. Der hier einschlägige § 22 bestimmte:

„Die gerichtliche Hypothek entsteht nur aus vollstreckbaren Entscheidungen über Geldforderungen, deren Betrag in gesetzlicher Währung bestimmt ist.

Die Forderung wird auf mehrere Grundstücke ungeteilt eingeschrieben, soferne der Gläubiger nicht etwas anderes beantragt.

---

[1]) GesBl. 1886 S. 61 ff.

[2]) GesBl. 1889 S. 69 ff.

[3]) Der § 9 des Gesetzes lautet:

„Alle Hypotheken erlangen Wirksamkeit und Rang erst vom Tage der Einschreibung.

Die Einschreibung der Vorzugsrechte wie der Hypotheken kann gültigerweise nur für einen bestimmten, nötigenfalls zu veranschlagenden Betrag an Haupt- und Nebenforderungen und nur auf einzelne, bestimmt zu bezeichnende Grundstücke genommen werden.

Als erwählter Wohnsitz (Code civil Artikel 2148 Nr. 1) kann jeder Ort im Gebiete des Reichs angegeben werden."

Die Artikel 2161, 2162 des Code civil bleiben unberührt."

Mißlich war, daß das Gesetz nicht auch für die Offenkundigmachung des Eigentums eine sichere Gewähr bot. Gerade für das Institut der gerichtlichen Hypothek wäre eine Regelung dieses Punktes bedeutungsvoll gewesen, da der Gläubiger mit der Unterwerfung der gerichtlichen Hypothek unter das Spezialitätsprinzip die unter Umständen sehr schwierige und zeitraubende Aufgabe bekam, schon vor Stellung des Einschreibungsantrags den Besitzstand seines Schuldners festzustellen.

c) *Die bayerische Rheinpfalz.*

Die pfälzische Reformbewegung stand ganz unter dem Einflusse der Gesetzgebungsarbeiten Preußens und der Reichslande. In der Sitzung der Abgeordnetenkammer vom 25. Februar 1886 richteten die pfälzischen Volksvertreter an die Staatsregierung die Bitte, es möge dem nächsten Landtag ein die Einführung des Grundbuchrechts vorbereitender Gesetzentwurf vorgelegt werden.[1]) Diesem Wunsche kam die Staatsregierung auch entgegen; sie unterbreitete der Kammer am 29. Februar 1888 einen Gesetzentwurf nebst Motiven,[2]) der, gegründet auf eingehende Gutachten der pfälzischen Gerichte, die im Rechtsleben fühlbar gewordenen Mängel des bisherigen Rechtes beseitigen und gleichzeitig den Übergang zu dem künftigen Grundbuchrecht erleichtern wollte. Der Entwurf wurde mit einigen, nicht sehr erheblichen Abweichungen am 26. April 1888 als Gesetz, die Abänderung von Bestimmungen des in der Pfalz geltenden Hypotheken- und Vormundschaftsrechts betreffend, sanktioniert.[3])

Den Hauptinhalt des am 1. Januar 1889 in Kraft getretenen Gesetzes bildete, soweit es hier interessiert, die strenge Durchführung des Einschreibungszwanges und des Grund-

---

[1]) Verh. d. Kamm. d. Abg. 1885/86 Sten. Ber. Bd. V S. 634 ff.
[2]) Verh. d. Kamm. d. Abg. 1887/88 Beil. Bd. II S. 341 ff.
[3]) GVBl. 1888 S. 427.

satzes der Bestimmtheit der Einschreibungen für Vorzugsrechte und Hypotheken.

Für die gerichtlichen Hypotheken, die nach dem 1. Januar 1889 begründet wurden, waren die Art. 3 und 4 maßgebend. In Art. 3 Abs. 1 war bestimmt, daß alle Hypotheken Dritten gegenüber erst mit der Einschreibung Wirksamkeit erlangen, in Art. 4 Abs. 1 daß die Einschreibung der Hypotheken nur für einen bestimmten Geldbetrag und auf einzelne, bestimmt bezeichnete Liegenschaften genommen werden kann.

In Ansehung der bereits vor dem Inkrafttreten des Gesetzes entstandenen gerichtlichen Hypotheken ordnete Art. 37 an, daß diese Hypotheken hinsichtlich aller, von dem Schuldner erst nach dem 1. Januar 1889 erworbenen Grundstücke nur nach Maßgabe der Art. 3 und 4 wirksam werden sollten. Weiterhin wurde noch eine allmähliche Unterwerfung der alten Urteilshypotheken unter die neuen Prinzipien besonders dadurch angebahnt, daß zufolge des Art. 38 die Bestimmung des Art. 4 auf die Erneuerung der vor dem Inkrafttreten des Gesetzes erfolgten Einschreibungen entsprechende Anwendung zu finden hatte.

d) Baden.

In dem Großherzogtum Baden hielt sich die Reform des Hypothekenwesens, die durch das am 1. Juli 1890 in Kraft getretene Gesetz vom 29. März 1890, die Vorzugs- und Unterpfandsrechte betreffend[1]) erfolgte, in den nämlichen Grenzen wie in der bayerischen Rheinpfalz; sie beschränkte sich in der Hauptsache auf die Durchführung des Spezialitätsprinzips.

Für die nach dem Inkrafttreten des Gesetzes entstehenden richterlichen Unterpfandsrechte[2]) wurde unter Aufhebung des

[1]) GVBl. 1890 S. 155.

[2]) Mit dem richterlichen Unterpfandrecht und dessen Existenzberechtigung hatte sich vor dem Erscheinen des Gesetzes der Gerichtsnotar C. Reutti in Karlsruhe in seinem Buche „Die Grund- und Pfandbuchsordnung im Großherzogtum Baden, Tauberbischofsheim 1886“ befaßt. Reuttis Anschauung — vgl. S. XVIII des Werkes — ging dahin,

Landrechtssatzes 2148 Ziff. 5 Abs. 2 (vgl. § 18) in den §§ 1 und 2 bestimmt, daß sie nur wirksam werden, wenn sie auf bestimmte, inhaltlich des Grundbuchs dem Schuldner gehörige Liegenschaften und für bestimmte, erforderlichenfalls zu veranschlagende Summen eingetragen werden, und daß sie in keinem Falle einen früheren Rang als vom Tage der den Vorschriften des neuen Gesetzes entsprechenden Eintragung haben.

Die vor dem Inkrafttreten des Gesetzes entstandenen richterlichen Unterpfandsrechte konnten gemäß § 15 hinsichtlich der nach dem Inkrafttreten des Gesetzes von dem Schuldner erworbenen Liegenschaften nur mehr nach Maßgabe des § 1, d. h. nur unter Anwendung des Spezialitätsprinzips, Wirksamkeit erlangen. In dem § 17 wurde weiter angeordnet, daß alle vor dem Inkrafttreten des Gesetzes entstandenen Unterpfandsrechte, die nicht auf bestimmte Liegenschaften und für bestimmte Summen eingetragen waren, vor dem 1. Januar 1894 auf bestimmte Liegenschaften und für bestimmte Summen einzutragen seien, widrigenfalls sie ihre Wirksamkeit Dritten gegenüber verloren, und daß der bisherige Rang der Unterpfänder nur dann gewahrt bleiben sollte, wenn er in diesem Eintrage bestimmt angegeben war. Der Gläubiger war gehalten, bei Stellung des Antrags, soweit erforderlich, nachzuweisen, daß ihm der beanspruchte Rang gebühre und die von ihm bezeichneten Liegenschaften von seinem Unterpfandsrecht ergriffen worden seien.

e) *Rheinhessen.*

Für Rheinhessen wurde die dem künftigen Reichsrechte vorarbeitende Hypothekenreform vorgenommen durch das Gesetz vom 10. Mai 1893, Grundeigentum und Reform des Hypothekenwesens in der Provinz Rheinhessen betreffend[1]), das am 1. Januar 1894 in Kraft trat.

daß das richterliche Unterpfand in denselben Grenzen wie das vertragsmäßige zuzulassen sei und nicht ganz aus dem Kreise der Kreditsicherungsmittel ausscheiden dürfe.

[1]) RGBl. 1893 S. 53 ff.

In materieller Beziehung brachte das Gesetz für die gerichtlichen Hypotheken nach zwei Richtungen eine Änderung des bisherigen Rechtes.

Zunächst wurden nach dem Vorgange der dem französischen Rechtsgebiet angehörigen Nachbarstaaten die Generalhypotheken beseitigt. Nach Art. 14 erlangten alle Hypotheken, sohin auch die gerichtlichen Hypotheken, fortan nur Wirksamkeit durch Einschreibung und Rang nach dem Tage der Einschreibung; die Einschreibung konnte aber künftighin gültigerweise nur für einen bestimmten, nötigenfalls zu veranschlagenden Betrag an Haupt- und Nebenforderungen und nur auf einzelne, in Übereinstimmung mit den Angaben des Grundbuchs zu bezeichnende Grundstücke genommen werden.

Sodann aber erfolgte auch eine Einengung des Anwendungsgebiets der gerichtlichen Hypothek durch Beschränkung der Zahl der sie begründenden Titel. Nach Art. 30 entstand die gerichtliche Hypothek nur mehr aus vollstreckbaren Entscheidungen über Geldforderungen.

Eine Neuerung lediglich formeller Natur enthielt der Art. 33, der in Abs. 1 vorschrieb, daß mit den die Einschreibung gerichtlicher Hypotheken betreffenden Gesuchen dem Hypothekenbewahrer Auszüge aus dem Grundbuche, bezw. Mutationsverzeichnisse vorzulegen sind, denen zufolge der Schuldner als Eigentümer eingetragen ist.

Der Anwendungsbereich des Gesetzes blieb nicht auf die seit dem 1. Januar 1894 begründeten gerichtlichen Hypotheken beschränkt; vielmehr wurden auch die Judizialhypotheken des bisherigen Rechtes von dem Gesetze betroffen.

Nach Art. 38 konnten die vor dem Inkrafttreten des Gesetzes begründeten gerichtlichen Hypotheken in Ansehung der erst nach diesem Zeitpunkte von dem Schuldner erworbenen Grundstücke nur Wirksamkeit durch Einschreibung und Rang mit dem Tage der Einschreibung erlangen; die Einschreibung, die im Hinblick auf Art. 36 hinsichtlich des Betrags der gesicherten Forderung wie hinsichtlich der haftenden Grundstücke nach Maßgabe des Art. 14 spezialisiert werden mußte, war ausgeschlossen, wenn der Titel nicht entsprechend dem Art. 30 in einer vollstreckbaren Entscheidung über eine Geldforderung bestand.

Um auch die vor dem Inkrafttreten des Gesetzes bereits eingeschriebenen gerichtlichen Hypotheken dem Spezialitätsprinzipe zu unterwerfen, schrieb der Art. 39 Abs. 3 weiterhin deren Erneuerung, die nach Maßgabe der für Hypothekeinschreibungen unter neuem Rechte geltenden Bestimmungen zu erfolgen hatte, bis spätestens 1. Januar 1896 vor; als Rechtsnachteil für die Nichtbeachtung dieser Vorschrift war angeordnet, daß alle in dem angegebenen Zeitpunkte nicht erneuerten Hypotheken lediglich einen Anspruch auf eine Hypothek begründen sollten, deren Wirksamkeit und Rang sich nach dem Tage der späteren Einschreibung bestimmt.

Die Schaffung eines gemeinsamen bürgerlichen Rechtes, die durch das Bürgerliche Gesetzbuch für das Deutsche Reich und seine Nebengesetze erfolgte, hatte für die deutschen Länder des französischen Rechtsgebiets die Beseitigung der gerichtlichen Hypothek zur notwendigen Folge. Diese Beseitigung war jedoch nicht gleichbedeutend mit einer Aufgabe des Rechtsinstituts als solchen. An die Stelle der gerichtlichen Hypothek trat vielmehr zufolge der Zivilprozeßnovelle vom 17. Mai 1898 die Zwangs- oder Vollstreckungshypothek, die, wenn auch in Einzelheiten vielfach verschieden, so doch in der Hauptsache auf dem nämlichen Grundgedanken wie ihre Vorgängerin fußte.

Schlußbetrachtung.

Ziehen wir am Schlusse der Darstellung das Fazit unserer Untersuchungen, so ergibt sich, daß die Geschichte der Judizialhypothek des französischen Rechtes zwei scharf abgegrenzte Phasen von durchaus verschiedenem Gepräge aufweist. Nur die erste Phase, die auf Frankreich selbst beschränkt ist, stellt eine eigentliche Entwicklungsgeschichte dar. Aus einer stufenweisen Fortbildung des altrechtlichen Satzes, demzufolge eine jede einen Schuldvertrag enthaltende Notariatsurkunde die Liegenschaften des Schuldners mit einem Generalpfandrechte belastet, entsteht ganz allmählich das Institut der gerichtlichen Hypothek, wie es schließlich in dem großen Gesetzgebungswerke Napoleons seine Regelung gefunden hat.

Ganz im Gegensatze zu der ohne größere Störungen sich vollziehenden Entwicklung der vornapoleonischen Zeit steht die zweite Phase, die mit dem Inkrafttreten des Code Napoléon einsetzt und auch die vom französischen Rechte beherrschten außerfranzösischen Länder und Gebietsteile umfaßt. Unter den neuen veränderten Zeitverhältnissen treten die nicht bestreitbaren Schattenseiten der gerichtlichen Hypothek immer mehr hervor. Dem Institute erwachsen zahlreiche Gegner, was zur Folge hat, daß sich allenthalben ein mehr oder minder lebhafter Kampf um die Existenzberechtigung wie um die Zweckmäßigkeit der gerichtlichen Hypothek erhebt. Dieser Kampf wird im französichen Rechtsgebiete noch besonders durch zwei Momente verschärft, die bei der Entwicklung des Instituts auf deutschem Rechtsboden nicht anzutreffen sind. Dem anerkannt wenig glücklichen Hypothekensysteme Frankreichs, das nur eine mangelhafte Ausbildung des Publizitäts- und Spezialitätsprinzips kennt, reiht sich als ein nicht minder fühlbarer Mißstand das Fehlen des bürgerlichen Konkurses an die Seite, das vorwiegend zu dem vielberüchtigten Gläubigerwettrennen beigetragen hat.[1])

Der Kampf ist vielfach zu Ungunsten der gerichtlichen Hypothek ausgefallen. Eine Reihe von Staaten, namentlich Holland, Belgien und die Schweiz, haben das Institut aus ihren Gesetzgebungen verbannt und mit ihren Erfahrungen in der Folge den Beweis geliefert, daß die gerichtliche Hypothek eine notwendige Erscheinungsform des Rechtslebens nicht darstellt.

Auf der anderen Seite lehrt auch wieder das zähe Festhalten, dem wir in großen Teilen des französischen Rechtsgebiets trotz der heftigsten Gegenströmungen immer wieder begegnen, daß die Institution, mag auch ihre theoretische Rechtfertigung auf Schwierigkeiten stoßen, in der Praxis nicht unschätzenswerte Vorzüge bietet. Diese letzteren bestehen hauptsächlich darin, daß dem Gläubiger, der zu schonender Behandlung seines Schuldners geneigt ist, die Möglichkeit geboten wird, die Schonung ohne Gefährdung seines eigenen Interesses zu üben.

Daß man in den Ländern, welche sich für die Beibehaltung des Instituts entschieden haben, die Bestimmungen der Napoleonischen Gesetzgebung einer Reform unterzogen hat, bezw. zu unterziehen sich anschickt, kann nur begrüßt werden. Die Vorschriften des Code civil sind in der Tat, gerade was das Institut der gerichtlichen Hypothek anbelangt, in mehr als einem Punkte verbesserungsbedürftig. Namentlich erscheint die seitens mehrerer Staaten erfolgte Abschaffung der im wesentlichen nur historisch zu erklärenden Hypothek aus den gerichtlichen Akten durchaus begründet. Nicht ohne Interesse ist ferner, daß auch die Mittel, mit denen der deutsche Reichsgesetzgeber den Auswüchsen der Zwangshypothek zu begegnen suchte, nämlich der Ausschluß aller

[1]) Der ausschließlich kaufmännische Konkurs besteht in Frankreich, Luxemburg, Italien, Russisch-Polen und Mexiko; außerdem in Belgien, Griechenland, Portugal, Rumänien, Ägypten und Japan, welch letztere Länder die gerichtliche Hypothek nicht kennen oder sie abgeschafft haben.

geringfügigen Forderungen und der Ausschluß des Mahnbefehls, bereits auf französischem Rechtsboden auftauchten und teilweise Verwirklichung fanden.

Alle diese Punkte haben jedoch für das französische Rechtsgebiet eine mehr sekundäre Bedeutung. Hier handelt es sich vor allem darum, bezüglich derjenigen beiden Momente Wandel zu schaffen, die sich für die Existenz der gerichtlichen Hypothek als besonders gefahrbringend erwiesen haben. Der Schwerpunkt der Reform liegt in der Verbesserung des gesamten Hypothekensystems und in der Beseitigung der ungünstigen Folgen, welche die Beschränkung des Konkursverfahrens auf Kaufleute gezeitigt haben. Hinsichtlich des letzteren Punktes ist, wenn man von der vom deutschen Reichsrechte beeinflußten Entwicklung in den deutschen Rheingebieten und von den neuesten Reformvorschlägen in Frankreich selbst absieht, seither nur wenig geschehen. Die Reform des Hypothekenwesens, die fast überall versucht wurde, hat sich in der Hauptsache in einer mehr oder weniger weitgehenden Durchführung des Spezialitätsprinzips erschöpft. Der Ausbau des Spezialitätsprinzips, so erstrebenswert er an sich ist, wird jedoch in der Praxis stets auf Schwierigkeiten stoßen, wenn nicht gleichzeitig dem Gläubiger die Möglichkeit eröffnet wird, den Besitzstand seines Schuldners ohne allzu große Mühe zu ermitteln.

Eine Behebung dieser Schwierigkeiten ist nur möglich, wenn auch im französischen Rechtsgebiete für eine genügende Klarstellung der Eigentums- und Belastungsverhältnisse hinsichtlich aller Immobilien Sorge getragen wird. Die beste Lösung bietet hier unstreitig die Einführung des Grundbuchsystems nach dem bewährten Vorbild unserer deutschen Reichsgesetzgebung. Ohne die Schaffung von Grundbüchern, die allerdings mit nicht unbeträchtlichen Kosten verbunden ist, wird sich in Frankreich und den vom französischen Rechte beeinflußten Ländern eine auf die Dauer befriedigende, durchgreifende Reform des Hypothekenwesens nicht erzielen lassen.[1])

---

[1]) Die bereits mehrmals, auch in jüngster Zeit wieder angeregte Frage der Einführung des Grundbuchsystems in Frankreich (vgl. z. B.

Die Einführung des Grundbuchsystems wird daher neben der Ausdehnung des Konkursverfahrens auch das Endziel aller jener Reformbestrebungen bilden müssen, die darauf bedacht sind, das Institut der gerichtlichen Hypothek auf eine wahrhaft gesunde Grundlage zu stellen.

Viollette, Rapport supplémentaire, S. 81 ff.) stößt insofern auf Schwierigkeiten, als der Grundbesitz namentlich in einzelnen Gegenden sehr zersplittert ist. Jedoch bildet die Parzellierung des Grundeigentums kein unüberwindliches Hindernis, wie die Anlegung des Grundbuchs in Deutschland zeigt, das namentlich in den Rheinlanden und in Franken eine zum Teil recht erhebliche Bodenzerstückelung aufweist. Naturgemäß empfiehlt sich für derartige Gebiete nicht das in Deutschland vorwiegend gebräuchliche Realfoliensystem, sondern nur das Personalfoliensystem, für welches sich auch das den französischen Verhältnissen wohl am nächsten kommende Reichsland Elsaß-Lothringen entschieden hat.

ANHANG.

Die wichtigeren auf die gerichtliche Hypothek bezüglichen Aktenstücke der neuesten Hypothekarreform Frankreichs.

I.

Aus dem für den Kassationshof vom Rat Cotelle erstatteten Kommissionsbericht.[1]) 29. Dezember 1898.

(Vgl. oben S. 80).

En ce qui touche l'hypothèque judiciaire, l'accord paraissait établi dès 1850, et vos éminents collègues Aubry et Rau, dont l'avis aurait par. lui-même un si grand poids, n'ont fait qu'exprimer une opinion très générale, en appréciant (t. 3, p. 250) comme surannée la disposition de l'article 2123 du Code civil, dernier reste de la confusion d'idées qui fit longtemps attacher la production d'une hypothèque à la forme authentique du titre dont était armé un créancier.

Tout d'abord, c'est par un abus évident que l'article 107 de la Coutume de Paris, reproduit par l'article 2123 du Code, étendait cet effet aux reconnaissances et vérifications judiciaires d'écritures privées qui, malgré le correctif apporté à cette erreur par la loi du 3 septembre 1807, demeurent ainsi plus favorisées, sous le rapport de l'hypothèque, que les contrats notariés où cette garantie n'aura pas été stipulée. Mais alors même que l'on s'en tiendrait aux jugements *de condamnation* qui d'après l'ordonnance de Moulins de 1566, devaient de plus être en dernier ressort pour produire une hypothèque, leur caractère purement déclaratif d'un droit antérieur, auquel l'office du juge est seulement de donner la sanction de l'exécution forcée, ne comporte pas qu'à la saisie des biens de son débiteur, le plaideur qui a obtenu gain de cause soit maître de préluder par la prise d'un gage, dont la nature est de ne pouvoir être concédé que par la loi, pour certaines créances, ou par le propriétaire suivant sa volonté.

Votre Commission n'a pas été sensible à la crainte que, privés de la faculté de prendre hypothèque, les créanciers munis de jugements ne se montrassent trop pressés de recourir à la saisie. Tant qu'il lui restera quelque semblant de garantie à donner par hypothèque, le débiteur ne fera pas difficulté de l'offrir pour éviter l'expropriation. Si les biens sont déjà grevés au delà de leur valeur, les créanciers nouveaux n'ont pas d'intérêt à les faire vendre; tandis qu'avec la moindre sentence rendue même par défaut, ils accumulent sur les registres des inscriptions parfois sans cause sérieuse, très souvent sans profit possible, qui cependant suffisent pour les rendre arbitres du règlement amiable des ordres, faisant échec aux intentions bienfaisantes de l'article 751 du Code de procédure civile.

---

[1]) Rapport présenté par M. conseiller Cotelle au nom de la commission chargée de l'examen du projet de loi sur la réforme hypothécaire.

Obtenue facilement par surprise, et toujours le prix de la course, comme il est devenu banal de le dire; à la merci de l'expedition plus ou moins rapide des causes dans les différents tribunaux, et même des grosses dans les différents greffes, l'hypothèque judiciaire présente, à divers points de vue, des inconvénients qui balancent les considérations susceptibles d'en recommander le maintien. La procédure d'ordre, dont les difficultés sont le juste effroi des prêteurs, se trouverait heureusement simplifiée par l'application du principe rationnel suivant lequel c'est dans l'exécution forcée que doit résider la seule sanction des jugements.

L'article 29 du projet de loi nous a donc paru mériter votre entière approbation.

Il a été émis toutefois, au sein de votre Commission, l'idée de conserver l'hypothèque judiciaire, comme attribut particulier des condamnations ayant pour cause une dette non contractuelle, pour laquelle, par conséquent, il n'a pu dépendre des créanciers de se ménager des sûretés. Telles seraient la dette légale d'aliments, et celle des dommages-intérêts à raison d'un délit. Mais outre que l'article 52 du Code pénal maintient la contrainte par corps au profit des victimes de délits qualifiés, les juges qui donnent aux dommages-intérêts la forme d'une pension, ont la faculté d'en assurer le service dans l'avenir, autant que le permet la solvabilité actuelle du débiteur, en imposant à celui-ci le placement d'un capital productif d'arrérages suffisants, disposition dont le créancier n'a qu'à poursuivre l'exécution par les voies de droit. Quant aux créanciers d'aliments, nous n'avons pas pensé qu'il convînt de rien ajouter pour eux à l'article 1978 du Code civil, qui leur permet, à défaut de payement d'un seul terme échu, d'exiger, eux aussi, le placement d'un capital dont ils n'aient plus à l'avenir qu'à percevoir les intérêts.

Cette solution se trouve d'ailleurs préjugée par l'article 26 de la loi sur les accidents du travail du 9 avril 1898, d'après lequel l'hypothèque judiciaire n'est maintenue, pour les condamnations prononcées en vertu de cette loi, qu'au profit de la Caisse nationale des retraites, sur les recours exercés par elle contre les maîtres d'industrie dont elle est instituée la caution.

Nous n'avons pas pensé qu'il pût entrer dans les intentions du Gouvernement de retirer à la Caisse des retraites cet avantage qui lui a été accordé si récemment dans un intérêt public; seulement il conviendrait de dire, dans la loi nouvelle, que ses inscriptions devront être spécialisées sur des immeubles déterminés.

Nous n'avons pas supposé non plus que la suppression de l'hypothèque judiciaire dût atteindre celle des articles 490 et 517 du Code de commerce, justifiée, dans le régime de la faillite, par la suspension du droit de poursuite individuelle des créanciers; mais peut-être, ici encore, les inscriptions devraient être ramenées à la règle de la spécialité, telle qu'elle est formulée par l'article 17 du projet de loi.

Il serait, dans tous les cas, nécessaire de s'expliquer sur le point de savoir si les articles 490 du Code de commerce et 26 de la loi sur les accidents de travail resteront en vigueur, par dérogation à l'article 29 de ce projet.

On s'est demandé naguère s'il n'y aurait pas lieu de substituer à l'hypothèque judiciaire une opposition dont l'effet, analogue à celui de la saisie-arrêt mobilière, serait, sans investir le requérant d'aucun droit de préférence, de rendre indisponibles les immeubles du débiteur, comme le fait déjà, d'après l'article 686 du Code de procédure, la transcription de la saisie, et, au profit du Crédit foncier, celle d'un simple commandement. (Décret du 28 février 1852, art. 34.) Bien que ce rouage fonctionne en Belgique, votre Commission n'a pas cru devoir reprendre à son compte un amendement qui, devant l'Assemblée de 1850, à été combattu, avec beaucoup de force, comme aggravant la complication des ordres et mettant trop d'entraves à l'exercice du droit de propriété. Cela toucherait, au surplus, de plus près à la procédure d'éxpropriation qu'à la matière des hypothèques, sur laquelle vous avez, pour le présent, à vous prononcer.

A supposer que l'hypothèque judiciaire fût maintenue, soit pour toutes les condamnations, soit seulement dans des cas spéciaux, notre avis serait que l'inscription, actuellement générale en vertu de l'article 2148, ne pût être prise à l'avenir que comme spéciale, dans les conditions de l'article 17 du projet de loi. Sauf cette modification, que rien n'empêche d'imposer à partir de la date même de la promulgation du statut nouveau, il serait équitable, si l'on supprime l'hypothèque judiciaire pour l'avenir : 1° que les inscriptions antérieures conservassent tout leur effet, sauf qu'elles devraient être spécialisées lors du renouvellement décennal; 2° que l'hypothèque fût tenue pour acquise à tout bénéficiaire d'une décision prévue par l'article 2123 et prononcée avant la promulgation, à la charge de la faire inscrire comme spéciale, dans un délai qui serait imparti à cet effet. Une disposition transitoire devrait, dans cet ordre d'idées, être ajoutée aux articles 29 et 30 du projet en discussion.

II.

Aus dem Gutachten des Hausbesitzerkongresses.[1]) 1. Juni 1897.

(Vgl. oben S. 81).

Considérant que le projet de loi propose la suppression pure et simple de l'hypothèque judiciaire;

Qu'on invoque, d'une part, le caractère général de cette hypo-

---

1) Avis du Congrès de la propriété bâtie sur le projet de loi sur la réforme hypothécaire (Sitzung v. 1. Juni 1897).

thèque comme étant de nature à nuire au crédit du débiteur, mais considérant que l'art. 2161 C. civ. donne au débiteur le moyen de rendre cette hypothèque spéciale;

Que d'ailleurs hypothèque attachée aux décisions de justice, bien loin de nuire au crédit du débiteur, ne peut que lui être utile en facilitant les prêts purement chirographaires et en permettant au créancier muni d'une hypothèque judiciaire d'accorder des délais à son débiteur;

Considérant qu'on soutient, d'autre part, qu'il n'est pas juste qu'un créancier qui n'a pas exigé une hypothèque au moment du contrat puisse s'en procurer une ultérieurement et s'attribuer ainsi une situation privilégiée;

Mais considérant que tout en faisant observer qu'on en pourrait dire autant de tous ceux qui se font consentir des hypothèques conventionelles, des transports, des nantissements ou qui, par des saisies-arrêts validées par jugement, se procurent un droit de préférence sur les autres créanciers moins diligents, il suffit de dire que les dettes et obligations ne dérivent pas seulement des contrats et spécialement des contrats de prêts, qu'elles dérivent aussi des quasi-contrats, des quasi-délits, des délits et des crimes, de l'exécution ou de l'inexécution d'un mandat (administrateur de Société), de la loi elle-même (articles 202 et suivants) ou obligations qui naissent du mariage, etc. etc.);

Que dans tous ces cas et dans bien d'autres, il n'était pas possible au créancier de stipuler à l'avance ou au moment du contrat une garantie quelconque; que les créances qui naissent de tous ces faits, les pensions alimentaires imposées par la loi, etc., etc., sont au moins aussi sacrées que celles qui sont constituées au profit de prêteurs d'argent et que cependant elles leur seraient purement et simplement sacrifiées, puisqu'il dépendrait toujours d'un débiteur non commerçant de les annuler en consentant au profit des tiers des hypothèques conventionnelles;

Considérant que l'hypothèque judiciaire étant supprimée, l'ouvrier possédant une créance ne pourra se faire consentir une hypothèque conventionnelle sans exposer des frais relativement importants, tandis que dans l'état actuel, avec l'aide de l'assistance judiciaire et grâce à l'hypothèque judiciaire, il peut se procurer sans frais les garanties nécessaires;

Considérant enfin que si la loi belge de 1851 a supprimé l'hypothèque judiciaire d'une part, le Code italien promulgué en 1865 l'a maintenue, et que, d'autre part, la statistique démontre que depuis la suppression de cette hypothèque en Belgique, le nombre des expropriations immobilières a triplé, ce qui confirme énergiquement ce qui a été dit ci-dessus sur l'avantage de hypothèque judiciaire pour le débiteur lui-même;

Considérant, en résumé, que la suppression de l'hypothèque

judiciaire serait funeste aux créanciers les plus dignes d'intérêt et aux débiteurs eux-mêmes;

Par ces motifs,

Est d'avis que le projet ne doit pas être adopté.

III.

Aus dem vom Senator L. Thézard erstatteten Bericht der Senatskommission.[1]) 29. März 1904.

(Vgl. oben S. 81).

§ II. — De l'hypothèque judiciaire.

115. Il n'est pas de forme de garantie réelle qui ait été l'objet d'attaques plus vives que l'hypothèque judiciaire, et ces attaques avaient abouti au vote de sa suppression lors de la discussion du projet de 1850; c'est aussi à sa suppression pure et simple que conclut encore le projet du Gouvernement.

Son origine fut considérée comme un anachronisme; son application révèle parfois des inégalités injustifiées entre les créanciers; sa généralité enfin contrarie les principes vers lesquels tend le régime hypothécaire. Tant d'éléments divers semblent imposer sa condamnation; et cependant les plus décidés de la suppression sont obligés de reconnaître que, dans le monde du Palais et des affaires, il se produit une résistance difficile à vaincre.

Cette contrariété d'opinions nous imposait un examen attentif des divers éléments de la question; il était nécessaire et d'étudier sommairement le développement historique de l'institution et d'examiner les inconvénients signalés, et surtout de considérer de près les nécessités pratiques qui pouvaient motiver, soit la suppression totale, soit la modification des règles de l'hypothèque judiciaire.

116. L'hypothèque judiciaire proprement dite a pris naissance dans notre ancienne législation française, à une époque relativement récente. On peut sans doute lui trouver des analogies dans des institutions du droit romain, le *pignus praetorium* et le *pignus judiciale*; mais ces institutions, à y regarder de près, constituent plutôt une mainmise ordonnée par justice sur les biens du débiteur et comme un

---

[1]) Rapport fait au nom de la Commission chargée d'examiner: 1° le projet de loi sur la réforme du régime hypothécaire; 2° la proposition de loi de M. Léopold Thézard, relative à la publicité des actes intéressant la propriété immobilière, Par M. Léopold Thézard, Sénateur. Sénat année 1904 session ordinaire Nr. 111. Annexe au procès-verbal de la séance du 29 mars 1904.

premier acte d'exécution sur les biens; si elles ont pu, avec certaines transformations, exercer une influence sur les théories de notre ancien droit, c'est plutôt sur la matière des saisies que cette influence s'est fait sentir.

L'hypothèque judiciaire proprement dite a été un développement de l'hypothèque conventionnelle. On sait que, dans notre ancien droit l'hypothèque ne pouvait résulter que d'un acte muni du sceau de l'autorité publique, c'est-à-dire passé par des officiers publics, et non d'un acte sous seings privés; d'autre part, il avait été admis que tout acte reçu par des officiers publics emportait de plein droit et sans stipulation spéciale une hypothèque, laquelle, à défaut de restriction formelle, portait sur tous les biens présents et à venir du débiteur.

Etant donné que toute obligation conventionnelle emportait ainsi hypothèque générale, sous la seule condition d'être monumentée par un acte de la puissance publique, il était logique que l'hypothèque fût attachée aux écritures privées reconnues en justice, soit amiablement, soit après vérification par le juge. Telle fut la décision de l'ordonnance de Villers-Cotterets de 1539. Plus tard, la même logique devait conduire à une extension nouvelle: alors même qu'il n'y aurait pas de titre sous seings privés, tout jugement qui admet l'existence de l'obligation doit, à titre d'acte public et authentique, entraîner la même conséquence. Ce nouveau progrès fut réalisé par l'ordonnance de Moulins de 1566. De là par conséquent cette hypothèque judiciaire attachée à toute obligation constatée par jugement.

Le point de départ de cette évolution législative est aujourd'hui supprimé: l'hypothèque ne résulte plus de plein droit de tout contrat d'obligation, mais seulement d'une stipulation formelle, et cette stipulation ne peut porter en principe que sur des immeubles présents et déterminés.

La loi du 11 brumaire an VII avait cependant maintenu l'hypothèque judiciaire; elle avait même dispensé l'inscription de cette hypothèque de la désignation spéciale des immeubles (art. 3, 3° et 4°); mais elle ne la faisait porter que sur les biens appartenant au débiteur lors du jugement (art. 4).

Le Code civil, maintenant à son tour l'hypothèque judiciaire, l'attacha, comme le faisaient l'ancien droit et la loi de l'an VII ellemême: 1° aux jugements portant condamnation; 2° aux actes judiciaires, c'est-à-dire aux jugements portant reconnaissance ou vérification d'écritures, même avant l'échéance de la dette, et par suite ne comportant pas de condamnation. Il rétablit en même temps la règle ancienne de la généralité, et fit porter l'hypothèque sur tous les biens présents et à venir.

Les projets de réforme hypothècaire, issus des travaux de la Commission de 1845, et notamment le projet voté en 1850, ont tendu au contraire à la suppression totale, et plusieurs législations étrangères, s'inspirant des études et des discussions poursuivies en France, ont définitivement prononcé cette suppression: telles sont celles de Belgique et d'Italie.

117. C'est dans la discussion de 1850 qu'ont été formulés avec le plus de force et d'éclat les arguments contre l'hypothèque judiciaire, par la bouche de l'éminent M. Valette, professeur à la Faculté de droit de Paris et représentant du peuple.

Après avoir montré l'inconséquence historique qui faisait survivre le caractère général de l'hypothèque judiciaire à celle de l'hypothèque conventionnelle établie dans un acte public, il ajoutait, en parlant de la préférence donnée au créancier muni d'un jugement:

„La théorie, d'abord, puis la pratique des affaires montrent l'immense danger de cette préférence, qui est accordée à un créancier sur un autre créancier, uniquement par suite de l'accélération, de la rapidité de la marche de la procédure; car voici le résultat auquel on arrive: si la cause de Pierre est jugée avant celle de Paul, c'est Pierre qui aura toute la valeur des biens du débiteur, tandis que Paul n'aura rien. Ainsi, de deux créanciers qui poursuivent leur payement, l'affaire de l'un marche-t-elle plus vite, son avoué est-il plus actif, plus intelligent, l'adversaire élève-t-il moins de difficultés, oppose-t-il moins de résistance; c'est ce créancier-là qui primera l'autre, parce qu'il aura le premier obtenu jugement. Il pourra frapper d'hypothèque les biens du débiteur commun et, si ces immeubles ne dépassent pas en valeur le montant de sa créance, il absorbera tout. C'est le prix de la course, comme on l'a dit souvent, et il y a là dedans une multitude de bizarreries et même de fraudes inhérentes au vice du système et qu'il est impossible d'empêcher.

„Si l'on suppose plusieurs jugements rendus à peu près dans le même temps contre le même débiteur, de quoi pourra dépendre la priorité? M. le Rapporteur vous l'a dit dans son travail: elle peut dépendre du bon plaisir d'un officier ministériel; car celui des créanciers qui obtiendra la première expédition de son jugement court au bureau des hypothèques et fait inscrire son titre. Dans certains cas, on a aussi vu le conservateur des hypothèques inscrire sans que le jugement fût expédié, attendu que, d'après la jurisprudence, le conservateur peut, en général, inscrire sans éxiger la présentation du titre, quand il a connaissance du droit ou confiance dans le requérant. Il peu donc, s'il le trouve bon, accorder cette faveur à Pierre et la refuser à Paul. Or, cette faveur peut être la fortune ou la ruine d'un homme.

„Voilà le rèsultat de l'hypothèque judiciaire. Quant à moi, mon opinion est formée là-dessus depuis longtemps; je l'ai examinée dans la Commission de 1845 dont je faisais partie et à laquelle a fait allusion, M. Wolowski. C'est l'injustice de ce système que je blâme, c'est l'injustice flagrante que présente un classement inintelligent des droits, qui tient au pur hasard, à une mise au rôle, à un incident de plaidoirie, au retard d'un rapport, à la maladie d'un juge; en sorte que, de là, il sortira pour un créancier une collocation intégrale et, pour un autre créancier, une perte considérable, peut-être sa ruine et celle de sa famille.

„On a vu à Paris, dans une affaire qui, je crois, est à la connaissance de M. Paillet, on a vu tel créancier, grâce à l'hypothèque judiciaire, venir prendre 200.000 à 300.000 fr., c'est-à-dire tout, les autres créanciers n'ayant rien.

„Voilà pour l'injustice. Maintenant vous parlerai-je des autres maux qui découlent de la même source? Nous voyons que, dès qu'un débiteur commence à péricliter, la masse de ses créanciers s'émeut, s'agite, chacun voulant prendre ses précautions et se mettre en règle. Nul ne veut céder le pas aux autres et se laisser devancer. Une prime est accordée à la poursuite; dès lors, tout le monde poursuit. Les assignations, comme on l'a dit, pleuvent sur le malheureux débiteur; c'est ce qui explique pourquoi, dans les simples déconfitures où il n'y a pas eu de saisie pour la masse, de temps d'arrêt pour l'acquisition des garanties exceptionnelles, pourquoi, dis-je, dans les déconfitures des débiteurs civils, il y a cette masse énorme d'actions intentées; si bien que, ainsi que l'a écrit M. Pougeard dans un beau travail sur les hypothèques, tous les échos du Palais retentissent du nom de l'infortuné débiteur. Pourquoi? Parce qu'au bout de chaque procédure se trouve une prime offerte au plaideur le plus diligent, qui est l'hypothèque judiciaire. Bienheureux qui obtient jugement avant les autres et jugement dûment expédié."

La Cour de cassation, appelée à donner son avis sur le projet même que nous examinons, s'est prononcée dans le même sens, par l'organe de son éminent rapporteur, M. Cotelle:[1])

„Votre Commission, est-il dit dans le rapport, n'a pas été sensible à la crainte que privés de la faculté de prendre hypothèque, les créanciers munis de jugements ne se montrassent trop pressés de recourir à la saisie.

„Tant qu'il lui restera quelque semblant de garantie à donner par hypothèque, le débiteur ne fera pas difficulté de l'offrir pour éviter l'expropriation. Si les biens sont déjà grevés au delà de leur valeur, les créanciers nouveaux n'ont pas d'intérêt à les faire vendre, tandis qu'avec la moindre sentence, même rendue par défaut, ils accumuleront sur les registres des inscriptions, parfois sans cause sérieuse, très souvent sans profit possible, qui cependant suffiront pour les rendre arbitres des ordres, faisant ainsi échec aux intentions bienfaisantes de l'article 751 du Code de procédure.

„Obtenue facilement par surprise, et toujours le prix de la course, comme il est devenu banal de le dire, à la merci de l'expédition plus

---

[1]) Die hier zitierten Stellen weichen in Kleinigkeiten von dem oben S. 203 wiedergegebenen Text des Originals ab.

ou moins rapide des causes dans les différents tribunaux, et même de l'expédition des grosses dans les différents greffes, l'hypothèque judiciaire présente, à différents points de vue, des inconvénients qui balancent les considérations susceptibles d'en recommander le maintien. La procédure d'ordre, dont les difficultés sont le juste effroi des prêteurs, se trouverait heureusement simplifiée par l'application du principe rationnel suivant lequel c'est dans l'exécution forcée que doit résider la seule sanction des jugements."

118. Il est impossible de n'être pas frappé de l'énergie de cette argumentation.

D'où peuvent donc provenir les résistances que rencontre l'abrogation de l'hypothèque judiciaire, et qui se traduisent dans des documents émanés de congrès ou de corporations d'une réelle compétence?

Ces résistances ne sauraient se soutenir si elles avaient pour unique base un intérêt professionnel. Mais elles invoquent des raisons sérieuses; elles établissent, par l'analyse des situations, certaines distinctions qui tendraient à une réforme limitée, donnant satisfaction aux critiques sans détruire le système existant.

Écartons pour un instant l'hypothèse qu'envisagent surtout les adversaires de l'hypothèque judiciaire, hypothèse très fréquente, il est vrais, mais bien loin d'être la seule possible: celle d'un concours de créanciers simplement chirographaires et dont les créances feraient plus qu'absorber l'actif présent et futur du débiteur. Supposons au contraire un débiteur ayant des immeubles présents et libres suffisants pour payer ses dettes, ou même un débiteur susceptible de recueillir plus tard une fortune immobilière qui le mettra au-dessus de ses affaires.

L'hypothèque judiciaire est-elle alors injuste en soi? A-t-elle un caractère irrationnel? Le refus de cette hypothèque n'aurait-il pas au contraire de sérieux inconvénients?

Il peut s'agir d'abord d'un créancier qui a un titre sous seings privés ou même purement verbal, mais échu (car nous laissons de côté, quant à présent, l'hypothèse des reconnaissances d'écritures avant l'échéance, qui mérite un examen spécial). Ce créancier obtient un jugement de condamnation. S'il n'a pas le bénéfice de l'hypothèque judiciaire, que fera-t-il? Pour se garantir contre les aliénations ou les hypothèques que pourrait consentir son débiteur dans l'avenir, il poursuivra aussitôt par voie de saisie immobilière l'expropriation du débiteur, et il obtiendra ainsi son payement; ou bien encore, pour renoncer à cette exécution rigoureuse, il exigera que le débiteur lui fournisse une hypothèque conventionnelle, moyennant quoi, rassuré sur son payement final, il pourra patienter.

Que fait la loi? Elle lui donne cette garantie qu'il n'aurait pas manqué de stipuler; elle lui permet ainsi d'attentre le débiteur. Elle fait porter cette garantie sur les biens présents et aussi sur les biens à venir, de même que, nous l'avons admis précédemment, le débiteur lui-même aurait pu l'établir.

Y a-t-il atteinte aux droits des tiers? Y a-t-il fraude possible à leur égard?

Ne perdons pas de vue que nous avons supposé le débiteur solvable, quoique ne pouvant ou ne voulant pour le moment payer sa dette échue: il n'y a donc pas à se préoccuper des créanciers actuels, qui peuvent de leur côté, s'ils sont vigilants, obtenir à leur tour une garantie suffisante. Il faut songer seulement aux tiers qui ultérieurement voudront traiter avec le débiteur, soit comme acquéreurs, soit comme prêteurs hypothécaires. Ceux-là seront avertis par l'inscription; ils auront à comparer la valeur des biens du débiteur et le montant de sa dette; la purge sera ouverte aux acquéreurs; les nouveaux prêteurs pourront rembourser la créance garantie par l'hypothèque judiciaire et obtenir ainsi le bénéfice de la subrogation.

Sans doute, le crédit du débiteur se trouvera gêné par cette hypothèque générale; il éprouvera des difficultés à vendre ou à emprunter; mais la cause principale de ces difficultés ne se trouverait-elle pas dans ce fait qu'il n'a pu payer une dette échue, et n'est-ce pas un crédit imaginaire ou frauduleux qu'on lui ménagerait en le dispensant de l'hypothèque judiciaire? Si cette hypothèque porte sur plus de biens qu'il n'est nécessaire pour la garantie de la créance, il a d'ailleurs la facilité de la faire réduire (art. 2161 Code civil).

119. Nous avons supposé jusqu'ici un créancier agissant en vertu d'un titre conventionnel. On peut lui reprocher à la rigueur de n'avoir pas stipulé dès le principe une hypothèque, comme il lui était loisible de le faire. Mais les jugements de condamnation s'appliquent aussi aux obligations résultant des quasi-contrats, des délits et quasi-délits; et l'hypothèque judiciaire garantit également ces condamnations.

En pareil cas, cette hypothèque a un caractère plus marqué d'utilité et même de nécessité. On est en face d'une mauvaise volonté probable, d'un débiteur qui s'efforcera d'éviter le payement en se rendant insolvable, en vendant ou hypothéquant ses immeubles. Dans le cas notamment où le principe de la créance sera établi par jugement, mais où la liquidation ne pourra être faite immédiatement, dans le cas de dommages-intérêts à établir par état, une longue période s'écoulera pendant laquelle le débiteur pourra faire disparaître son patrimoine.

L'hypothèque judiciaire, prise en elle-même et dans les hypothèses normales, est donc une garantie équitable pour le créancieri elle est même, à certains égards, favorable au débiteur en modérant les poursuites dirigées contre lui.

On a relevé ce fait qu'en Belgique, où l'hypothèque judiciaire a été abolie en 1850, le nombre moyen des expropriations immobilières se serait notablement accru depuis cette époque, aurait même triplé, a-t-on dit. Ce chiffre paraît exagéré, d'après les renseignements qui nous ont été fournis. Mais une augmentation réelle du nombre des poursuites demeure certaine; et il est peut-être difficile d'indiquer clairement ce que le crédit a gagné en échange. L'expropriation du débiteur donne sans doute une situation liquide; elle le débarrasse de sa dette en même temps que de son bien; mais n'empêche-t-elle pas aussi son relèvement?

120. Ces considérations ont décidé votre Commission, après un examen approfondi, à vous proposer le maintien en principe de l'hypothèque judiciaire. Mais elle devait faire aussi la part des critiques formulées contre les abus possibles; elle a pensé que le meilleur moyen de soustraire à des attaques puissantes une institution jugée salutaire, était de la contenir dans sa juste sphère d'application en la dégageant des plus graves inconvénients signalés.

L'exposé qui précède, par les termes où il limite la question, indique le point principal qui doit de toute façon faire l'objet de la réforme.

Il ne faut pas, quand le débiteur est déjà insolvable, que la préférence d'un créancier devienne le prix de la course, le bénéfice du hasard ou d'un acte de connivence ou de complaisance. Dans le naufrage commun, il est contraire à l'équité que l'un des créanciers se crée une situation privilégiée, alors qu'il n'a pas su montrer à l'avance une prévoyance légitime; l'égalité s'impose entre tous ceux qui ont suivi d'abord la foi du débiteur et qui ne devraient leur préférence qu'a des circonstances fortuites ou à des manœuvres habiles.

C'est ce qui a été réalisé par la loi commerciale en matière de faillite dans les articles 446 et 447 du Code de commerce.

L'article 446 déclare de plein droit „nuls et sans effet à l'égard de la masse, lorsqu'ils auront été faits par le débiteur depuis l'époque déterminée par le tribunal comme étant celle de la cessation de ses payements, ou dans les dix jours qui auront précédé cette époque ...... toute hypothèque conventionnelle ou judiciaire, et tous droits d'antichrèse ou de nantissement constitués sur les biens du débiteur pour dettes antérieurement contractées". L'hypothèque judiciaire, il est facile de le voir, lorsqu'elle est obtenue pendant la période suspecte, tombe toujours et nécessairement sous le coup de cette nullité: car elle ne peut s'appliquer qu'à une dette préexistante, constatée et non créée par le jugement.

Quant à l'article 447, il étabit une nullité facultative, soumise dans tous les cas à l'appréciation des tribunaux, mais en même temps beaucoup plus compréhensive: tous autres payements faits par le débiteur et *tous actes* par lui passés après la cessation de ses payements et avant le jugement déclaratif de faillite pourront être annulés si de la part de ceux qui ont reçu du débiteur ou qui ont traité avec lui, ils ont eu lieu avec la connaissance de la cessation de ses payements.

Ces deux articles dérogent au droit commun, en ce qu'ils annulent ou permettent d'annuler certains actes constituant la garantie de droits effectifs et sérieux, et sans qu'il soit nécessaire de prouver l'intention de fraude. Mais la loi considére que c'est une fraude suffisamment caractérisée, de se créer une situation préférable quand se manifeste déjà l'insolvabilité du débiteur.

Dans l'état actuel de la législation, ces textes sont inapplicables à l'égard du débiteur non commerçant. Jusqu'au moment où ses biens sont indisponibilisés par la transcription d'une saisie, tout créancier peut légalement stipuler dans un contrat ou obtenir par jugement des garanties spéciales qui diminueront d'autant le gage commun.

L'iniquité de ce résultat a fait désirer l'organisation de la déconfiture civile à l'instar de la faillite des commerçants et avec des règles analogues; la loi elle-même a déjà établi l'assimilation pour quelques hypothèses; la jurisprudence et la doctrine l'ont étendue a d'autres. Mais la difficulté de déterminer d'une façon absolument précise les caractères distinctifs de la déconfiture a fait obstacle à cette organisation.

N'est-il pas cependant possible de transporter dans une juste mesure les règles des articles 446 et 447 du Code de commerce à la déconfiture du débiteur non commerçant? La situation même qui fait naître la question, dès lors qu'elle est une situation possible et fréquente, appelle naturellement une solution en ce sens.

Il n'y a pas sans doute de signes légalement et absolument distinctifs de la déconfiture; il est cependant une limite où cette déconfiture existe avec certitude, tandis qu'en telle autre hypothèse, malgré certaines apparences, on pourra la voir avec la même certitude. Quant aux cas situés sur la limite même, on peut les abandonner à l'appréciation des tribunaux, à laquelle il faut toujours revenir quand il s'agit de faits complexes et incertains.

Nous attribuerons donc aux tribunaux le pouvoir de décider en quels cas une hypothèque judiciaire obtenue par un créancier devra être frappée de nullité, à raison de l'état de déconfiture du débiteur; nous exigerons seulement qu'ils reconnaissent, d'après les éléments de la cause, la déconfiture effective et notoire du débiteur, l'insuffisance palpable de son patrimoine pour acquitter son passif et qu'ils constatent en même temps que le créancier, au moment où il obtenait le jugement, avait connaissance de cette état de déconfiture; car il n'est juste d'enlever à un créancier le prix de sa vigilance que si elle est empreinte en même temps de cet esprit de fraude relatif, consistant à se faire sciemment une situation privilégiée, et les règles de la loi commerciale, fondées sur des motifs spéciaux, seraient ici trop rigoureuses.

C'est donc à l'article 447 du Code de commerce, et non à l'article 446, que nous emprunterons la solution, en décidant que toute hypothèque judiciaire pourra être annulée, à l'égard des autres créanciers, si le jugement a été obtenu en connaissance de l'état de déconfiture notoire du débiteur. Les tribunaux, jusqu'à présent, ont montré assez de juste sévérité dans l'application de l'article 447, pour qu'on puisse s'en remettre à eux quant à l'appréciation des circonstances.

Cette même règle devrait d'ailleurs s'appliquer même à l'hypothèque conventionnelle que le débiteur aurait consentie pour une dette antérieurement contractée, et avec d'autant plus de raison que la connivence nécessaire du débiteur et du créancier pour un acte d'une nature si exceptionnelle rend plus évident le caractère de fraude relative.

La nullité, dans tous les cas, doit être restreinte à l'intérêt qui l'a fait prononcer.

Telle est déjà la solution des articles du Code de commerce, qui déclarent les actes nuls ou annulables à l'égard de la masse, et non d'une manière absolue; l'hypothèque ainsi frappée d'une nullité relative n'est pas soumise à la radiation et elle est susceptible de recouvrer son effet, si les créanciers qui forment cette masse ont été désintéressés et si, plus tard, le titulaire de l'hypothèque se trouve en présence de créanciers dont le droit sera né postérieurement: ceux-ci, en effet, ne pourront pas alléguer que l'hypothèque ait été obtenue en fraude de leurs droits, lesquels n'existaient pas encore; au moment où ils ont traité, ils ont été avertis par l'inscription de l'existence de cette cause de préférence et ont dû compter avec elle. En tant même que l'hypothèque existe sur les biens à venir, elle conserve ainsi tout son effet à l'égard de tous les créanciers qui ne faisaient pas partie de la masse.

Telle est encore la solution qu'il y a lieu d'appliquer à la déconfiture, mutatis mutandis, et sous la réserve de la question d'hypothèque sur les biens à venir. Comme il n'existe pas alors de masse des créanciers, il faudra spécifier que l'hypothèque pourra être annulée à l'égard des créanciers dont le droit existait au moment où elle a été obtenue.

Ces règles feront l'objet d'un texte spécial, qui pourra être inséré dans le Code civil, comme disposition finale de l'article 2123.

121. Une des applications de l'hypothèque judiciaire a soulevé encore de sérieuses critiques: c'est la disposition qui la fait résulter des reconnaissances ou vérifications d'écritures obtenues avant l'échéance de la dette. C'est par cette application, nous l'avons dit, que l'hypothèque judiciaire s'est introduite dans notre droit; elle paraissait alors une conséquence logique de l'hypothèque générale tacitement attachée à tout acte muni de la force exécutoire; elle constitue une anomalie de la législation actuelle, qui exige pour la constitution de l'hypothèque conventionnelle une stipulation expresse.

Dès les premières années qui ont suivi le Code, la loi du 3 septembre 1807 a porté une forte atteinte à l'efficacité de cette hypothèque judiciaire en décidant qu'il ne pourrait être pris aucune inscription hypothécaire en vertu du jugement de reconnaissance ou de vérification „qu'à défaut de payement de l'obligation après son échéance ou son exigibilité, à moins qu'il n'y ait eu stipulation contraire".

L'avantage de la généralité que possède l'hypothèque judiciaire se trouve ainsi largement diminué au profit de l'hypothèque conventionnelle qui peut être inscrite avant l'échéance de la dette.

Aussi, dans presque toute la France, cette application de l'hypothèque judiciaire est-elle à peu près complètement inusitée.

On a pu signaler cependant dans certaines régions, notamment autrefois en Alsace, un véritable abus de cette institution.

Des prêteurs, plus ou moins usuraires en général, avançaient de l'argent à une personne sur sa simple signature; puis ils s'empressaient d'obtenir un jugement de reconnaissance ou de vérification d'écritures; le débiteur, qui n'avait point entendu consentir d'hypothèque, se trouvait ainsi insidieusement soumis à cette affectation de son patrimoine; et la généralite même de l'hypothèque lui créait des difficultés pour de nouvelles opérations alors même qu'il avait des biens plus que suffisants; il se trouvait donc obligé de recourir au même prêteur qui le tenait ainsi, dans une certaine mesure, à sa discrétion, et souvent en abusait.

Ou inutile, ou destinée à servir les calculs peu scrupuleux, l'hypothèque judiciaire doit donc disparaître pour ce cas spécial et rester seulement attachée aux jugements portant condamnation.

122. Enfin, dans quelle mesure l'hypothèque judiciaire doit-elle etre soumise à la règle de la spécialité, soit quant à son étendue même, soit quant à son inscription?

Tel est le dernier et le plus grave objet à examiner.

Pour satisfaire autant que possible au principe de la spécialité dans la constitution même de l'hypothèque, les uns ont proposé de restreindre l'hypothèque aux biens présents du débiteur (et cette solution est celle de la loi de l'an VII et de quelques législations étrangères); les autres, de la faire porter seulement sur les biens qui seraient spécialement déterminés dans le jugement de condamnation.

Cette dernière solution, séduisante à première vue, est, en réalité, impraticable. Pour déterminer l'assiette de l'hypothèque judiciaire, les tribunaux auraient, dans chaque affaire, non seulement à juger la question même qui leur serait soumise, mais encore à faire une recherche très complexe sur le patrimoine de la partie condamnée; ils seraient dans la nécessité de reconnaître les immeubles dont elle est propriétaire, d'en apprecier la consistance et la valeur, d'estimer les charges dont ils sont déjà grevés, etc.; à moins d'agir au hasard et sur les seules indications du créancier, il faudrait une instruction longue et coûteuse. Et quand on songe notamment à l'énorme quantité de jugements par défaut qui sont prononcés à chaque audience par le Tribunal de commerce de la Seine et par quelques autres, on est immédiatement frappé de l'impossibilité matérielle et absolue où se verraient ces tribunaux d'assortir chacun de leurs jugements d'une garantie hypothécaire réellement vérifiée et adaptée au montant de la condamnation.

Force est donc tout au moins, si l'on veut maintenir l'hypothèque judiciaire, de la faire porter sur tous les biens présents du débiteur, dont le tribunal n'aura ni à rechercher les titres de propriété, ni à estimer la valeur: ce qu'on pourra exiger seulement, ce sera que le créancier, en prenant son inscription, y détermine spécialement chacun des immeubles sur lesquels il entend la faire porter, de façon que les tiers soient avertis très clairement de l'affectation: la spécialité de l'inscription corrigera l'indétermination forcée du titre.

123. Mais l'hypothèque judiciaire, si elle est ainsi réduite aux biens présents du débiteur, donnera-t-elle satisfaction aux intérêts qui font désirer son maintien?

Le principal de ces intérêts, avons-nous dit, c'est de soustraire le débiteur à des poursuites rigoureuses et prématurées; c'est d'engager le créancier à la patience par la perspective d'une sûre garantie dans l'avenir. Or, en bien des circonstances, celui qui a obtenu du crédit sur sa seule signature est un homme sans fortune actuelle, mais appelé à recueillir plus tard des biens plus importants; et par la même raison qui doit lui permettre de consentir une hypothèque conventionnelle sur ses biens à venir, il est bon que le créancier muni d'un jugement puisse compter sur une semblable garantie. Elle ne porte d'ailleurs atteinte à aucun droit acquis; car l'hypothèque frappant les biens au moment où ils entrent dans le patrimoine du débiteur, les tiers qui auront à traiter ultérieurement avec lui seront avertis de cette première affectation. Quant aux ménagements dus au crédit du débiteur lui-même, n'oublions pas qu'il s'agit d'un débiteur qui est dans l'impossibilité actuelle de payer une dette échue.

Il ne semble donc pas y avoir de nécessité absolue à effacer la règle qui fait porter l'hypothèque judiciaire sur les biens à venir comme sur les biens présents du débiteur.

Mais nous avons estimé que, tout en maintenant la généralité de l'hypothèque, il y aurait de sérieux avantages à exiger la spécialité de l'inscription. Le créancier aurait à déterminer, dans le bordereau qu'il présenterait au conservateur, les immeubles de son débiteur sur lesquels il entend conserver son droit hypothécaire. Cette détermination aurait d'abord cet effet d'indiquer clairement aux tiers les immeubles sur lesquels l'hypothèque peut être utilement exercée; en même temps, si le créancier restreignait son inscription à des immeubles suffisants pour répondre de sa créance, on éviterait et les complications dans les ordres et les frais d'une certaine réduction de l'inscription.

Cette solution serait d'ailleurs celle qui s'applique déjà à l'hypothèque conventionnelle sur les biens à venir: cette hypothèque atteint chacun des biens nouvellement acquis au débiteur, au moment même de son acquisition (art. 2131), et c'est pareillement, et par voie de conséquence, par une inscription prise sur chacun de ces biens spécialement déterminés et à partir seulement de cette inscription qu'elle devient opposable aux tiers.

124. La comparaison des règles différentes du Code sur l'hypothèque conventionnelle des biens à venir et sur l'hypothèque judiciaire fait même ressortir sur ce point une anomalie frappante: si purement théorique qu'elle soit apparue jusqu'à ce jour, grâce sans doute à l'extrême rareté de l'hypothèque conventionnelle sur les biens à venir, elle n'en contient pas moins un principe contraire à l'équité et qu'il serait utile de réformer en vue des applications possibles.

L'hypothèque conventionnelle sur les biens à venir n'a d'effet à l'égard des tiers que par l'inscription spéciale et à partir de cette inscription; l'hypothèque judiciaire au contraire (et de même l'hypothèque légale) atteint les mêmes biens à l'instant où ils entrent dans le patrimoine du débiteur.

Quel sera donc le résultat si deux hypothèques de ces différentes sortes se trouvent en conflit?

Supposons que le débiteur ait d'abord consenti une hypothèque conventionnelle portant subsidiairement sur ses biens à venir; plus tard seulement, et à raison d'un engagement postérieur, il est pris contre lui un jugement qui produit l'hypothèque judiciaire.

Ses biens présents sont insuffisants.

A ce moment donné, il lui survient de nouveaux immeubles, par succession ou autrement.

Que va-t-il se passer?

L'hypothèque judiciaire saisit instantanément ces biens, au moment même où ils entrent dans le patrimoine du débiteur, par la seule vertu de l'inscription générale qui aura été prise après le jugement; l'hypothèque conventionnelle, au contraire, ne pourra les frapper qu'au moyen d'une inscription spéciale; et il s'écoulera nécessairement un trait de temps entre l'acquisition faite par le débiteur et le moment de l'inscription. L'hypothèque conventionnelle sera donc forcément primée, bien qu'elle soit la première en date, bien qu'elle contienne une affectation consentie formellement par le débiteur, bien que le créancier à hypothèque judiciaire n'ait pas dû compter spécialement sur les biens nouvellement acquis.

Il serait bon de remédier à cet inconvénient, et le moyen le plus pratique semble indiqué par les solutions que la loi elle-même a données en matière de privilèges.

Il consisterait, en cas d'acquisition de biens nouveaux par le débiteur, à impartir un délai pendant lequel les hypothèques prendraient rang suivant la date des titres ou jugements; ce délai pourrait être emprunté, par analogie, à celui qui est donné pour l'inscription de la séparation des patrimoines.

Aussi a-t-il été proposé par quelques membres de la Commission d'ajouter à l'article 2134 un alinéa ainsi conçu:

»Toutefois, les hypothèques sur les biens à venir prendront rang entre elles suivant la date de l'inscription primitive, pourvu que la nouvelle inscription sur les biens advenus au débiteur ait été faite dans les six mois de leur acquisition.«

IV.

Aus dem vom Senator Th. Girard erstatteten Ergänzungsbericht der Senatskommission.[1]) 13. Juni 1907.

(Vgl. oben S. 82).

De l'hypothèque judiciaire.

C'était une des questions les plus graves à examiner.

Fallait-il supprimer l'hypothèque judiciaire? C'était la conclusion du projet Darlan par ces motifs qu'il ne peut y avoir que deux sources d'hypothèques: la loi et la convention.

Au point de vue théorique, le maintien de l'hypothèque judiciaire ne s'expliquait pas.

En pratique non plus: d'une part, en frappant tous les biens présents et à venir, elle faisait échec à la règle de la spécialité, sauvegarde des tiers; d'autre part, obtenue par les créanciers le plus impatients, parfois les moins dignes d'intérêt, elle était le prix de la course, favorisait les uns au détriment des autres, préjudiciait aux créanciers chirographaires, souvent les premiers en date.

Toutes les raisons pour la suppression ou le maintien de l'hypothèque judiciaire sont exposées dans le rapport Thézard qui se passe de commentaires.

Il est certain que depuis longtemps des jurisconsultes se prononcent pour cette suppression. Dès 1850, elle était admise par la Commission de réforme hypothécaire. Dans le rapport de Vatimesnil: „Le créancier qui s'est contenté d'un titre sous seing privé a consenti à n'avoir aucun droit de suite sur les immeubles, ni de préférence sur les autres créanciers chirographaires. Ce créancier aurait pu exiger une hypothèque, il ne l'a pas fait, il a suivi la foi du débiteur, il ne peut donc avoir droit à la préférence sur ceux qui sont dans la même situation

---

[1]) Rapport supplémentaire fait au nom de la Commission chargée d'examiner: 1° le projet de loi sur la réforme du régime hypothécaire; 2° la proposition de loi de M. Léopold Thézard, rélative à la publicité des actes intéressant la propriété immobilière, par M. Théodore Girard, Sénateur. Sénat, année 1907, session ordinaire Nr. 158. Annexe au procès-verbal de la séance du 13 juin 1907.

que lui. Les hypothèques judiciaires nuisent à une liquidation amiable. Lorsque le désordre se met dans les affaires d'un débiteur, tous les créanciers chirographaires le poursuivent: pour obtenir une hypothèque, chacun veut arriver le premier. Les frais se multiplient, au détriment du débiteur et des créanciers eux-mêmes. La suppression de l'hypothèque fera disparaître ces inconvénients."

L'hypothèque judiciaire a été défendue par d'autres jurisconsultes.

„Elle n'est pas injuste, disait M. Colmet de Santerre (t. 9, n° 86 bis, II). Ce n'est pas le débiteur qui peut s'en plaindre: puisqu'il ne remplit pas ses engagements, il est juste que le créancier réalise son droit de gage. Les autres créanciers chirographaires ont le même droit..."

A quoi M. Challamel, dans son rapport sur la question de l'hypothèque judiciaire (procès-verbaux de la Commission extraparlementaire du cadastre, fascicule n° 2, pages 205 et suivantes), répondait:

„L'hypothèque judiciaire est injuste pour la masse des créanciers chirographaires, car elle procure à quelques-uns une situation privilégiée sans cause suffisante, uniquement parce qu'ils ont été prévenus les premiers de la déconfiture du débiteur, et quelquefois parce qu'ils ont eux-mêmes provoqué cette déconfiture en exerçant des poursuites intempestives. L'hypothèque judiciaire est aussi très funeste aux débiteurs et aggrave leur situation par excès des frais. Elle entrave le crédit plutôt qu'elle ne le favorise. Si elle empêche la naissance de quelques hypothèques conventionnelles, elle frappe la généralité des biens de ceux qui ont encouru des condamnations..."

La résistance à cette thèse nous paraît pourtant fondée: ne nous occupons pas uniquement des intérêts du débiteur, envisageons surtout ceux des créanciers.

Un créancier a un titre sous seing privé — il a suivi la foi de son débiteur, c'est vrai — mais le jour où le débiteur manque à ses engagements et ne s'exécute pas, nous voulons que le créancier ait le droit d'user de toutes les moyens que la loi met à sa disposition pour assurer et obtenir payement de ce qui lui est dû.

Lorsqu'il existe plusieurs créanciers, c'est le prix de la course, dit-on — cela peut être. — Nous sommes en présence d'intérêts distincts. Chaque créancier avise au meilleur moyen de se faire payer ou de garantir sa créance. Déjà, il n'est pas rare de voir un débiteur favoriser un créancier au détriment d'un autre, et lui donner une hypothèque conventionnelle qu'il refusera à celui-ci. Pourquoi le créancier moins favorisé n'aura-t-il pas le pouvoir de vaincre cette résistance et d'obtenir à son tour un titre conférant hypothèque, qui aura pour effet de le prémunir contre des aliénations et d'autres constitutions hypothécaires?

La Commission maintient donc l'hypothèque; mais, pour donner satisfaction aux critiques formulées contre les abus, elle ne veut pas qu'en cas de déconfiture un créancier se crée une situation privilégiée au détriment des autres; elle applique le principe que les articles 446 et 447 du Code de commerce établissent en matière de faillite, en ajoutant à l'article 2123 ce paragraphe:

„La nullité de l'hypothèque judiciaire pourra être demandée par les créanciers dont le droit sera antérieur au jugement, et elle devra être prononcée relativement à eux, lorsque ce jugement aura été obtenu en connaissance de l'état de déconfiture de débiteur."

Nous ne voyons aucune raison de ne pas appliquer la même règle à l'hypothèque conventionnelle. Aussi, la Commission vous propose un paragraphe additionnel à l'article 2190 donnant aux tribunaux le droit de prononcer la nullité de l'hypothèque conventionnelle lorsqu'elle aura été consentie par un débiteur en état de déconfiture, et que le créancier en avait connaissance.

D'après l'article 2123: „L'hypothèque judiciaire résulte aussi des reconnaissances ou vérifications faites en jugement des signatures apposées à un acte obligatoire sous seing privé."

Cette disposition est peu usitée. Cependant, pour éviter des abus et les calculs des prêteurs plus ou moins scrupuleux, la Commission en propose la suppression, voulant que l'hypothèque judiciaire reste seulement attachée aux jugements de condamnation.

Biens sur lesquels l'hypothèque doit porter. — Sur tous les biens présents du débiteur.

Il ne fallait pas songer, comme certains l'ont demandé, à la faire grever seulement les biens spécialement désignés dans le jugement. C'était dans la pratique impossible.

Elle doit porter également sur les biens à venir. C'est souvent sa raison d'être, le créancier en prenant un jugement escomptant le cas où son débiteur actuellement insolvable recueillerait plus tard des biens qui garantiraient le recouvrement de sa créance.

Seulement comme l'hypothèque judiciaire atteint les biens au moment où ils entrent dans le patrimoine du débiteur, alors que l'hypothèque conventionnelle sur les biens à venir n'a d'effet à l'égard des tiers que par une inscription spéciale et à dater de cette inscription, il a été proposé de remédier à cet inconvénient, et en cas d'acquisition de biens nouveaux par le débiteur, d'impartir un délai pendant lequel les hypothèques prendraient rang suivant la date des titres ou jugements.

D'où, cet alinéa à ajouter à l'article 2134:

„Toutefois, les hypothèques sur les biens à venir prendront rang entre elles suivant la date de l'inscription primitive, pourvu que la nouvelle inscription sur les biens advenus au débiteur ait été faite dans les six mois de leur acquisition."

C'est le texte de l'amendement de M. Legrand qui n'a point été reproduit dans le dispositif, ce qui doit être le résultat d'un oubli, étant données les explications du premier rapport.

V.

Aus dem vom Deputierten M. Viollette verfaßten Bericht der Kommission der Deputiertenkammer.[1]) 19. Januar 1909.

(Vgl. oben S. 85).

179. — L'hypothèque judiciaire qui date dans notre droit de l'ordonnance de Moulins de 1566 a été maintenue par la loi du 11 brumaire an VII. Cette loi avait dispensé l'inscription de cette hypothèque de la désignation spéciale des immeubles, mais elle ne la faisait porter en retour que sur les biens appartenant au débiteur lors du jugement. La Commission de 1845 avait conclu pourtant à la suppression de l'hypothèque judiciaire ainsi que le projet voté en 1850. Le texte du Gouvernement qui a servi de base aux délibérations du Sénat, la proposait également en faisant remarquer que les travaux faits par les Commissions extraparlementaires françaises avaient décidé la Belgique et l'Italie à procéder à la suppression.

M. Thézard a tenu à reproduire intégralement les arguments des adversaires de l'hypothèque judiciaire. Il y a lieu de l'imiter . . . . .[2])

Le Sénat cependant a maintenu l'hypothèque judiciaire et il a été sagement inspiré. Car si l'on supprime l'hypothèque judiciaire, le créancier qui aura obtenu jugement et qui aura titre ou bien exigera sur l'heure une hypothèque conventionnelle ou bien sur l'heure aussi fera pratiquer une saisie immobilière. Et alors les tiers ne gagneront certainement rien à cette nouvelle façon de procéder, mais pour le débiteur, qui peut n'être gêné que momentanément, ce sera peut-être la ruine puisque le créancier aura été contraint à recourir à l'expropriation forcée.

Si l'on suppose le débiteur notoirement très solvable, certes il n'y a pas lieu d'envisager que le créancier utilisera aussitôt les moyens extrêmes, surtout si la créance est minime; et c'est alors qu'on peut justement en effet faire observer que l'inscription de cette hypothèque générale sera une gêne pour ce débiteur. Oui, mais la gêne ne sera pas beaucoup plus grande qu'avec une hypothèque conventionnelle, d'autant plus qu'il ne faut pas oblier que l'article 2161 du Code civil donne le droit au débiteur de faire ramener l'inscription aux biens

---

[1]) Rapport fait au nom de la Commission de la réforme judiciaire et de la législation civile et criminelle chargée d'examiner: 1° le projet de loi, adopté par le Sénat, rélatif à la publicité des actes intéressant la propriété immobilière et à la réforme du régime hypothécaire (Nr. 2216); 2° la proposition de loi de M. Guillaume Chastenet sur la sécurité du titre foncier (Nr. 394), par M. Maurice Viollette, député. Chambre des députés, neuvième législature, session de 1909, Nr. 2256. Annexe au procès-verbal de la séance du 19 janvier 1909.

[2]) Im Anschluß hieran werden die Ausführungen Nr. 117 des Berichts von Thézard (siehe oben S. 209) wörtlich mitgeteilt, von deren Wiedergabe hier abgesehen ist.

nécessaires pour la garantie de la créance, c'est-à-dire en réalité presque à l'hypothèque conventionnelle.

180. – Si maintenant on suppose des jugements de condamnation s'appliquant à des créances nées de quasi-contrats, de délits et de quasi-délits, voici ce que dit M. Thézard:

En pareil cas ..... relèvement?[1])

181. — Pourtant le Sénat a fait une concession aux adversaires de l'hypothèque judiciaire. Il s'est préoccupé d'empêcher qu'en cas de déconfiture un créancier, par le moyen de l'hypothèque judiciaire, puisse se faire une situation privilégiée au détriment des autres, d'où le dernier alinéa de l'article: „La nullité de l'hypothèque judiciaire pourra être demandée par les créanciers dont le droit sera antérieur au jugement, et elle devra être prononcée, relativement à eux, lorsque ce jugement aura été obtenu en connaissance de l'état de déconfiture du débiteur." C'est une disposition inspirée par les articles 446 et 447 du Code de commerce. Voici la disposition de l'article 446: „Sont nuls et sans effet, relativement à la masse lorsqu'ils auront été faits par le débiteur depuis l'époque déterminée par le tribunal comme étant celle de la cessation de ses payements, ou dans les dix jours qui auront précédé cette époque ..... toute hypothèque conventionnelle ou judiciaire ..... constituées sur les biens du débiteur pour dettes antérieurement contractées."

Il faut souligner que de cet article 446 le Senat ne prend que la forme; l'idée, il la prend dans l'article 447.

Il n y a pas sans doute, dit M. Thézard, ... disposition finale de l'article 2123.[2])

Le Sénat n'a pas suivi M. Thézard pour l'hypothèque conventionnelle, il n'a accepté que ce qui concernait l'hypothèque judiciaire. Il importe d'ailleurs de récapituler les nombreuses conditions qui devront être réunies pour la mise en jeu de cette action spéciale d'où ne résultera qu'une nullité relative (relativement à eux) de telle sorte qu'en aucun cas l'hypothèque judiciaire ne pourra être radiée.

1° Il faudra un créancier dont le droit soit antérieur au jugement, à noter qu'on ne dit pas une créance ayant date certaine antérieurement au jugement. Les tribunaux auront donc liberté d'appréciation pour examiner si oui ou non le droit est antérieur. Le texte dit au jugement; cela veut dire évidemment au jugement d'où est résulté l'hypothèque judiciaire;

2° Il faudra un état de déconfiture du débiteur, mais il ne suffira pas d'une simple gêne même persistante, il faudra une déconfiture effective, notoire, l'insuffisance palpable de son actif pour acquitter son passif;

3° Il faudra chez le créancier qui a pris hypothèque judiciaire, la connaissance de l'état de déconfiture qui vient d'être précisé, mais pas

[1]) Die Stelle (Nr. 119 Abs. 2 mit 4 des Berichts von Thézard) ist oben S. 212 abgedruckt.
[2]) Die Stelle (Nr. 120 Abs. 11 mit 18 des Berichts von Thézard) ist oben S. 214 abgedruckt.

une connaissance quelconque, une intuition, il faudra „un esprit de fraude relatif consistant à se faire sciemment une situation privilégiée". Ce qui veut dire, qu'il faudra qu'il soit établi que ce créancier a poursuivi son débiteur en vue de cette hypothèque judiciaire, précisément parce qu'il savait „l'insuffisance palpable du patrimoine de son débiteur pour acquitter le passif".

Avec de telles précautions, on peut parfaitement adhérer à la proposition du Sénat qui devient absolument équitable.

182. — Le texte nouveau supprime la seconde partie du premier paragraphe de l'article 2123 actuel: l'hypothèque „résulte aussi des reconnaissances ou vérifications, faites en jugement, des signatures apposées à un acte obligatoire sous seing privé". Cette disposition date de l'ordonnance de Villers-Cotterets de 1539. „Elle paraissait alors, dit M. Thézard, une conséquence logique de l'hypothèque générale attachée à tout acte muni de la force exécutoire; elle constitue une anomalie de la législation actuelle qui exige pour la constitution de l'hypothèque conventionnelle une stipulation expresse."

L'Alsace est la région où ce texte a rencontré le plus de fortune, et le résultat n'a pas été heureux. Des prêteurs, généralement des usuriers, avançaient de l'argent à une personne sur sa simple signature en se gardant bien de formuler une stipulation d'hypothèque qui aurait le plus souvent fait rompre l'opération. Ils s'empressaient d'obtenir un jugement de reconnaissance ou de vérification d'écritures, et avaient alors une hypothèque générale qui plaçait le débiteur à leur discrétion.

Il ne peut y avoir aucune difficulté pour la suppression de ce texte inutile ou dangereux. A mentionner la loi du 3 septembre 1807 qui déjà n'avait dans ce cas permis l'inscription utile qu'après l'échéance de la dette.

183. — Tout jugement d'une juridiction française régulière même incompétente, entraîne hypothèque judiciaire de plein droit indépendamment de toute demande et de toute disposition des jugements ou arrêts qui y donnent lieu. Si la juridiction est incompétente ratione materiae, on ne peut pas même dire que le principe fléchit, car à proprement parler on ne se trouve plus en présence d'une décision émanant d'une véritable juridiction.

184. — L'hypothèque judiciaire résulte des décisions des tribunaux administratifs, comme de celles des tribunaux civils et des tribunaux répressifs, que le jugement soit par défaut ou contradictoire. Il n'est pas nécessaire pour inscrire l'hypothèque judiciaire que le jugement soit definitif; l'inscription est une pure mesure conservatoire et elle peut être légalement prise en vertu d'un jugement frappé d'appel (Rouen, 20 mars 1877, S. 77. 2. 258; Chambéry, 22 déc. 1879, S. 80. 2. 241).

Le texte est d'ailleurs formel à cet égard.

La Cour de cassation a même admis qu'il résulte de l'avis du Conseil d'État du 29 octobre 1811 que les contraintes delivrées par l'Administration des douanes pour le recouvrement des droits dont il est fait crédit emportent hypothèque judiciaire tout comme un jugement et autorisent l'inscription (Cass. 14 nov. 1893, S. 94. 1. 397.). C'est pourtant là une solution qu'il ne faut pas étendre aux contraintes délivrées par les autres administrations, car on se fonde sur l'avis du Conseil d'État des 16-25 thermidor de l'an XII pour dénier le caractère de jugement aux contraintes de l'Administration des contributions indirectes (Cass., 9 nov. 1880, S. 81. 1. 304) et aux contraintes de l'enregistrement (Cass., 26 février 1901, S. 1902. 1. 52).

185. — L'inscription doit-elle conformément à l'article 2148, paragraphe 4, contenir à peine de nullité l'évaluation de la créance? La cour de Chambery, dans l'arrêt précité l'exige, avec toute la doctrine qui ne fait d'exception à cet égard que pour les hypothèques légales. Cependant une grande quantité d'arrêts déjà anciens, il est vrai, se sont prononcés en sens contraire, voir notamment (Rouen, 8 février 1851. S. 51. 2. 715). Quant à la mention de l'époque d'exigibilité, si elle est essentielle, il n'y a pas de fermes sacramentels, et elle sera suffisamment mentionnée si l'inscription porte qu'elle est prise en vertu d'un jugement de tel jour ou si encore elle est idiquée par une formule de ce genre „que la créance est dès longtemps exigible“ ou „qu'elle sera exigible à la fin du procès“. Voir les arrêts précités de Chambery et de Rouen (Chambéry, 22 déc. 1879, S. 80. 2. 241; Rouen, 20 mars 1877, S. 77. 2. 258).

186. — Le bordereau de collocation délivré dans un ordre à un créancier chirographaire après collocation des créanciers hypothécaires confère-t-il hypothèque judiciaire? Dans le sens de la négative (Grenoble, 28 mai 1831, S. 32. 2. 95; Trib., Saint-Gaudens, 10 février 1879 sous Cass., 1er août 1891, S. 82. 1. 337 et la doctrine) dans le sens de l'affirmative (Limoges, 30 juillet 1889 sous Cass., 24 déc. 1890, S. 92. 1. 301). Ce dernier arrêt de la Cour de cassation sans statuer sur la controverse, tranche une espèce voisine mais différente, il décide que lorsque sur l'opposition de l'adjudicataire, le bordereau a été par jugement déclaré exécutoire contre lui, ce dernier jugement emporte hypothèque judiciaire. C'est de toute évidence.

Lé jugement d'adjudication sur expropriation forcée ne confère pas hypothèque judiciaire sur les immeubles personnels de l'adjudicataire, même si le cahier des charges réservait à cet égard un droit d'inscription au profit du poursuivant (Limoges, 3 mars 1854, S. 54. 2. 316 et toute la doctrine).

Les jugements qui d'une façon générale nomment un administrateur à la fortune d'autrui, ceux qui nomment un expert pour contracter la réception de travaux, n'emportent pas hypothèque judiciaire, de même les jugements avant faire droit lorsqu'ils ne préjugent pas le fond (Cass., 22 février 1864, S. 64. 1. 418; Cass, 18 avril 1855, S. 55. 1. 361).

En principe il faut au moins pour qu'il y ait hypothèque judiciaire que le jugement contienne le germe d'une condamnation et pour cela il faut s'attacher non aux énonciations qui peuvent être faites dans les motifs (Cass., 6 mai 1868, S. 68. 1. 391; Cass., 4 août 1879, S. 80. 1. 59), mais au dispositif de la décision elle-même.

L'énonciation d'une créance dans les motifs d'un jugement ne suffit pas à faire naître l'hypothèque judiciaire, alors qu'il n'y a eu ni débat, ni décision sur cette créance (Cass., 4 août 1879, S. 80. 1. 59).

187. — La condamnation peut d'ailleurs ne consister qu'en une obligation de faire ou de ne pas faire. Il faut considérer encore comme jugement de condamnation ceux qui déclarent légitime une obligation préexistante encore qu'ils ne prononcent pas de condamnation proprement dite (Cass., 13 déc. 1871, S. 71. 1. 213), ou qui reconnaissent ou maintiennent l'existence d'une créance même indéterminée, même éventuelle (Cass., 19 août 1878, S. 79. 1. 29). Le jugement qui prononce la validité d'une saisie-arrêt en constatant l'existence d'une dette (Cass., 1er août 1881, S. 82. 1. 337), celui qui prononce l'admission au passif d'une faillite (l'inscription peut être prise alors à la dissolution de l'union) (Cass., 6 mars 1894, S. 96. 1. 41), celui qui ordonne une reddition de compte (Cass., 19 août 1878, S. 79. 1. 29), entraînent hypothèque judiciaire.

Il faut encore signaler un arrêt tout à fait intéressant qui a admis que les juges qui prononcent condamnation contre le mari à payer à la femme une pension pour elle et les enfants communs remis à sa garde peuvent, en constatant que le mari ne possède pas en France d'immeubles susceptibles d'être hypothéqués, constituer sur un immeuble du mari situé à l'étranger une hypothèque pour un chiffre représentant l'évaluation du capital de la pension (Cass., 3 janvier 1900, S. 1900. 1. 401), sous réserve bien entendu de l'exéquatur du jugement à l'étranger, suivant les formes et la loi du pays.

Pour les sentences arbitrales les textes ancien et nouveau exigent qu'elles soient revêtues de „l'ordonnance d'exécution“ pour qu'elles emportent hypothèque judiciaire.

188. — Les jugements étrangers peuvent emporter hypothèque judiciaire, mais il faut qu'ils aient été rendus exécutoires par un tribunal français, sauf les dispositions contraires contenues dans les lois ou dans les traités. Des traités ont été conclus à cet égard avec le grand duché de Bade (6 avril 1846), l'Alsace-Lorraine (11 décembre 1871, art. 18), l'Italie (11 sept. 1860), la Suisse (15 juin 1869), la Belgique (8 juillet 1899). Pour tous ces pays, la mission du juge est déterminée par le traité; ainsi d'après le traité du 14 septembre 1860 entre la France et l'Italie, les Cours d'appel des deux pays ne doivent faire porter leur examen que sur les trois points suivants: „1° la décision

émane-t-elle d'une juridiction compétente? 2° a-t-elle été rendue les parties dûment citées et légalement représentées ou défaillantes? 3° les règles de l'ordre public ou les intérêts de l'ordre public du pays où l'exécution est demandée s'opposent-ils à ce que la décision du tribunal étranger ait son exécution?"

Pour les jugements des pays autres que ceux avec lesquels il y a traité, la mission du juge français est plus complexe, et suivant le système qui a triomphé en jurisprudence et en doctrine, le juge français a un pouvoir de revision tant en la forme qu'au fond (Cass., 14 janvier 1901. S. 1901. 1. 128), sauf cependant pour les actes de juridiction volontaire ou gracieuse, par exemple pour une décision du magistrat anglais chargé des affaires des aliénés. Pour ces décisions, et si l'on ne veut pas procéder à des actes d'exécution en France au sens de l'article 546 du Code de procédure, la formalité de l'exequatur n'est pas nécessaire, de même que pour les jugements relatifs à l'état des personnes (Paris, 23 juin 1898, S. 1900. 2. 41).

189. — Dernier point à examiner: sur quels biens porte l'hypothèque judiciaire? Avec le nouveau comme avec l'ancien texte cette hypothèque porte également sur les biens à venir.

De vives discussions se sont élevées au sein de la Commission au Sénat sur le point de savoir s'il fallait précisément admettre que l'hypothèque judiciaire continuât à porter sur des biens à venir. On a dû reconnaître que supprimer la généralité de l'hypothèque, c'est supprimer l'hypothèque judiciaire elle-même ou en tout cas la rendre pratiquement inutile.

On a discuté aussi sur le point de savoir si on devait exiger la spécialité du bordereau, mais rien dans le texte du projet ni dans le rapport supplémentaire de M. Girard ne vient manifester que la Commission ait pu s'arrêter sur ce point à une résolution consacrant une innovation.

La seule chose qui ait été réalisée, c'est l'adoption d'un amendement de M. Legrand tendant à ajouter un paragraphe à l'article 2134 et décidant que les hypothèques de biens à venir, conventionnelles ou judiciaires, n'atteindront les nouveaux biens que par une inscription nouvelle prise dans les six mois de leur acquisition. Cette inscription nouvelle prise dans ce délai rétroagira, quant à ses effets, à la date de l'inscription primitive. Seulement c'est ici que l'on retrouve l'idée de la spécialité du bordereau dont parle M. Thézard, le texte dit en effet que l'inscription devra *spécialement désigner* les biens sur lesquels on veut la faire porter. En pratique cette obligation réduira sensiblement la portée de l'hypothèque judiciaire, mais ce n'est pas une circonstance fâcheuse, car il n'est pas contestable qu'il y a excès dans la législation actuelle.

VI.

Aus dem vom Abgeordneten M. Viollette verfassten Ergänzungsbericht der Kommission der Deputiertenkammer.[1]) 21. Dezember 1909.

(Vgl. oben S. 86).

51. — M. Raynaud sans proposer d'ailleurs de solution demandait qu'on précisât ce qu'est la déconfiture. C'est certainement très difficile et très délicat et, quelle que soit la définition proposée, elle aura toujours besoin d'être interprétée. Cependant, l'observation de notre collègue à tout à fait sa raison d'être. Si la loi ne lui donnait pas satisfaction, la jurisprudence déciderait peut-être que la déconfiture c'est la faillite civile, et ce serait très dangereux, car un commerçant peut être déclaré en faillite bien que son actif dépasse de beaucoup son passif. Nous n'apercevons pas d'autre solution satisfaisante que cette définition:

„Est en déconfiture toute personne qui s'est engagée notablement au delà de son actif.“

Le mot notablement paraît indispensable, car un actif n'est jamais appréciable à un franc près, et, de bonne foi, deux personnes peuvent ne pas apprécier un actif à la même valeur. L'idée essentielle que la définition se propose de dégager, c'est que la déconfiture commence dès que le crédit ne se soutient plus que par des moyens artificiels. Tant qu'il y a un peu d'actif libre, c'est le droit de chacun de l'engager pour essayer de se rétablir, l'opération est tout à fait légitime, et, en tout cas, elle ne peut pas préjudicier aux tiers. Cette définition s'accorde d'ailleurs assez avec le premier paragraphe de l'article 2130 tel que le Sénat l'a rédigé.

---

[1]) Rapport supplémentaire fait au nom de la commission de la réforme judiciaire et de la législation civile et criminelle chargée d'examiner: 1⁰ le projet de loi adopté par le Sénat, rélatif à la publicité des actes intéressant la propriété immobilière et la réforme du régime hypothécaire (Nr. 2216); 2⁰ la proposition de loi de M. Guillaume Chastenet sur la sécurité du titré foncier (Nr. 394), par M. Maurice Viollette, deputé Chambre des députés, neuvième législature, session extraordinaire de 1909, Nr. 2939 Annexe au procès-verbal de la séance du 21 décembre 1909.

FSC
www.fsc.org
MIX
Papier | Fördert
gute Waldnutzung
FSC® C083411

Kolibri 360 GmbH
Ferdinand-Jühlke-Straße 7
99095 Erfurt, Deutschland
produktsicherheit@kolibri360.de